U0499149

中国人力资本对能源效率的
影响机制与路径研究

王 鹏 著

中国财经出版传媒集团

经济科学出版社
Economic Science Press

·北京·

图书在版编目（CIP）数据

中国人力资本对能源效率的影响机制与路径研究/
王鹏著 . -- 北京：经济科学出版社，2024.5
ISBN 978 - 7 - 5218 - 5926 - 3

Ⅰ. ①中⋯ Ⅱ. ①王⋯ Ⅲ. ①人力资本 - 影响 - 能源
效率 - 研究 - 中国 Ⅳ. ①F206

中国国家版本馆 CIP 数据核字（2024）第 105405 号

责任编辑：李晓杰
责任校对：靳玉环
责任印制：张佳裕

中国人力资本对能源效率的影响机制与路径研究

王　鹏　著

经济科学出版社出版、发行　新华书店经销
社址：北京市海淀区阜成路甲 28 号　邮编：100142
教材分社电话：010 - 88191645　发行部电话：010 - 88191522
网址：www. esp. com. cn
电子邮箱：lxj8623160@ 163. com
天猫网店：经济科学出版社旗舰店
网址：http：//jjkxcbs. tmall. com
北京季蜂印刷有限公司印装
710 × 1000　16 开　13 印张　230000 字
2024 年 5 月第 1 版　2024 年 5 月第 1 次印刷
ISBN 978 - 7 - 5218 - 5926 - 3　定价：56.00 元
（图书出现印装问题，本社负责调换。电话：010 - 88191545）
（版权所有　侵权必究　打击盗版　举报热线：010 - 88191661
QQ：2242791300　营销中心电话：010 - 88191537
电子邮箱：dbts@ esp. com. cn）

序　言

2020 年 9 月 22 日，习近平总书记在第七十五届联合国大会上向世界宣布了我国力争 2030 年前二氧化碳排放达到峰值，努力争取 2060 年前实现碳中和目标。实现碳达峰、碳中和，提高能源效率是基础。提升能源效率是一个系统工程，涉及生产方式和生活方式转变的诸多方面，王鹏博士所著《中国人力资本对能源效率的影响机制与路径研究》深入研究了人力资本对能源效率的影响，从宏观到微观，多角度、多层次地揭示了人力资本对能源效率影响的机理和路径，为我们深入理解能源效率提供了一个新的角度，具有较好的学习和借鉴价值。纵观全书，该书具有以下新意和特点：

一是提出并论证了人力资本是影响能源效率的重要因素。与现有文献主要通过研究技术进步和产业结构调整研究提高能源效率不同，该书将人力资本作为能源效率提升的前置因素，提出了人力资本对能源效率影响这个命题。围绕这一命题，该书不仅通过构建一般均衡模型推演论证人力资本对能源效率的影响，而且通过实证分析定量测度了我国各地人力资本和能源效率的关系，验证了理论假定。在此基础上进一步分析了人力资本对能源效率影响路径和机理，提出了人力资本可通过绿色技术进步、产业结构优化、形成公众绿色偏好影响能源效率的三条路径，并进行了实证检验，从而将能源效率的提升放置在生产方式和生活方式转变整个社会运行视角下，更为全面，也更具有现实意义。这一研究对于我们深入理解和研究能源效率提升提供了新的视角，弥补了相关理论研究的不足，丰富了能源效率研究的理论。

二是研究方法得当、分析系统、论证严谨。该书以习近平新时代中国特色社会主义思想为指导，运用现代经济学相关方法以及相关技术方法，从人力资本和能源效率时空格局中发现了绝大多数地区的人力资本与能源效率具有趋同演进趋势的特征事实，以此为出发点，构建了一般均衡模型，推导出人力资本对能源效率的影响。以此为支撑，进一步分析了人力资本通过对绿色技术进步、产业结构优化以及公众绿色偏好对能源效率影响的机理和路径，并进行了实证检验和异质性分析。整个研究条理清晰，逻辑严密，结论可信。

三是理论与实践结合，具有一定的政策借鉴价值。该书在研究中深入分析了人力资本通过技术进步、产业结构优化、公众绿色偏好三种路径影响能源效率的不同效应，并从政府治理角度研究了政府治理的思路、效应。同时，该书以深圳市典型案例剖析了人力资本影响能源效率提升的效果，理论与实践相结合，提出了相关政策建议，可为我国有效提升能源效率、制定人力资本战略、产业升级调整等政策制定提供参考借鉴。

能源效率的研究和实践是一个长期而复杂的过程，需要全社会的共同努力和持续探索。希望广大读者能够认真阅读本书，从中汲取知识、启发思维，共同为能源效率的提升和可持续发展贡献智慧和力量。

是为序。

焦斌龙

2024 年 5 月于太原

前　言

2020 年 9 月，中国明确提出了二氧化碳排放力争于 2030 年前达到峰值，努力争取 2060 年前实现碳中和的"双碳"目标，这对提升能源效率提出了更加紧迫的要求。目前，学界关于提升能源效率的路径建议主要聚焦在技术进步与产业结构优化两个方面，但尚未见对两者前置因素的系统性研究。同时，在经济增长向主要依靠消费转变的背景下，现有文献缺乏围绕绿色消费影响能源效率的专门性成果。从人力资本具有的功能与作用本性来看，它可能是技术进步、产业结构优化、绿色消费等的前置因素。已有研究也已关注到了人力资本与能源效率之间的关系，但还没有涉及前者对后者的影响机理分析。因此，系统研究人力资本对能源效率的影响具有重要的理论价值与现实意义。

本书以马克思生产节约思想、习近平关于能源生产和消费的重要论述、效率分析理论、技术进步理论、能源替代理论等相关理论为基础，采用规范分析与实证分析相结合、定性分析与定量研究相结合、比较分析法等多种方法，以及 DEA、Python 等技术手段，紧扣"人力资本影响能源效率的机制与路径"这一核心命题，在分析人力资本对能源效率作用机理以及人力资本和能源效率时空格局的基础上，讨论了人力资本对能源效率影响可能存在的内生性问题，寻找了有效的工具变量，实证了人力资本对能源效率的影响，并进一步验证了影响机制。本书的主要研究结果如下。

第一，人力资本对能源效率提升具有促进作用。首先，通过模型推导证明了人力资本对能源效率存在影响，且结合经济实际判断人力资本可促进能源效率提升；其次，分别对 2003～2019 年以及 2003～2016 年我国内地 30 个省份的人力资本和能源效率进行测度，分析人力资本与能源效率的事实特征，发现绝大多数地区的人力资本与能源效率具有趋同演进趋势，即人力资本水平较高的地区能源效率也高；最后，构建 Ⅳ - Tobit 模型进行分析，回归结果表明人力资本每提高 1%，能源效率会提高 16.9%，实证检验了本书的核心命题成立。

第二，人力资本是通过绿色技术进步效应、产业结构优化效应、公众绿色偏好效应对能源效率产生影响的，政府治理可对以上三种效应产生调节作用。首先，在分析框架中，从发展方式和生活方式两个方面分析，判断绿色技术进步、产业结构优化以及公众绿色偏好会对能源效率产生影响。其次，通过分析绿色技术进步、产业结构优化以及公众绿色偏好对能源效率影响的机理，证明了人力资本对能源效率影响会存在技术进步效应、产业结构优化效应、公众绿色偏好效应，且政府治理会对三种效应起到调节作用。再次，通过对传导机制的实证检验发现，在未加入政府治理这一调节变量前，对于绿色技术进步效应，人力资本—绿色技术进步—能源效率之间的传导机制虽然成立，但人力资本并不能正向地促进绿色技术进步，表现为"遮掩效应"；对于产业结构优化效应，人力资本—产业结构优化—能源效率传导机制成立，但该效应只在全国样本区间和北方样本区间显著；对于公众绿色偏好效应，人力资本—公众绿色偏好—能源效率传导机制成立，但仅在全国、南方成立。加入政府治理这一调节变量后，对于绿色进步效应，人力资本可显著地促进绿色技术进步，且会强化绿色进步对能源效率提升的正向作用，但在不同地区作用程度不同；对于产业结构优化效应，在政府治理的调节下，产业结构优化在全国、南方、北方均可显著正向地促进能源效率提升；对于公众绿色偏好效应，加入调节项后公众绿色偏好效应只在南方地区成立，表明了政府治理只在南方地区遵循"波特效应"，而在全国范围来看遵循"成本效应"，但在三个样本区间均可强化公众绿色偏好效应。

第三，人力资本对能源效率影响会有异质性结果。通过时空格局及事实特征分析发现，人力资本虽还与能源效率表现出趋同性，但在一些地区也会表现出异质性结果。实证结果说明，高人力资本比低人力资本对能源效率的促进作用更大，南方地区人力资本对能源效率的促进效果比北方地区更明显，在非资源型地区，人力资本对能源效率的边际作用大于资源型地区人力资本对能源效率的边际作用。

本书可能的创新之处有：第一，系统地论证了人力资本是影响能源效率的重要因素。现有文献中有关人力资本影响能源效率的研究较为零散，缺乏系统性分析。首先，构建了一般均衡模型，通过模型推导证明了人力资本会对能源效率产生影响；其次，在理论基础的支撑下，进一步分析了人力资本对能源效率影响路径的机理，并实证检验了理论的成立。第二，提出了人力资本影响能源效率的路径和机制。在以往的研究中，学者研究了绿色技术进步和产业结构优化对能源效率的影响，但缺乏对人力资本通过影响绿色技术创新、产业结构优化进而影响能源效率的剖析，也未对人力资本影响公众绿色偏好进而能源效率进行理论分析。通过模型推导与机理分析提出了人力资本可通过绿色技术进步、产业结构优化、形成公众绿色偏好影响能源效率，并通过实证检验，验证了以上三条路径的成立。第三，深入分析了不同类型地区人力资本对能源效率影响的差异。在已有的研究人力资本对能源效率的影响的文献中，缺乏对不同类型地区人力资本对能源效率影响的差异的研究。在揭示人力资本可影响能源效率这一规律的基础上，检验和分析了不同类型地区的人力资本对能源效率的影响程度以及各传导路径的实现程度，并进一步分析了政府治理调节下各传导路径表现出的异质性结果，可为各地因地制宜制定政策提供参考。

王　鹏

2024 年 3 月

目
录

Contents

>   >   >   >   >   >

第一章

绪　　论

第一节　研究背景及研究意义

一、研究背景

（一）现实背景

能源是人类社会有序运转的必备要素，也是经济可持续发展的约束。能源的开发与使用极大地促进了经济发展，但与此同时，也造成了严重的生态和社会问题。碳排放引致的温室效应引起了各国政府和学者的持续关注，实现碳中和已成为全球共识。2020 年 9 月，中国明确提出二氧化碳排放力争于 2030 年前达到峰值，努力争取 2060 年前实现碳中和的目标。在此背景下，研究如何用更少的能源消耗扩充更多的经济增量成为人们关注的重点。

2021 年 10 月，国务院印发的《2030 年前碳达峰行动方案》提出了到 2025 年能源效率比 2020 年提升 7.41% 的目标，"十四五" 规划纲要又将这一目标设定为约束性指标，实现 "双碳" 目标对能源效率快速提升提出了紧迫要求。在经济实践中，中国虽作出很多努力，但在 "十三五" 时期，我国单位 GDP 能耗约为 OECD（经济合作与发展组织）国家的 3 倍、世界平均水平的 1.5 倍[①]。究

---

①　国家发展和改革委员会."十四五" 时期经济社会发展主要指标解读之绿色生态篇［EB/OL］.2021－06－03. https：//www.ndrc.gov.cn/xxgk/jd/wsdwhfz/202106/t20210603_1282570.html.

其原因，可归纳为以下三点。首先，绿色技术总体水平不高。近年来，在"能源革命"的倡导下，一系列清洁能源技术不断发展，但中国绿色技术总体水平不高，绿色技术优势相当于全球水平的70%（庄芹芹等，2020），绿色技术领跑比仅为10%，并跑、跟跑的比例分别约为35%、55%（李艳洁，2019），技术水平依然较为落后（周喜君和郭丕斌，2021），整体仍处于技术追随者角色，绿色技术创新引领发展优势不明显；同时，虽然我国科研院所申请的绿色技术专利占比约为30%，但转化率偏低，近十年失效和弃权比高达60%（李艳洁，2019）。其次，产业结构仍然偏重。"十三五"期间，我国虽加快产业结构调整，第二产业比重由39.58%下降到37.82%，但远高于同年度韩国的32.8%、德国的26.2%、法国的16.3%，而第二产业能源消费约占总终端能源消费的70%①，碳排放占全国总排放量的80%左右②。最后，能源结构仍然偏煤，"十三五"期间，非化石能源占一次能源消费比重从12%上升到15.9%，但中国的资源禀赋具有"富煤、缺油、少气"的特点，2000～2019年，中国能源消费总量由2000年的146964万吨标准煤（发电耗煤计算法）增长到2019年的487488万吨标准煤，原煤、原油的比重由2000年的90.5%下降到2019年的76.7%，2019年底，中国煤电装机容量高达10.4亿千瓦，约占全球煤电装机的50%，煤电占据了约54%的煤炭使用量③。所以，产业结构仍然偏重、能源结构偏煤的状况并没有得到根本性改变，形成这一现象的重要原因之一是创新型人才不足，重点领域的领军人才、优秀技术工人、一流工程师等高端创新型人才短缺严重。

人才是第一资源，人力资本是影响技术进步的重要因素（罗默，1990），人力资本自身蕴含着知识、技能、经验等要素，对技术创新具有重要作用。具体来说，人力资本可通过知识生产（中国经济增长前沿课题组，2015）、技术扩散（李平，1999，2006；王金营，2000）、技术吸收（Borensztein et al.，1998）促进技术进步。且根据奇科内和帕帕约安努（Ciccone & Papaioannou，2009）研究，人力资本是产业结构进行优化的必要基础，人力资本的发展水平决定了产业结构调整的方向和速度；冉茂盛和毛战宾（2008）研究认为，人力资本的要素功能和效率功能是推动产业结构变迁与优化的重要因素。所以，

---

① 国家统计局.中国统计年鉴（2021）［M］.北京：中国统计出版社，2021.
② Wind 数据库。
③ 相关年份《中国能源统计年鉴》。

人力资本是技术进步和产业结构优化的前置因素。因此，研究人力资本对能源效率的影响对于突破瓶颈、提升能源效率有重要现实意义。

（二）理论背景

1988 年，卢卡斯在其发表的《经济发展的机制》（*On the Mechanism of Economic Development*）中建立了包括人力资本在内的内生经济增长模型，该模型中虽未将能源纳入生产要素，但研究证明，人力资本不仅可以提高人力资本自身的生产效率，还可以提高其他要素的边际生产率，由此而引发了人力资本对能源效率产生影响的联想。从经济特征来看，中国各地区的能源效率东部地区较高，中西部地区偏低，存在东高西低的现象，根据国家统计局公开数据测算，2019 年中国各省份能源效率最高的地区为北京、上海、广东，中部地区排名整体中等偏上，而西部地区能源效率排名整体较低。同时，人力资本向东部地区集聚，中西部地区人才被虹吸，根据《中国人力资本报告（2021）》，中国内地各省份劳动力人口平均受教育程度最高的仍是地处东部的北京、上海、天津，属于中部地区的湖北、山西、湖南、河南、安徽、江西排名分别为7、8、10、19、20、22，属于中等水平，而西部地区排名较为落后[①]。能源效率与人力资本的这一趋同性进一步激发了学者研究两者关系的动力。

已有文献普遍认为技术进步和产业结构是影响能源效率的主要因素，人力资本对技术进步和产业结构升级都发挥着重要的作用。首先，人力资本是技术进步的原动力，是知识生产、技术创新的重要主体，是技术扩散的必要条件，对于技术吸收中的技术获取、技术消化、技术转化有着重要影响。其次，从产业角度来看，人力资本的效率功能不仅使人力资本自身生产率提升，也促进了其他要素的边际生产率，从而使高效率部门具有比较优势，人力资本在高效率的部门集聚会引致其他资源的集聚，从而会促进资源向该部门配置，比较优势进一步增强，产业更易进入加速增长期或规模报酬递增阶段，促进产业结构优化，而高生产效率的部门能源消耗较低。所以，在人力资本作用下，发展方式的转变能够改变过多依赖增加物质资源消耗、过多依赖规模粗放扩张、过多依赖高能耗高排放产业的发展模式，从而对能源效率产生影响。但是有关人力资本在提高能源效率中的作用机制问题则没能得到足够的重视。虽然有学者（李

---

① 中央财经大学人力资本与劳动经济研究中心．中国人力资本报告（2021）［EB/OL］．2021－12－31. https：//humancapital. cufe. edu. cn/2021/Report/Chinese_report_2021. pdf.

思慧，2011；赵领娣等，2015）认识到人力资本会影响到能源效率，但并未对其中的机理进行进一步分析，无法明确它们在实践中的作用关系、作用路径等问题。再次，在对能源效率和人力资本关系的实证研究中，现有文献并未对可能存在的内生性问题进行充分讨论；事实上，变量遗漏在所难免，加之要素的互补性可能会造成人力资本与能源效率互为因果，所以必须探讨实证中可能存在的内生性问题，并寻找合适的工具变量，这也成为解决这一问题的难点与关键所在。最后，一般来说，受教育水平高的居民环保意识强（Pargal & Wheeler，1996），而且收入较高，有意愿也有能力购买价格较高的绿色产品，形成绿色产品偏好、养成绿色生活方式。所以，人力资本可能会对绿色偏好产生影响进而对能源效率产生影响。但已有文献缺乏对此进行系统分析和讨论。基于此，有必要完善和补充人力资本影响能源效率的理论，分析人力资本对能源效率影响的传导路径并对其机理进行分析。

因此，在理论与现实的共同启发下，人们不禁思考：人力资本能否对能源效率产生影响？其中的传导路径是什么？其机理是什么？哪种能源效率的测度方法最适合？实证中如何解决可能存在的内生性问题？在中国要实现 2035 年远景目标和第二个一百年奋斗目标以及实现 2030 年前碳达峰、2060 年前碳中和的目标背景下，这些问题都亟须给出解答。

二、研究意义

（一）理论意义

当前围绕能源效率提升的研究已经取得了较为丰富的研究成果。本书在现有研究成果的基础上，构建数理模型证明了人力资本对能源效率的影响，以"人力资本"作为逻辑起点，分析了人力资本对能源效率影响的传导机理，并以计量等方法对传导机理进行了实证。理论意义主要体现在以下三个方面。

第一，通过构建数理模型证明了人力资本对能源效率的影响，并分析了人力资本对能源效率影响的传导机理，能够补充能源效率相关理论。现有研究将影响能源效率的主要因素聚焦在技术进步及产业结构升级等方面，忽视了人力资本对能源效率的影响，有些文献略有涉及但只是其研究的一部分，人力资本对能源效率的影响零散地分布于不同主题的研究中，缺乏对机理的系统性剖析，而本书构建一般均衡模型，并结合经典理论对人力资本影响能源效率的传导机理进行逐层论述，有助于丰富能源效率研究的有关理论。

第二，寻找了合适的工具变量，并论证了所选工具变量的合理性，可为后续类似研究解决内生性问题提供借鉴。现有有关能源效率与人力资本关系的文献中，缺少对内生性问题的探讨，更没有提出适合的工具变量，而内生性问题的存在会严重破坏参数估计的"一致性"，使研究结论失去参考价值，本书论述了所寻找的工具变量与内生变量的相关性，以及与被解释变量的无关性，证明了所选工具变量的合理性。

第三，对不同类型地区二者作用关系进行异质性分析，有助于在揭示一般规律的基础上剖析问题的特殊性。现有文献缺乏对二者作用关系的异质性考察，但中国现阶段发展中存在的"不平衡、不充分"的问题日益突出，在错综复杂的因素影响下，无论是能源效率还是人力资本都存在明显的地区差异，对此不能视而不见，本书从不同角度对核心命题进行了异质性分析，有助于在揭示一般规律的基础上剖析问题的特殊性。

（二）实践意义

本书的研究内容是在"碳达峰、碳中和"背景下，聚焦能源效率，分析现有文献在研究能源效率时存在的不足，剖析人力资本对能源效率影响的机理，测度中国各地区的能源效率及人力资本，对两者时空格局进行分析，并对能源效率进行收敛分析；在理论分析的基础上进行实证检验。因此，研究的现实意义主要包括：

第一，有利于明晰各省份人力资本水平及能源效率的现状、差异及演进特征，为提升地区人力资本水平、促进能源效率提升提供经验证据。在对中国各省市人力资本、能源效率进行测度的基础上，对人力资本、能源效率的时空格局及能源效率的收敛情况进行了详细的分析，以期能对研究期内各省份能源效率、人力资本的现状、差异及发展趋势等方面有更加清晰的认识，从而可以为各省份能源效率分析提供数据支撑和经验证据。

第二，有利于明晰人力资本影响能源效率的作用路径，为通过人力资本路径促进能源效率提升带来有益的启示。通过分析人力资本对能源效率的影响机制，明确了二者间作用路径，认为绿色技术创新、产业结构优化、绿色生活方式是重要的作用路径，政府对于三种路径具有调节作用，并据此提出了政策建议，为通过人力资本路径提高能源效率提供了有益启示。

第三，有利于找到人力资本布局和投资的发力点以及政府治理的关键点。

本书在研究中剖析了人力资本的关键作用及作用方式，并根据研究结论提出了政策建议，有助于明晰人力资本布局和投资的发力点；同时，理论分析并实证了政府治理的调节作用，提出了相关政策建议，有利于明晰政府治理的关键点，具有实践意义。

第二节　研究思路与研究方法

一、研究思路

依据本书确定的研究方法，遵循"提出问题—分析问题—解决问题"的研究思路，研究技术路线如图 1－1 所示。

第一，提出问题。在现实背景和理论背景的导向下，发现能源效率提升路径以及现有研究的不足，并作出判断，认为提升人力资本是解决现有问题的重要方法。通过文献梳理，探寻研究缺口，分析能源效率的影响因素，明晰人力资本的作用与功能，为机理分析做好铺垫。

第二，机理分析。通过模型推导证明了人力资本对能源效率的影响。分析了"双碳"目标背景下人力资本对能源效率影响的传导机理，认为人力资本可以通过绿色技术进步效应、产业结构优化效应、公众绿色偏好效应对能源效率产生影响，在"双碳"目标背景下，政府治理会对三种效应发挥调节作用。

第三，现状描述。根据能源效率和人力资本所表现出的特征事实，进一步推断人力资本会对能源效率产生影响；为了充分了解人力资本与能源效率的特点，对二者分别进行了时空格局研究，了解了二者的演进特点；在此基础上，为了进一步正确认识当前区域能源效率发展的新形势，对能源效率进行了收敛性分析，为后文的展开进行了铺垫。

第四，实证研究。在前文研究的基础上，对人力资本影响能源效率展开实证研究。首先，对模型可能存在的内生性问题进行分析，并选取有效的工具变量，构建Ⅳ－Tobit 模型，并对比Ⅳ－Tobit 模型与 Tobit 模型的回归结果，得出一般结论；其次，分别按照人力资本水平、地理区位、资源丰裕程度分组，对人力资本能源效率进行异质性分析；最后，构建了机理分析中提出的传导效应指标，实证检验了各传导路径的实现程度，对比了加入调节因素前后的差异，并分析了可能的原因。

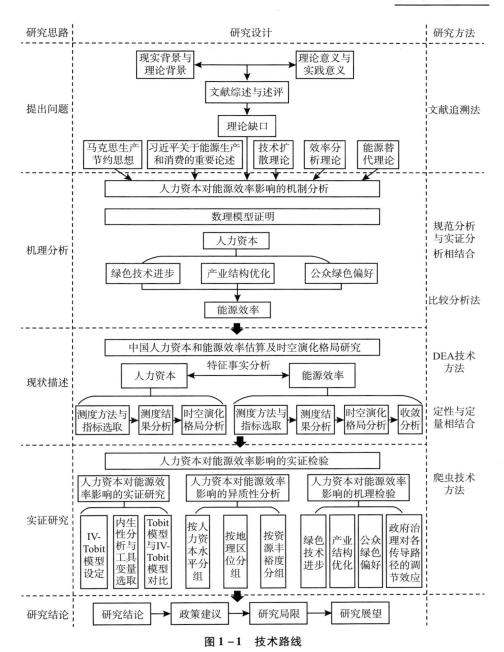

图 1-1 技术路线

第五，研究结论。依据机理分析和实证分析的结论，并结合现实情况，提出通过人力资本提升能源效率的对策建议，分析现有研究的不足，展望以后的研究方向。

二、研究方法

（一）文献追溯法

广泛搜索国内外关于能源效率的测度与影响因素、人力资本的内涵与作用功能等相关文献，对各类文献进行归纳、分析、比较，挖掘分析能源效率与人力资本的内在关系，充分认识到该研究领域的前沿性。在比较和分析国内外学者关于能源效率的测度方法和影响因素的基础上，确定了本书采用的测度方法、机理检验的实证方法等。

（二）规范分析与实证分析相结合

通过构建数理模型、逻辑推理，从人力资本的内涵和作用逐层分析人力资本对能源效率的影响机理。采用 DEA 技术对能源效率进行测度，对能源效率的收敛性进行实证分析。采用 Ⅳ – Tobit 模型对人力资本影响能源效率的机理开展实证研究，分析不同样本区间的影响差别；采用可调节的中介效应模型对传导路径机制进行实证检验。

（三）比较分析法

对各地区人力资本、能源效率的测度结果，从时间和空间两个方面进行比较分析，分析变动趋势和地区差异；对不同地区的人力资本影响能源效率的作用进行比较分析；在传导路径机制检验中，对比分析加入调节因素前后结果差异，为因地制宜提出政策建议提供依据。

（四）定性分析与定量研究相结合

在机理分析中对诸如绿色生活方式等概念进行定性分析，分析人力资本通过其对能源效率产生的影响；在实证中通过绿色消费来刻画绿色生活方式，并采用城镇居民用于非食品烟酒和衣着的现金消费支出比重作为替代变量。

（五）其他技术方法

一是 DEA 技术，利用 DEA 技术，采用基于非径向方向距离函数模型对中国各地区能源效率进行测度；二是 Python 技术（爬虫技术），采用爬虫技术从中国经济网地方政府工作报告汇编库爬取样本区间内各地与环保相关的词汇（环保、环境保护、污染、能耗、减排、排污、生态、绿色、低碳、空气、化学需氧量、二氧化硫、二氧化碳、PM_{10}、$PM_{2.5}$），并统计词汇出现的次数，作为政府治理的替代变量。

第三节　主要研究内容

本书主要的研究目标是，理论分析并实证检验人力资本对能源效率的作用机制。围绕该研究目标，依照"问题提出—问题分析—问题解决"的总思路展开。主要研究内容如下。

第一，机理分析。一是假定生产过程的投入要素为能源、资本、劳动力，构建包括家庭和厂商的一般均衡模型，证明了技术进步、产业结构优化、绿色消费偏好会对能源效率产生影响，分析了人力资本是技术进步、产业结构优化、绿色消费偏好的前置因素。二是进一步分析了人力资本对能源效率影响的传导机制，以及政府治理对传导机制的调节作用。

第二，现状描述。一是采用教育成果法对中国人力资本水平进行测算并对人力资本时空格局进行分析；二是在传统的全要素能源效率测度方法的基础上，介绍了一种基于非径向方向距离函数的能源效率测度方法（ENDDF）和能源效率指标（EEPI），在此基础上，对样本区间内的能源效率进行时空格局分析；三是对能源效率的收敛性进行分析，包括 σ 收敛分析、绝对 β 收敛分析、条件 β 收敛分析，得出结论，并对收敛性进行稳健性检验；四是将人力资本和能源效率直接建立关系，对能源效率和人力资本进行了特征事实分析。

第三，实证检验。一是分析人力资本对能源效率影响的内生性问题，选取合适的工具变量并论述了工具变量与人力资本相关、与能源效率不相关的理由，采用Ⅳ－Tobit 面板模型进行实证检验，并对人力资本影响能源效率进行地区异质性的检验和分析，以考察不同类型地区二者间作用关系的差异。二是对机制分析中的传导机理进行检验，包括：验证了人力资本对能源效率影响的绿色技术进步效应、产业结构优化效应、公众绿色偏好效应以及政府治理对以上三种效应的调节作用。

第四节　主要创新点

第一，系统地论证了人力资本是影响能源效率的重要因素。现有文献中人力资本影响能源效率的研究较为零散，缺乏系统性分析。首先，构建了一般均衡模型，通过模型推导证明了人力资本会对能源效率产生影响；其次，在习近平能源生产和消费的重要论述，以及效率分析理论、技术扩散理论、能源替代理论等理论的支撑下，进一步分析了人力资本对能源效率影响路径的机理，并通过中国内地30个省份数据实证检验了理论的成立，系统地证明了人力资本是影响能源效率的重要因素。

第二，提出了人力资本影响能源效率的路径和机制。在以往的研究中，学者研究了绿色技术进步和产业结构优化对能源效率的影响，但缺乏对人力资本通过影响绿色技术创新、产业结构优化进而影响能源效率的剖析，也未对人力资本影响公众绿色偏好进而影响能源效率进行理论分析。通过模型推导与机理分析提出了人力资本可通过绿色技术进步、产业结构优化、形成公众绿色偏好影响能源效率，并通过实证检验，验证了以上三条路径的成立。

第三，深入分析了不同类型地区人力资本对能源效率影响的差异。在已有的研究人力资本对能源效率的影响的文献中，缺乏对不同类型地区人力资本对能源效率影响的差异的研究。在揭示人力资本可影响能源效率这一规律的基础上，对不同类型地区的人力资本对能源效率的影响程度以及各传导路径的实现程度进行了检验和分析，并进一步分析了政府治理调节下各传导路径表现出的异质性结果，可为各地因地制宜制定政策提供参考。

第二章

文献综述与理论基础

能源作为经济社会发展的必要物质条件，自然会受到学术界的广泛关注，随着环境资源约束趋紧，相关研究热度不断增加，在多年的研究中形成了丰富的研究成果可供参考。本章首先梳理了国内外当前相关文献的研究进展及研究内容，围绕能源效率以及能源效率与人力资本的关系进行文献综述，以求明晰学术界研究脉络、剖析研究缺口；其次，对相关的理论基础进行阐述，以期为后文研究提供理论指导。

第一节　能源效率研究综述

一、能源效率的概念提出及演变

20 世纪 70 年代末，世界能源委员会首次提出能源效率，随着时代的变迁，能源效率的内涵在不同时期得到了更丰富的诠释，其演变历程如图 2 - 1 所示。

以蒸汽机的发明和使用为主要标志的工业革命颠覆了人类发展的传统模式。一方面，蒸汽机的出现极大地提高了生产效率，推动了各个生产部门的机器制造和使用，有力地促进了生产力的发展；同时，也标志着工厂制代替了手工工场，机器代替了手工劳动，人类社会从此逐步以蒸汽动力代替人力或畜力，人类的主要能源由柴薪演变为煤炭等化石能源。另一方面，资源过度开采与消耗以及污染排放造成了全球气候变化、生物多样性丧失等后果，人类面临

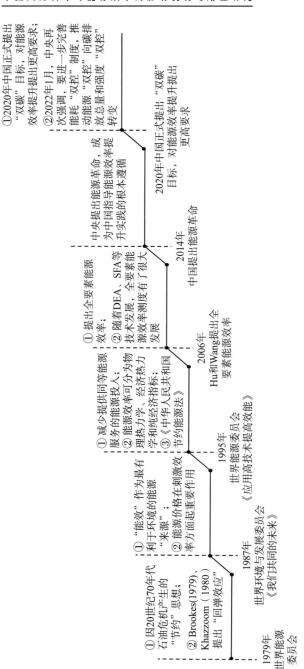

图2-1 能源效率内涵变迁过程

1979年
世界能源委员会

①因20世纪70年代石油危机产生的"节约"思想;
②Brookes(1979)、Khazzoom（1980）提出"回弹效应"

1987年
世界环境与发展委员会《我们共同的未来》

①"能效"作为最有利于环境的能源"来源";
②能源价格在刺激效率方面起着重要作用

1995年
世界能源委员会《应用高技术提高效能》

①减少提供同等能源服务的能源投入;
②能源效率可分为物理和纯经济指标;
③《中华人民共和国节约能源法》

2006年
Hu和Wang提出全要素能源效率

①提出全要素能源效率;
②随着DEA、SFA等技术发展,全要素能源效率测度有了很大发展

2014年
中国提出能源革命

中央提出能源革命,成为中国指导能源效率提升实践的根本遵循

2020年中国正式提出"双碳"目标,对能源效率提升提出更高要求

①2020年中国正式提出"双碳"目标,对能源效率提升提出更高要求;
②2022年1月,中央再次强调,要进一步完善能耗"双控"制度,推动能源"双控"向碳排放总量和强度"双控"转变

着严峻的生态和环境危机。在《寂静的春天》① 出版前，人们并未对工业化造成的环境污染给予足够的重视，卡森在书中对世界上长期流行的"控制自然""征服大自然"的口号提出了尖锐的批判，呼吁人们要反思自己对自然的无知与漠视。1972 年，罗马俱乐部出版了《增长的极限》② 一书，该书探讨了人类社会的经济增长、资源利用和环境压力之间的关系，其核心观点是：如果人口、工业化、资源使用和污染的增长趋势保持不变，我们将达到并在未来 100 年的某个时候突破地球的承载能力。这种持续的增长将使得我们的星球超载，从而导致无法控制的崩溃和瓦解。该书的出版引发了人们对工业化中高耗能、高污染增长模式的可持续性的担忧。随后，1973 年 10 月爆发了第四次中东战争，石油输出国组织的阿拉伯成员国使油价猛然上涨了两倍多，引发了影响深远的严重的经济危机。在此背景下，能源效率一词与"节能"相伴而出，1979 年，世界能源委员会将节能定义为"采用技术上可行、经济上合理、环境和社会可接受的一切措施，来提高能源资源的利用效率"。与此同时，卡佐姆（Khazzoom，1980）也指出能源效率的提高可能因能源边际成本降低，从而使能源服务的需求增加，这一现象也被称为"回弹效应"。

第一次石油危机解除后，美国甚至整个西方经济进入了一个持续增长期，人们开始寻求"一个经济发展的新时代的可能"。1987 年，世界环境发展委员会提出了"能效"是最有利于环境的"来源"的观点，并认为能源价格在刺激效率方面发挥着重要作用。

随着主要矛盾的转化，人们的观念由最初的通过减少能源消耗来应对能源短缺转向同等能源消耗下产出更多或同等产出下能源消耗更少。1995 年，世界能源委员会定义能源效率为"减少提供同等能源服务的能源投入"。同时，学者也开始对能源效率本身展开研究，帕特森（Patterson，1996）批判性地回顾了政策层面可以使用的能源效率指标的范围，将能源效率分为物理热力学、经济热力学和纯经济指标，王庆一（2001）认为能源效率包括物理指标和经济指标，也称为物理能源效率和经济能源效率。物理能源效率是从工程技术角度考察能源转换成单位产品或服务的能耗，经济能源效率是单位产值能耗或能源成本效率。此外，也正是在这段时间，中国为了推动全社会节约能源，提高

---

① 蕾切尔·卡森. 寂静的春天 [M]. 上海：上海译文出版社，2008.
② 丹尼斯·米都斯. 增长的极限：罗马俱乐部关于人类困境的研究报告 [M]. 长春：吉林人民出版社，1997.

能源利用效率，保护和改善环境，促进经济社会全面协调可持续发展，出台了《中华人民共和国节约能源法》。

胡均立和王世川（Hu & Wang，2006）明确提出了全要素能源效率的概念，并将全要素能源效率定义为目标能源投入与实际能源投入的比值。此后，随着 DEA 技术和 SFA 技术的发展，涌现出许多关于能源效率的测度模型。从定义和算法来看，帕特森（Patterson，1996）与王庆一（2001）所提的物理能源效率与经济能源效率均属于单要素能源效率，而胡均立和王世川（2006）所研究的属于全要素能源效率。

2014 年是对于能源理论具有里程碑意义的一年。在这一年，作为最大的能源消费国之一的中国提出了能源生产和消费革命，成为指导中国能源效率提升实践的根本遵循。此后，"十三五"期间，中国以年均 3% 的能源消费增长率支撑了国民经济年均 7% 的增长。[1]

2020 年，中国正式提出"双碳"目标，2021 年中国印发的《2030 年前碳达峰行动方案》强调了能源利用效率提升的重要性，为能源效率赋予了重要作用并提出了更高的要求。2022 年 1 月，习近平总书记在十九届政治局第三十六次集体学习时再次强调，要进一步完善能耗"双控"制度，并提出新增可再生能源和原料用能不纳入能源消费总量控制。要健全"双碳"标准，构建统一规范的碳排放统计核算体系，推动能源"双控"向碳排放总量和强度"双控"转变。[2] 党的二十大报告强调，实现碳达峰、碳中和是一场广泛而深刻的经济社会系统性变革，要立足我国能源资源禀赋，坚持先立后破，有计划分步骤实施碳达峰行动；完善能源消耗总量和强度调控，重点控制化石能源消费，逐步转向碳排放总量和强度"双控"制度。

二、能源效率的测度

能源效率的测度可分为单要素能源效率的测度和全要素能源效率的测度。单要素能源效率采用产出与能源消费总量的比值来衡量，其倒数被称为能源强

---

① 国家能源局网站. 我国能源绿色低碳转型驶入"快车道"［EB/OL］. 2021 – 05 – 28. https：//www. nea. gov. cn/2021 –05/28/c_139975172. htm.

② 共产党员网. 习近平：深入分析推进碳达峰碳中和工作面临的形势任务　扎扎实实把党中央决策部署落到实处［EB/OL］. 2022 – 01 – 25. https：//www. 12371. cn/2022/01/25/ARTI1643102781802738. shtml.

度，用能源消耗量与 GDP 的比值来衡量。该项指标被世界众多国家官方广泛使用，如"十四五"规划中提出的约束性指标之一"单位 GDP 能源消耗降低13.5%"的倒数就是单要素能源效率。早期，单要素能源效率被学术界广泛使用，如周起凤（1997）在分析中国的能源消费和能源战略，以及史丹（2002）在分析中国经济快速增长条件下能源消费减缓的原因时都用了该项指标。随着驱动因素的研究需要，学术界更多地对能源强度进行分解，以求剖析单要素能源效率（能源强度）的驱动因素。在众多能源强度分解方法中，最为常见的有指数分解方法（IDA）和生产理论的分解方法（PDA）。指数分解方法包括拉氏（Laspeyres）指数法和狄氏（Divisia）指数法（Ang，2004），拉氏指数法由于分解不完全，所以很少被使用（林伯强和杜克锐，2014），众多学者采用狄氏指数法，而狄氏指数法又包括很多具体算法，最为常用的是对数平均狄氏指数方法（LMDI）。彭武元和姚烺亭（2021）对中国不同行业的终端能源消费二氧化碳排放情况进行描述性分析并采用 LMDI 分解方法分解影响因素；马晓君等（2021）基于 2005~2016 年中国工业 35 个分行业面板数据，将改进后的 Kaya 恒等式与 LMDI 分解法相结合，构建了能源消耗因素分解模型和脱钩指数模型，对工业增长与能耗的脱钩进行研究；张希良等（2022）研究了"双碳"目标下中国能源经济转型的路径，定量评价了主要减排措施在不同时期的减排贡献度和所需的政策干预力度，并采用 LMDI 分解法进行了因素分解研究；李江龙和杨秀汪（2021）采用 IDA – PDA 分解，分析了中国能源需求变化的主要驱动因素。由于 PDA 无法反映不同能源投入（不同产出）之间的差异，以及 PDA 在测度能源结构变化和产出结构变化上存在不一致性的问题（杜克锐等，2018），所以相较于 LMDI 方法，PDA 方法使用较少。

　　随着研究的需要以及 DEA、SFA 技术的进步，越来越多的人转向研究全要素能源效率的测度。全要素能源效率由胡均立和王世川（2006）首次提出，之后得到快速发展，全要素能源效率最大的优点在于其考虑了要素的替代效应，主要测度方法为 DEA 法和 SFA 法。全要素能源效率还可以分为径向效率模型和非径向效率模型，径向效率模型只允许 DMU 的产出和投入成比例扩大或缩小，存在产出或投入方面的松弛，测量值偏大，胡均立和王世川（Hu & Wang，2006）提出的能源效率模型为径向效率模型；而非径向效率模型允许DMU 的产出和投入不按照一定的比例扩大或缩小，常见的非径向效率模型有Russell 模型（Färe & Lovell，1987）和 SBM 模型（Tone，2001）等。DEA 技术在能源效率测度方面使用更为广泛，袁晓玲等（2009）运用 1995~2006 年中国 28 个省份面板数据，测算出包含非合意性产出环境污染的中国各省全要素能源效率，测度时设定投入导向的规模报酬不变，所以属于径向效率模型；王兵等（2011）采用基于方向性距离函数 DEA 方法测算了中国各省的全要素能源效率，该方法仍然属于径向效率测度；刘海英和刘晴晴（2020）在周鹏等（Zhou et al.，2012）的基础上采用基于共同前沿的非径向方向性距离函数方法测度了 2006~2016 年中国内地 30 个省份的绿色全要素能源效率，该模型属于非径向效率模型；汪克亮等（2013）、高鹏和岳书敬（2020）采用 SBM 模型对中国的能源效率进行测度，属于非径向能源效率。SFA 方法也有较为广泛的使用，但采用该方法有模型错误设定的风险，李玉婷和刘祥艳（2016）使用 SFA 技术对中国省域工业全要素能源效率进行测度，并与单要素能源效率进行比较，发现二者存在较大差距，两种方法测算的全部效率值的相关性不足 50%；张媛和许罗丹（2018）采用调查数据，运用 SFA 技术对广州市重点用能企业 2012~2015 年的能源效率进行了测度；刘争和黄浩（2019）采用基于谢泼德能源距离函数的 SFA 模型，对中国内地 30 个省份 2000~2016 年的能源效率进行了测度。

三、能源效率的影响因素

提高能源效率是实现"双碳"目标的必经之路，分析能源效率的影响因素对于本研究的机理分析、实证检验以及政策建议至关重要。多年来，许多学者围绕这一话题展开研究，归纳总结现有文献，能源效率的主要影响因素可以概括为以下五个方面。

（一）技术因素

技术进步是发展的第一动力，是影响能源效率的重要因素。早在 19 世纪，杰文斯就曾提出技术影响能源效率的思想，随着 20 世纪 70 年代第一次石油危机的出现，学术界对此展开广泛的讨论，其观点大致可以分为三类。第一种观点是"促进学说"，即技术进步可以促进能源效率提升。克拉克等（Clarke et al.，2006）研究认为，技术进步对能源效率有积极影响；费希尔 - 范德等（Fisher - Vanden et al.，2006）认为，技术创新使得在技术上降低能耗成为可能；李廉水和周勇（2006）以 1993~2003 年中国工业部门为样本，研究发现工业能源效率的提升是技术进步的结果。第二种观点是"回弹学说"，即认为技术进步一方面可以促进能源使用效率的提升，但另一方面可以创造需求，从而引致能源回弹效应。该思想可以追溯到1865年，杰文斯在《煤炭问题》中提出，能源效率的提高往往伴随技术进步；技术进步也具有"双刃性"，一方面会促进经济增长，另一方面会导致能源需求不断增加，同时，能源效率的提高也会引起能源使用成本的降低，能源需求增加与能源成本降低的共同作用将引致能源消费的增加。这一理论也被称为"杰文斯悖论"。围绕这一现象，学者展开广泛讨论，卡佐姆（Khazzoom，1980）和布鲁克斯（Brookes，1992）等进行了深入的研究，其研究文献成为现代能源回弹效应的经典文献，此后众多学者围绕回弹效应的含义界定、理论机制、经验证据等展开研究；周勇和林源源（2007）是可查到的最早研究中国能源回弹效应的国内学者，他们通过TFP度量技术进步，采用索洛余值法对TFP进行求解，进而估算出中国的回弹效应；此后，诸多学者（胡东兰等，2019；查冬兰等，2021；杨莉莉和邵帅，2015；杨慧慧和王喜刚，2021）在此基础上展开回弹效应的研究。大多数学者认为中国存在能源回弹效应，即技术进步未必能从宏观上真正促进能源效率提升或者说技术进步带来的能源节约会被技术进步引致的新的能源需求所抵消。第三种观点认为，技术进步对能源效率的影响需要满足一定条件，徐建中和王曼曼（2018）研究认为，技术进步能够促进能源效率的提升，但需要环境规制达到一定强度，即技术进步对能源效率的促进作用具有环境规制强度门槛效应；还有学者研究认为，技术的偏向性对能源效率有重要影响，如吴传清和杜宇（2018）采用长江经济带沿线11省份1997~2015年的数据研究认为，偏向型技术进步在该样本区间对全要素能源效率具有明显促进作用。

（二）结构因素

1. *产业结构*

产业结构是指资本、能源、人力资本、技术等资源在各个企业、行业和部门之间配置的比例关系，不同产业的能源消耗不同、能源效率不同，一般认为第一产业、第三产业相较于第二产业能耗较低，第三产业相较于第一产业、第二产业的能源效率较高。产业结构对能源效率有重要影响，学术界有两种主流观点：一种观点认为，产业结构升级能够促进能源效率提升。麦迪森（Maddison，1987）研究发现，如果能源由低生产率部门向高生产率部门转移，能源效率就会有所改善；史丹（2002，2006）研究认为，产业结构是影响能源效率的重要因素；吴文洁、王晓娟和何艳桃（2018）利用2000~2015年省级数据研究表明，促进产业结构升级能够提高全要素能源效率，沈冰和李鑫（2020）通过研究证明产业高级化水平的提升对能源效率的提升有显著的正向影响。另一种观点认为，产业结构升级对能源效率提升具有反向作用。刘赢时和田银华（2019）以2005～2016年中国285个城市为样本，基于收敛假说研究发现，产业结构调整，即第三产业比重的增加对能源效率有负向作用。

2. 能源消费结构

能源消费结构是指一个国家或地区在一定时间内，能源消费中各类能源的构成及其比例关系。能源消费结构影响能源效率主要原因有三点：第一，不同能源的热效率不同。不同能源品种在使用过程中效率存在差异，这是因为这些能源在燃烧使用过程中能够释放更多的热量，从而提高能源利用效率。第二，不同能源利用效率不同。不同的能源资源品种有不同的能源利用效率。例如，石油、天然气等的能源利用效率要远远地高于煤炭。在一次能源中，煤炭的利用效率约为27%，而原油的利用效率约为50%。这意味着在使用相同数量的能源时，石油和天然气能够产生更多的有效能源输出，从而提高能源效率。第三，对环境的影响不同。如果采用全要素能源效率指标来衡量能源效率，那么不同的能源资源品种在使用过程中产生的非期望产出不一样。一般来说，一次能源中天然气、原油、煤炭的能源转换效率依次降低。因此，理论上来讲，如果煤炭在能源消费中占的比重较大，能源效率就较低。诸多研究也证明了这一点，魏楚和沈满洪（2008）以中国29个省份为样本研究发现，发展高效清洁的其他能源可以大幅提高能源效率；赵金楼和李根等（2013）以1980～2010年29个省为样本，采用随机前沿和面板单位根法研究实证了煤炭所占能源比重较大会降低能源效率。刘淑茹等（2024）利用2007～2019年中国274个城市的面板数据研究发现，能源消费结构的优化极大地缩短了"双碳"约束下能源消费对全要素能源效率的反应时滞，改变了"双碳"约束下能源消费结构的跨期替代弹性，对全要素能源效率提升具有显著的正向影响。

王学军和王赛（2021）则认为，产业结构与能源消费结构优化均可以有效提高能源效率；但是产业结构、能源消费结构及其交互项"双重结构"优化过程会阻滞外围区域能源效率提升。

（三）市场与价格因素

市场是资源配置的重要方式，也是影响能源效率的重要因素，诸多学者也注意到这一点。比罗尔和开普勒（Birol & Keppler，2000）通过理论分析证明能源价格是影响能源效率的重要因素，我国学者（张卓元，2005；杭雷鸣和屠梅曾，2006）研究表明中国能源价格受国家控制，严重偏低的能源价格不利于能源效率提升；此后，学者（袁晓玲等，2009；屈小娥，2009）采用不同方法均实证了能源价格是影响能源效率的重要因素。

除了能源价格外，学者研究还发现市场分割会影响能源效率。市场分割是指资源、要素、产品在市场上处于"零碎分割"的状态。市场分割是影响能源效率的重要原因，师博和沈坤荣（2008）较早地提出市场分割影响能源效率；魏楚和郑新业（2017）研究认为，市场分割不利于能源效率的提升；张德钢和陆远权（2017）采用价格法估计了市场分割程度，通过建立基于柯布－道格拉斯生产函数对能源效率进行估计，在此基础上采用 SFA 方法实证了市场分割显著地抑制了能源效率的提升。此外，林伯强和杜克锐（2013）还发现要素市场扭曲会降低能源效率，而消除要素市场扭曲可提高能源效率，减少能源浪费，其机理的核心在于要素市场扭曲会导致资源配置无效率。

（四）对外开放程度

研究对外开放程度对能源效率的影响一般遵循以下逻辑：外商直接投资（FDI）或对外直接投资（OFDI）—技术溢出或技术反向溢出—技术吸收能力—能源效率。因此，多数研究采用门限回归技术或调节效应模型研究对外开放程度对能源效率的影响，也普遍认为对外开放程度对能源效率的影响具有与技术吸收能力有关因素相互作用的门槛效应，或在某些调节变量影响下会对能源效率产生影响。如李子豪和禄雪焕（2015）研究发现，FDI 对能源效率的影响有明显的行业研发投入和环境规制门槛效应；郑翔中和高越（2020）研究发现，FDI 对能源效率提升的贡献随着 FDI 的增加而递减；而莱文森和泰勒（Levinson & Taylor，2008）认为外商直接投资有"污染避难所效应"。也有学者研究 OFDI 与能源效率的直接关系，如江洪和纪成君（2020）采用 2002～2016 年中国 30 个省份的面板数据实证了 OFDI 逆向技术溢出对区域能源效率具有显著的正向促进作用，但影响幅度并不大；陶长琪和王慧芳（2018）则认为 OFDI 对能源效率的影响具有吸收能力门槛效应。

（五）治理因素

治理因素对能源效率的影响是指政府的制度、法律、法规、资金投入等因素对能源效率的影响。政府治理对能源效率的影响可能遵循"波特假说"，既有利于能源效率的提升；也有可能增加沉没成本（Pamler，1995），遵循"成本假说"，即不利于能源效率的提升。赵金楼和李根等（2013）研究表明，《中华人民共和国节约能源法》的出台及一系列政策措施对能源效率的提升具有显著的正效应；张华、王玲和魏晓平（2014）认为，环境规制与全要素能源效率之间均呈倒"U"形关系；聂普焱和黄利（2013）研究认为，环境规制对全要素能源效率的影响对于不同产业效果不同；而陶长琪等（2018）认为，环境规制与能源消费结构存在适配关系；史丹和李少林（2020）以2003～2017年281个地级城市为样本研究表明，排污权交易制度能够显著提高能源效率。周倩玲等（Zhou et al.，2022）研究了中国的低碳试点城市制度对能源效率的影响，发现长期来看该制度对能源效率并无好处。

四、中国能源效率研究综述

（一）中国能源效率研究的阶段

经梳理本书按照改革开放以来我国能源效率研究的特点分为以下三个阶段。

1. 改革开放初期（1978～1997年）

物尽其用、节约增产的思想在中国古已有之，20世纪70年代，欧美国家从刚刚经历的第一次石油危机中总结教训，提出节能的思想，与此同时，中国实行改革开放政策。中国学者紧跟世界形势并结合中国改革开放经济发展需求，对能源效率展开研究并提出了提高能源效率的倡议。虽然我国的环境保护研究始于1972年（谢振华，2019），但这一时期的观点受改革开放前物资短缺的影响，主要突出节约的思想，并未对能源效率的内涵进行过多讨论，有的学者（杨复复，1982；贡光禹，1988；谢志军和庄幸，1996）研究的是能源经济效率，然而更多的学者（张松寿等，1984）从技术角度分析能源物理效率。

2. 资源环境问题凸显期（1998～2011年）

随着经济的快速发展，中国的经济发展与环境保护的矛盾日益凸显，1998年，中国为了推动全社会节约能源、提高能源利用效率、保护和改善环境、促进经济社会全面协调可持续发展，施行《中华人民共和国节约能源法》。加入世贸组织后，钢铁、能源等重工业比重不断加大，资源能源消耗快速增长，主要污染物排放总量也大幅增加，警醒了我国政府实施更大力度的节能减排和总量控制。"十一五"期间，我国把主要污染物排放总量和单位 GDP 能源消耗下降比例作为约束性指标，纳入国家"十一五"规划纲要，并分解到各省（直辖市、自治区）。

中国能源效率研究与经济发展形势紧密相连，随着经济发展，学术界开始对比研究中国与其他国家或组织能源效率的差距（周凤起，1999），探索能源—环境—经济如何协调发展（王俊峰，2000），并逐步开始研究能源效率与经济结构的关系（韩智勇等，2004）。国家"十一五"规划纲要将污染物排放总量和单位 GDP 能源消耗下降比例作为约束性指标，受此影响，学者们（史丹，2006；韩亚芬和孙根年，2008）开始关注中国能源效率的节能潜力。随着全要素能源效率的提出，学者们开始采用全要素能源效率（魏楚和沈满洪，2007；史丹等，2008）评估中国的能源效率，并开始将能源效率分解，研究能源效率变化的驱动因素以及能源效率的影响因素。

3. 新发展理念践行期（2012 年至今）

党的十八大将生态文明建设归入"五位一体"总体布局，"绿色发展"成为五大发展理念之一，党中央 2014 年提出"能源革命"，2020 年明确提出"碳达峰、碳中和"目标，党的二十大报告强调"加强煤炭清洁高效利用"。绿色发展、创新驱动、市场化配置等理念深入人心，提升能源效率的重要性被各界充分认识，研究能源效率的文献不断涌现。其研究特点概括如下。

第一，研究能源（环境）效率评价方法。党的十八大以来，随着"绿色发展"理念的不断演化及普及，人们不仅发现单要素能源效率已经不能全面评价能源和环境绩效，而且发现全要素能源效率中传统的方向距离函数（DDF）是径向效率度量法，当存在松弛变量时，容易评估效率值，且径向 DDF 由于给环境表现和生产表现分配相同的效率值导致无法有效区分二者。于是，学者将注意力转向非径向效率测度。如林伯强和杜克锐（2013）采用谢泼德能源距离函数、DEA 技术，以中国 30 个省份 1997～2010 年数据为样本测度了中国的全要素能源效率，周梦玲和张宁（2017）采用谢泼德距离函数（shephard distance function）、SFA 技术测度了中国 30 个省份 1998～2012 年的能源效率。

第二，结合热点研究各类核心因素对能源效率的影响。不同时期的经济热点各有不同，学者剖析机理、梳理逻辑，研究分析各类核心因素对能源效率的影响。如电力跨省交易（汪锋和吴俊，2016）、互联网发展（汪东芳和曹建华，2019）、数字金融发展（张云辉和李少芳，2022）、用能权交易制度（薛飞和周民良，2022）、反腐败（刘洁等，2022）、数字经济（刘建江和李渊浩，

2023）、市场分割和"双碳"目标（古丽娜尔·玉素甫和夏子惠，2023）等。在以上研究中，学者大多借鉴已有文献的测度方法，重点研究并实证各类核心因素对能源效率的影响。

（二）中国能源效率的特点与现状

在不同时期，学者们围绕中国能源效率的现状与特点做了诸多研究，主要概括为以下三类。

第一，关于中国能源效率整体变化形态的研究。何则等（2018）采用中国1952～2015年的数据测度了中国的能源强度，测度结果显示中国能源强度整体表现为"M"形的变化形态，能源强度变化的两个峰值分别出现在1960年、1977年，1979年后能源强度逐渐变小，在2002～2005年能源强度出现一次小的波峰。能源效率为能源强度的倒数，那么，1952～2015年的能源效率就应该表现为"W"形的变化形态，该指标为单要素能源效率。魏楚和沈满洪（2007）认为中国能源效率呈倒"U"形趋势，拐点在1999～2002年之间；还有学者（孟昌和陈玉杰，2012）认为中国能源效率只在局部呈倒"U"形趋势，并没有在整体表现出倒"U"形趋势。

第二，中国主要经济带能源效率变化形态的研究。陈菁泉等（2021）用2003～2017年的面板数据，以谢波德能源距离函数的SFA模型测算中国八大经济区的能源效率，研究发现，东部沿海经济区能源生态效率水平整体呈现下滑发展态势；西南、东北以及长江、黄河中游等经济区处于中效率水平地区且波动幅度较为剧烈；西北地区整体较低，2013年以后迅速攀升，赶超东部、东北以及长江、黄河中游等地区。孟凡生和邹韵（2019）将中国30个省份样本分为东部地区、东北地区、中部地区以及西部地区，研究发现以上地区能源效率由高到低分别是：东部地区、中部地区、东北地区、西部地区。周四军等（2020）采用DEA方法测算2007～2016年中国的能源效率发现，东部经济发达地区能源效率较高，西部地区能源效率普遍较低。

第三，能源效率收敛也受到学者们的关注。李国璋和霍宗杰（2010）以1995～2006年中国各省份数据为样本，通过收敛性分析发现，中国西部地区能源效率并不收敛，全局以及东中部地区则表现出能源效率稳态收敛的趋势；潘雄锋等（2014）则以1998～2009年数据样本研究了我国能源效率的空间收敛性，研究发现，我国能源效率存在绝对和条件 β 收敛，且2004年以前的收敛速度慢于2004年后的收敛速度；徐如浓和吴玉鸣（2019）对我国1990～

2016 年期间的能源效率进行了收敛分析，结果表明：我国能源强度整体上显著发散，但三个组存在俱乐部收敛，且认为初始条件和结构特征均是形成俱乐部收敛的重要原因；张文彬和郝佳馨（2020）研究了全国及八大区域的全要素能源效率收敛情况，发现均呈现空间 β 收敛趋势，收敛速度最快的地区是东北地区，最慢的是北部沿海地区；王莉和白彦（2021）对 1997～2016 年中国工业能源效率进行研究，发现中部地区工业能源效率存在 σ 收敛、绝对 β 收敛，东、中、西部工业能源效率都存在条件 β 收敛，只有中部地区工业能源效率存在俱乐部收敛。

五、简要述评

自从"能源效率"一词被提出以后，其内涵不断发展。早期的文献将其分为物理效率和经济效率。自 2006 年胡均立和王世川明确提出了全要素能源效率的概念后，在社科研究中，学者一般将其分为单要素能源效率和全要素能源效率，早期提出的能源物理效率和能源经济效率均属于单要素能源效率。

单要素能源效率只考虑生产过程中的能源要素，并不将其他要素纳入考虑范围，一般采用产出与能源投入的比来度量，也将其称为能源生产率。单要素能源效率内涵清晰，计算方法简单，可根据产出与投入的单位决定量纲，但计算过程中没有考虑到要素的替代性，不具有约束性，计算出来的效率值偏大，且无法表示投入一定能源下产出最大化或产出一定能源下投入最小化的能力。相较于单要素能源效率，全要素能源效率考虑了其他要素的投入情况，计算时有一定约束，计算方法较为复杂，计算时多采用理论上的最优能源投入除以实际能源投入，本质是技术效率，计算值在 ［0，1］ 区间，选择适当的模型，可表示能源投入要素的利用效率、环境缩减可能以及产出扩展可能，符合碳达峰和高质量发展背景下对能源效率的评价。但是基于 DEA 计算法的全要素能源效率没有考虑到随机误差的影响，对样本质量要求比较高，且部分模型在求解时会有不可行解的问题；基于 SFA 计算法的全要素能源效率有模型设定错误的风险。总的来说，全要素能源效率更能体现本书所要衡量的能源最优利用的程度，更符合碳达峰和高质量发展背景下对能源效率的评价。

影响能源效率的因素较多，归纳起来可分为：技术因素、结构因素、市场和价格因素、对外开放因素、治理因素。研究结论基本相近，影响程度因样本区间、模型设定等因素有所差别。

改革开放以来，学者根据不同阶段经济发展的特点，形成了丰富的研究成果。对中国能源效率现状的研究结论因测度方法和时间区间不同而不同，但改革开放以来基本上出现了整体趋势上升的情形；分样本区间来看，东部地区能源效率最高，中部次之，西部最低，但现有文献缺乏以南北进行分组的讨论；关于中国能源效率收敛的研究表明，中国能源效率整体呈现 σ 收敛、β 收敛的态势，按主要经济带分组来看，学者普遍认为东部地区和中部地区存在绝对 β 收敛和条件 β 收敛的情形，对于西部地区收敛情况的结论不一，也有学者认为中国能源效率存在俱乐部收敛的情况。现有文献缺乏对中国以南北进行分组的能源效率收敛情况的研究。

第二节　人力资本研究综述

自从舒尔茨等提出人力资本理论以来，人力资本思想和相关研究得到极大发展。本节将简要回顾人力资本的起源与内涵，重点梳理人力资本的功能与作用以及人力资本的形成与投资。

一、人力资本的起源与内涵

人力资本思想可以追溯到柏拉图、威廉·配第以及布阿吉尔贝尔的有关论述，亚当·斯密吸收和发展了有关思想，并将其体现在《国富论》的诸多表述中。马克思在批判和继承了古典经济学家的劳动价值理论的基础上，以揭示资本主义生产方式对劳动者的剥削为目标构建了马克思主义经济学，《资本论》等著作中虽未明确提出人力资本的概念，但却蕴含着丰富的人力资本思想。德国历史学派李斯特提出了"精神资本"，并认为只有劳动者的知识和技能可创造新的生产力。马歇尔也具有人力资本思想，但他拒绝承认人是资本。现代人力资本理论的出现源于产出增长率大大高于投入资源的增长率之谜，20世纪 50 年代，经济学家们发现一个谜团——产出增长率大大高于投入资源的增长率，面对这一问题，当时的经济学理论已无法作出解释。舒尔茨（Schultz，1960）在《人力资本投资》中阐述了人力资本的思想和观点。人力资本理论的提出极大地丰富和发展了经济增长理论。卢卡斯（Lucas，1988）提出了"双资本"模型，即认为生产的核心要素是人力资本与资本，该模型认为，经济长期增长的动力来源于人力资本的不断积累。卢卡斯模型提出以后，一些经济学家（贝克尔，1990；里贝罗，1991；莫里甘等，1991）也相继建立了一些"内生性经济增长模型"，这些模型均强调人力资本的关键作用。

不同学者对人力资本进行定义的侧重点不同，大致可以分为两类。第一类定义较为注重人力资本的"资本"特性。如加里·贝克尔认为，人力资本是通过人力投资形成的资本，而人力资本投资是"通过增加人的资源影响未来的货币与心理收入的活动"[①]；《新帕尔格雷夫经济学大词典》认为人力资本是一个具有价值的存量，是现在和未来产出与收入流的源泉。以上定义，虽后者暗含人力资本的能力特性，但更强调人力资本的"资本"特性。第二类定义较为注重人力资本的"能力"特性。舒尔茨（1960）在提出现代人力资本理论时，实则更为强调人力资本的"能力"特性；李建民（1999）认为，人力资本存于个体中、后天获得、具有经济价值，是知识、技术、能力和健康等质量因素之和；OCED（2001）定义其为：人力资本是个人拥有的能够创造个人、社会和经济福祉的知识、技能、能力和素质；冯子标和焦斌龙（1999）则认为，人力资本并不是人类与生俱有的一种本能，而是人类有意识、有目的地征服自然和改造自然的能力，人力资本的实质是劳动力。可以看出，第二类定义中有的定义将投资途径概括在内，有的定义在剖析人力资本的本质，但均强调人力资本的"能力"特性。

二、人力资本的功能与作用

根据人力资本的特性，人力资本的功能与作用主要概括为以下几个方面。

（一）人力资本具有生产要素功能与效率功能

人力资本是各行业生产中必不可少的重要因素，具有生产要素功能。自宇泽弘文（Uzawa，1965）在索罗模型基础上引进教育部门以来，众多学者探索将人力资本引入经济增长模型。卢卡斯（Lucas，1988）在此基础上，遵循舒尔茨和贝克尔的人力资本理论，建立"两资本模型"，并认为人力资本具有内部效应（人力资本自身生产率提升）和外部效应（促进其他要素效率提升），且在外部效用的作用下生产收益呈递增趋势，从而保持经济增长，避免了"没

[①]　加里·贝克尔. 人力资本［M］，陈耿宣，译. 北京：机械工业出版社，2016.

有人口增长就没有经济增长"这一局面的出现，该模型充分说明了人力资本具有要素功能，其根本原因在于人力资本具有使用价值的多元性和使用形态的多样性（李建民，2003）。人力资本的效率功能与人力资本的要素功能密不可分，人力资本的要素功能是体现效率功能的基础。

（二）人力资本有促进技术进步的作用

技术进步的途径有技术创新、技术扩散、技术转移与吸收，人力资本通过影响技术创新、技术扩散、技术吸收影响技术进步。

技术创新离不开人力资本的投入，人力资本身上蕴含着知识、技能、经验等要素对技术创新具有重要作用。罗莫（Rome，1990）曾提出人力资本是影响技术创新的重要因素。艾切尔和佩纳洛萨（Eicher & Peñalosa，2000）将劳动者的创新活动分为"干中学"和主动研发（Deliberate R&D），并认为主动研发是更有效的创新手段，但需要有足够数量的人力资本（研究人员）。学者王金营（2000）借鉴物理学有关概念，通过引入"技术势"的概念说明了人力资本在技术创新中的重要作用。易先忠和张亚斌（2008）以及任秀峰（2016）也通过建立理论模型并实证了人力资本对于技术创新的关键作用。以上研究均表明人力资本对于技术创新的重要作用。

技术扩散是技术创新通过一定渠道在潜在的其他经济领域和更大地域空间范围的应用推广之间传播、采用的过程（傅家骥，1992；曾刚，2002）。人力资本在技术扩散中起决定性作用。纳尔逊和菲尔普斯（Nelson & Phelps，1966）在总结前人的基础上提出了 Nelson – Phelps 模型，该模型认为人力资本的提高可以提升劳动者接受、解析并理解信息的能力；人力资本存量越大，技术扩散速度也越快。本哈比和斯皮尔格（Benhabib & Spiegel，1994）在 Nelson 和 Phelps（1966）的基础上提出受限指数技术扩散模型（confined exponential technology diffusion），认为人力资本通过影响技术缺口闭合速度进而影响技术扩散和技术追赶。随后，本哈比和斯皮尔格（Benhabib & Spiegel，2002）又提出了逻辑技术扩散模型（logistic technology diffusion），该模型认为如果技术追随国与技术领先国的人力资本差距太大，那么将不利于前沿技术由技术领先国向技术追随国扩散，技术追随国将出现低水平的俱乐部收敛状况。综上所述，人力资本对于技术扩散至关重要，人力资本水平的提升将有利于通过技术扩散促进技术进步。

（三）人力资本有促进产业结构变迁的作用

人力资本积累是产业结构调整的基础，决定产业结构转型的方向、速度及效果（Ciccone & Papaioannou，2009）。人力资本对产业结构变迁的机理可概述为：人力资本是影响技术进步的重要因素，可通过技术创新、技术扩散、技术吸收等途径促进技术进步。技术进步对产业结构的影响机制表现为两个方面。一方面，创新可产生新需求、新产业、新业态，从而促进产业结构升级。熊彼特在《经济发展理论》一书中将创新视为关于生产要素和生产条件的"新组合"，且是以前从来没有过的，包括新产品、新的技术和工艺、新的市场、新的材料来源、新的组织。生产决定消费，技术进步带来的新产品等会产生新的需求、新产业、新业态。如在信息技术、人工智能等技术飞速进步下，人类步入了信息化、数字化时代，形成远程医疗、生态农业和数字会展等新业态，无人驾驶、人机互动等新需求也应运而生，而这些新业态的规模化发展就会形成新产业，将改变传统产业的发展路径，促进产业结构变迁。另一方面，技术进步可促进主导产业的更迭。技术进步对主导产业更迭的机制为：产业之间技术水平的不同会形成不同的生产效率和要素回报率，在此情境下，要素会从低生产率水平或者低生产率增长的部门向高生产率水平部门流动，要素在部门间的流动所产生的"结构红利"（张国强和温军等，2011），促进了产业结构的变迁。

（四）人力资本具有促进消费升级的作用

凯恩斯（Keynes，1936）曾提出消费会随着收入增加而增加，人力资本水平与收入存在正相关关系（Mincer，1957，1958；Zagorsky，2007）。所以，人力资本投资，特别是教育人力资本投资是促进收入增加的重要途径。焦斌龙等（2011）揭示了人力资本对居民收入的作用机制，认为人力资本可决定居民获取收入的能力，可影响居民的就业机会，可决定收入的高低。韦尔奇（Welch，1970）认为，受教育水平高的个人收入更高，对新事物的接受能力更强，消费能力和消费意愿也更强；刘子兰等（2018）基于微观调查数据研究发现，户主人力资本水平的提升能够有效提高家庭消费水平，技能培训能够有效提升家庭消费水平；周弘（2011）采用微观数据研究发现，高学历家庭的总体收入和总体消费支出均显著高于低学历家庭；盛来运等（2021）研究认为，居民受教育水平提高有助于提高家庭平均消费率和消费收入弹性。人力资本可对居民消费观念产生影响（张学敏和何西宁，2006），而随着收入水平和受教育水平的提升，居民的消费结构会由"衣、食、住"向"文化、娱乐、康养"转变，促进消费升级。

三、简要述评

人力资本的思想由来已久，现代人力资本理论被提出后得到极大发展，现已被广泛认知。以往学者对人力资本的定义一方面强调"能力"的特性，另一方面揭示人力资本属于"劳动力"的本质。其作用和功能主要包括：人力资本具有生产要素功能，人力资本有促进技术进步的作用，人力资本可通过技术扩散、技术转移与吸收促进技术进步；人力资本具有促进产业结构优化的作用；人力资本提升具有促进消费升级的作用。

关于人力资本作用和功能的研究分布于不同研究话题的文献中，学者对人力资本的要素功能及其具有促进技术进步的作用、具有促进产业结构优化的作用具有共识，但对于人力资本具有促进消费升级的作用有不同看法。当人力资本采用健康来表征时，人力资本不利于消费升级；当人力资本采用教育来表征时，人力资本有助于促进消费升级。这一现象的根本原因在于，中国的医疗保障体系不完善，这一结论具有阶段性。

第三节　人力资本对能源效率影响的研究综述

关于人力资本与能源效率关系的研究仍然较少。现有文献中关于人力资本对能源效率影响的研究分为以下三方面。

第一，在对能源效率的宏观定性研究中，提出了人力资本的重要性，但并未将人力资本当作核心内生变量分析其影响机理。如史丹等（2008）在中国能源效率地区差异及其成因研究中曾提到影响地区技术效率最重要的因素是人力资本和制度，但同时认为自从改革开放以来，人力资本对我国各地区技术效率差异的影响很小，而制度才是主要影响因素；陈军和成金华（2010）在研究中国能源效率时曾经提出"科技投入（人力资本）增加—技术进步—增加能效"的传导逻辑，但只是将其看成内生创新的影响因素，并未进一步研究其机理；埃德齐亚等（Edziah et al.，2021）以部分发展中国家1990~2017年的数据为样本，研究发现人力资本可对能源效率产生正向影响，同时在该研究中，还认为人力资本具有节能的正外部性。

第二，在对能源效率的定量研究中，将人力资本当作调节变量、门槛变量或控制变量。学者们（尹宗成等，2008；郑翔中和高越，2019）在研究 FDI 技术外溢对能源效率的影响时，主要将人力资本作为吸收能力变量之一来研究；陶长琪和王慧芳（2018）在研究 OFDI 对能源效率的影响时，认为人力资本存在门槛效应；李铭等（2018）在研究能源价格对能源效率的影响时，将人力资本当作控制变量。温和奥科洛（Wen & Okolo，2021）采用 1995～2017 年部分发展中国家的面板数据研究能源效率的影响因素时，认为人力资本是影响技术创新的重要因素。

第三，将人力资本当成核心因素进行研究。随着人力资本的作用日益突出显现，有学者逐渐认识到人力资本对能源效率的重要性，并开始研究其机理。李思慧（2011）在研究中分析了人力资本对能源效率的影响机制，认为人力资本投资提高能源效率的途径有两个：一是通过提高劳动者能源节约意识、受教育程度、技术熟练程度、职业技能等进而提高能源效率；二是通过促进企业技术吸收能力与能源利用技术水平的提升进而提高能源效率。徐洁香和王恩慧（2019）分析了人力资本对能源效率的影响机理后认为，一方面，人力资本可通过作用于技术进步进而促进能源效率提升，另一方面，人力资本是产业结构优化的基础，产业结构优化可促进生产效率提升，进而促进能源效率提升；此外，采用空间杜宾模型实证了人力资本可促进能源效率提升。赵领娣等（2015）以 1997～2012 年省际数据为样本研究认为，人力资本水平抑制了全要素能源效率提升。可以看出，李思慧主要从企业层面劳动者的技能、能源节约意识、技术以及管理和组织优化角度阐述人力资本对能源效率的影响机理，忽视了产业层面的讨论；徐洁香和王恩慧从技术和产业两个层面分析了人力资本对能源效率的影响，但是忽视了能源节约意识的重要性，且二者均未对可能存在的内生性问题进行讨论，可能会存在估计偏误；而赵领娣主要研究不同维度的人力资本对能源效率的影响，同样未进行内生性分析。

总的来说，已有文献普遍认为技术进步和产业结构是影响能源效率的主要因素。已有文献已经证明，人力资本对技术进步（Romer，1986；Romer，1990）和产业结构升级（Amin，2008）都发挥着重要的作用；但是有关人力资本在提高能源效率中的作用机制问题则没能得到足够的重视。虽然有学者认识到人力资本会影响到能源效率，也对人力资本影响能源效率的机理进行了分析，但时而为门槛变量，时而为驱动变量，逻辑较为混乱，仍需要进一步讨论分析；同时，在经济增长逐渐转向主要依靠消费带动的背景下，现有文献也缺乏人力资本对绿色生活方式影响的分析。另外，在对能源效率和人力资本关系的实证研究中，现有文献并未对可能存在的内生性问题进行充分讨论，因此，会造成估计结果偏误。事实上，变量遗漏在所难免，加之要素的互补性可能会造成人力资本与能源效率互为因果，所以必须探讨实证中可能存在的内生性问题，寻找合适的工具变量成为解决这一问题的关键所在，也是避免估计偏误的重要手段。

第四节　理 论 基 础

一、马克思生产节约思想

19 世纪，欧洲资本主义发展进入新阶段，马克思以商品作为逻辑起点深刻揭示了资本主义生产关系的本质，阐述了资本主义生产方式决定了生产过程中节约的特点。马克思将生产中仅发生价值转移的物的因素归结为不变资本范畴，而将购买劳动力的资本视为了可变资本。马克思的生产节约思想可概括为不变资本的节约和可变资本的节约。

第一，不变资本的节约。马克思在《资本论》第三卷中由抽象转为具体，分析了资本主义生产的总过程。在分析剩余价值转化为利润以及剩余价值率转化为利润率时，马克思剖析了不变资本占总资本比例的相对缩小，剩余价值占总资本的比例就会缩小的规律。其主要目的是揭示资本家为了最大限度地榨取工人产生的剩余价值，其中虽然未明确提出过能源效率，却蕴含着提升能源效率的思想，甚至包括人力资本对能源效率影响的思想。

在生产过程中，不变资本包括劳动资料和劳动对象，生产资料是劳动资料和劳动对象的总和。马克思认为以下三点是不变资本节约的主要影响因素。一是技术进步。"有了完善的工厂设备和改良的机器……大大节省了动力、煤炭、机油、油脂、传动轴、皮带等等。"① 马克思认为技术进步会促使不变资本本

---

① 马克思恩格斯全集（第25卷）［M］. 北京：人民出版社，1972：116.

身的使用减少；马克思还指出"固定资本使用上的这种节省，如上所述，是劳动条件大规模使用的结果……一方面，这是力学和化学上的各种发明得以应用而又不会使商品价格变得昂贵的唯一条件，并且这总是不可缺少的条件。另一方面，从共同的生产消费中产生的节约，也只有在大规模生产中才有可能。但是最后，只有结合工人的经验，才能发现并且指出，在什么地方节约和怎样节约，怎样用最简便的方法来应用各种已有的发现，在理论的应用即把它用于生产过程的时候，需要克服哪些实际障碍。"① 这就表明了，由技术发明带来生产的节约中劳动者经验的重要性，同时，也表明了大规模生产是技术发明得以推广的必要条件。二是人力资本水平的提升。马克思强调"要做到生产资料只按生产本身的要求的方式来消耗，这部分地取决于工人的训练和教育……"②，这就表明人力资本的提升会促进生产资料使用效率的提高。三是因劳动社会化形成的集聚。"工人的结合和协作，使机器的大规模使用、生产资料的集中、生产资料使用上的节约成为可能……"③，体现了集聚效应下生产资料的节约。

第二，可变资本的节约。资本家为了最大限度地获取剩余价值，除了节约生产资料以外，还会节约劳动力，并且认为"一个资本在本生产部门内实现的节约，首先是并且直接是劳动的节约"④。劳动是价值的唯一来源，因而劳动的节约即是可变资本的节约，工作日的延长和劳动强度的提高成为重要的节约手段。

概括起来，马克思认为生产的节约包括不变资本的节约和可变资本的节约。不变资本的节约的主要影响因素包括技术进步、人力资本以及因劳动社会化形成的集聚效应。同时，也强调了技术发明带来生产的节约中劳动者经验的重要性，以及大规模生产是技术发明得以推广的必要条件的观点。除了不变资本的节约，可变资本的节约也是生产节约的重要途径，工作日的延长和劳动强度的提高成为重要的节约手段。马克思的生产节约思想内涵丰富，主要是为了揭示资本家为了最大限度地榨取工人产生的剩余价值，揭示资本主义生产关系。并非所有内容都能够成为企业生产中的节约指南，本书主要概括与本研究相关的部分，以启发人力资本对能源效率产生影响的机

---

① 马克思恩格斯全集（第 25 卷）[M]. 北京：人民出版社，1972：119 – 120.
② 马克思恩格斯全集（第 25 卷）[M]. 北京：人民出版社，1972：99.
③ 马克思恩格斯全集（第 25 卷）[M]. 北京：人民出版社，1972：108.
④ 马克思恩格斯全集（第 25 卷）[M]. 北京：人民出版社，1972：98.

理的分析。

二、习近平关于能源生产和消费的重要论述

党的十八大以来，党中央高度重视能源工作，2014 年 6 月 13 日，面对能源供需格局新变化、国际能源发展新趋势，习近平总书记在中央财经领导小组第六次会议中提出了"能源革命"战略，强调"四个革命、一个合作"[1]，2020 年 11 月，习近平总书记在金砖国家领导人第十二次会晤上明确提出了"双碳"目标[2]，随后"十四五"规划和党的二十大报告围绕"双碳"与能源不断提出重要论述，彰显了鲜明的能源观。本书通过概括习近平总书记能源生产和消费的重要论述，为分析能源效率提升的机理和路径做好理论准备。其要义包括以下六点。

第一，树立正确能源消费观，抑制不合理能源消费，节约能源，控制能源消费总量，倡导绿色生活方式，加快形成能源节约型社会。习近平总书记将推动能源消费革命放在首要位置，认为在消费领域要"增强全民节约意识，倡导简约适度、绿色低碳的生活方式。"[3] 且"必须坚持全国统筹、节约优先、双轮驱动、内外畅通、防范风险的原则，更好发挥我国制度优势、资源条件、技术潜力、市场活力，加快形成节约资源和保护环境的产业结构、生产方式、生活方式、空间格局。"[4] 绿色生活方式是树立正确能源消费观的体现，是形成节约型社会的重要途径。2012～2019 年，中国以能源消费年均不足 3% 的增长带动了国民经济年均 7% 的增长[5]；特别是，"十三五"期间，中国单位 GDP

---

① 中华人民共和国中央人民政府 . 将推动能源生产和消费革命作为长期战略——解读中央财经领导小组第六次会议 ［EB/OL］. 2014 – 06 – 14. https：//www. gov. cn/xinwen/2014 – 06/14/content_2700746. htm.

② 中华人民共和国中央人民政府 . 守望相助共克疫情．携手同心推进合作 ［EB/OL］. 2020 – 11 – 17. https：//www. gov. cn/gongbao/content/2020/content_5565809. htm.

③ 中华人民共和国中央人民政府 . 习近平在 2021 年 12 月中央经济工作会议上的讲话 ［EB/OL］. 2021 – 12 – 10. https：//www. gov. cn/xinwen/2021 – 12/10/content_5659796. htm.

④ 中华人民共和国中央人民政府 . 2022 年 1 月 24 日习近平总书记在主持中共中央政治局第三十六次集体学习时的讲话 ［EB/OL］. 2022 – 01 – 25. https：//www. gov. cn/xinwen/2022 – 01/25/content_5670359. htm?eqid = c63be1cc000226a9000000026459c03f.

⑤ 中华人民共和国国务院新闻办公室 . 新时代的中国能源发展白皮书 ［EB/OL］. 2020 – 12 – 21. https：//www. gov. cn/zhengce/2020 – 12/21/content_5571916. htm.

能耗持续下降，累计降幅约为 13.2%①，能源节约成效显著。第二，推动能源结构清洁化和低碳化，着力发展非煤能源，形成煤、油、气、核、新能源、可再生能源综合利用的格局。习近平总书记在 2021 年 12 月召开的中央经济工作会议上强调："要立足以煤为主的基本国情，抓好煤炭清洁高效利用，增加新能源消纳能力，推动煤炭和新能源优化组合。"② 这就表明，一方面要做好煤炭的清洁高效利用，另一方面要着力发展非煤能源，以保证能源朝着清洁化、低碳化的方向发展，"这样既不会超出资源、能源、环境的极限，又有利于实现碳达峰、碳中和目标"③。第三，以绿色低碳为方向推动技术进步，促进产业结构升级。产业升级是能源技术革命的目标，各主体创新能够创造新动能、新产品、新业态，但也要注重技术的偏向性，习近平总书记指出"紧跟国际能源技术革命新趋势，以绿色低碳为方向"④ 推动技术创新，这是供给侧结构性改革背景下和"双碳"目标背景下高质量发展的客观要求，也是避免出现"杰文斯悖论"的根本保证。第四，推动能源体制革命，打通能源发展快车道。长期以来，在我国传统能源定价中并未充分反映勘探开发的成本和风险，也没有考虑非清洁能源的外部性，未能充分体现能源的稀缺性，且受到政府干预和监管的影响较大。这就导致能源市场的资源配置效率低下，无法实现资源的优化配置，抑制了能源市场的竞争和创新，阻碍了能源行业的健康发展。面对这一问题，习近平总书记强调"坚定不移推进改革，还原能源商品属性，构建有效竞争的市场结构和市场体系，形成主要由市场决定能源价格的机制，转变政府对能源的监管方式，建立健全能源法治体系。"⑤ 建立公正公平有效的市场结构和市场体系，促进化石能源定价能够准确反映其社会成本，这样才能促进社会清洁高效使用化石能源。第五，全方位加强国际合作，实现开放条件下能源安全。习近平总书记除了提出"四个革命"外，还强调"一个合作"。

---

① 中华人民共和国国家发展和改革委员会．"十四五"时期经济社会发展主要指标解读之绿色生态篇 [EB/OL]．2021 - 06 - 03．https：//www. ndrc. gov. cn/xxgk/jd/wsdwhfz/202106/t20210603_1282570. html.

② 中华人民共和国中央人民政府．中央经济工作会议举行　习近平李克强作重要讲话 [EB/OL]．2021 - 12 - 10．https：//www. gov. cn/xinwen/2021 - 12/10/content_5659796. htm.

③ 中华人民共和国中央人民政府．习近平在国家能源集团榆林化工有限公司考察时的讲话 [EB/OL]．2021 - 09 - 15．https：//www. gov. cn/xinwen/2021 - 09/15/content_5637426. htm.

④ 中共中央宣传部，国家发展和改革委员会．习近平经济思想学习纲要 [M]．北京：人民出版社、学习出版社，2022：162.

⑤ 中华人民共和国中央人民政府．习近平在中央财经领导小组第六次会议上的讲话 [EB/OL]．2014 - 06 - 13．https：//www. gov. cn/xinwen/2014 - 06/13/content_2700479. htm.

在主要立足国内的前提条件下，在能源生产和消费革命所涉及的各个方面加强国际合作，有效利用国际资源。既要在能源供应方面加强国际合作，也要在能源技术方面，特别是清洁低碳技术方面加强国际合作，保持开放的姿态，互利互惠，为保护好地球家园，构建人类命运共同体而努力。第六，立足我国资源禀赋，坚持先立后破，保障国家能源安全和经济发展。针对各地在落实"双碳"目标和能源工作中存在的问题，习近平总书记强调"绿色低碳发展是经济社会发展全面转型的复杂工程和长期任务，能源结构、产业结构调整不可能一蹴而就，更不能脱离实际。如果传统能源逐步退出不是建立在新能源安全可靠的替代基础上，就会对经济发展和社会稳定造成冲击。"[①] 更强调了"减污降碳是经济结构调整的有机组成部分，要先立后破、通盘谋划""先立后破、以立为先""立足当下、放眼长远"[②]，体现了我国能源工作的底线思维和辩证思维。

习近平总书记关于能源生产和消费的重要论述，强调能源可持续发展与生态环境的可承受性，是对新时代新问题的具体回答，具有深刻的当代意蕴。首先，习近平关于能源生产和消费的重要论述体现了以人民为中心的发展理念。当前我国的主要矛盾已经转化为人民日益增长的美好生活需要和不平衡不充分的发展之间的矛盾。人民不再满足于温饱，而是对生活环境提出了更高的要求，稳定、清洁的能源消费和良好的生态环境关乎人民群众的生活质量，涉及人民群众的根本利益。以习近平同志为核心的党中央把保障和改善民生作为能源发展的根本出发点，致力于加强能源民生基础设施和公共服务能力建设，提高能源普遍服务水平。"2016～2019年，农网改造升级总投资达8300亿元，农村平均停电时间降低至15小时左右，农村居民用电条件明显改善，2015年底完成全部人口都用上电的历史性任务。"[③] 其次，习近平关于能源生产和消费的重要论述体现了清洁低碳的鲜明导向。在实践中，把清洁低碳作为能源发展的主导方向，推动能源绿色生产和消费，不断提高清洁能源和非化石能源消费比重。2019年，非化石能源占能源消费总量比重达15.3%，比2012年提高

---

① 中华人民共和国中央人民政府. 习近平在中央经济工作会议上的讲话 [EB/OL]. 2021-12-10. https：//www. gov. cn/xinwen/2021-12/10/content_5659796. htm.

② 习近平. 正确认识和把握我国发展重大理论和实践问题 [J]. 求是，2022 (10)：4-9.

③ 中华人民共和国国务院新闻办公室. 新时代的中国能源发展白皮书 [EB/OL]. 2020-12-21. https：//www. gov. cn/zhengce/2020-12/21/content_5571916. htm.

5. 6%①。这体现了鲜明的清洁低碳导向。最后，习近平关于能源生产和消费的重要论述突出了创新的重要作用。2016 年国务院印发的《国家创新驱动发展战略纲要》中，产业技术体系创新共有 10 项具体任务，其中与绿色发展或清洁能源有关的就有 4 项。同年，为了进一步明确能源技术创新的重点方向和技术路线图，又印发了《能源技术革命创新行动计划（2016—2030 年）》。在此背景下，我国的特高压技术、核电技术、风光电技术等能源领域技术取得一系列重大突破。

三、效率分析理论

经济学界一般认为，如果福利在消费者之间的分配达到这样一种状态，使得任何经济活动都会至少降低一个消费者的满足水平，那么，这种状态就是有效率的。生产效率指经济活动过程中，产出与投入的比率。库普曼斯（Koopmans，1951）将技术效率定义为：一个可行的投入产出向量是技术有效的，如果在不减少其他产出的情况下，那么技术上不可能增加任何产出。从此开启了技术效率研究的先河，随后德布鲁（Debreu，1951）和谢泼德（Shephard，1953）提出了技术效率的测量方法。法雷尔（Farrell，1957）在前人研究的基础上，进行了经验技术效率测量，但是按该方法测量仍然可能存在非零的松弛变量（Färe & Lovell，1978）。为解决这一问题，法尔和洛弗尔（Färe & Lovell，1985）提出了 Rusell 模型测量方法。随着 DEA 技术的发展，效率理论有了较大进展。采用 DEA 技术进行效率测量的基本理论如下。

在效率分析中，常用生产可能集、投入可能集、产出可能集等概念来描述生产技术水平。假设生产过程中投入要素 $X \in R_+^k$，产出 $Y \in R_+^l$，那么，生产可能集 $T = \{(X, Y): X$ 可以生产 $Y\}$，产出可能集可表示为 $P(X) = \{Y:(X, Y) \in T\}$，投入可能集可表示为 $L(Y) = \{X:(X, Y) \in T\}$。当然，生产可能集具有闭集和凸集性、投入和产出可自由处置性、联合弱可处置性、零结合性。

下面，以技术效率为例，来说明效率分析的基本思想。在图 2 – 2 中，假设 PQ 为前沿面，要求 A 点的效率值。投入方向的谢泼德距离函数 $D_i = \max\{\theta:(X/\theta) \in L(Y)\}$，那么，A 点的技术效率 $TE_A = 1/D_i(X, Y)$。

① 国家统计局，https：//www. stats. gov. cn。

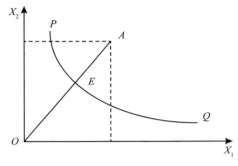

图 2 - 2　技术效率理论示意

可见，欲求得技术效率，首先要估计谢泼德距离函数。

在 DEA 分析中，谢泼德距离函数的估计方法如下：

$$D_i(X, Y) = \min\theta \tag{2.1}$$

s. t.

$$\sum_{n=1}^{N} \lambda_n X_n \leqslant \theta X$$

$$\sum_{n=1}^{N} \lambda_n Y_n \geqslant Y$$

$$\lambda_n \geqslant 0, 1, 2, \cdots, N \tag{2.2}$$

以上即为效率分析的基本理论与思想。

按照是否把所有投入要素纳入考虑范围，学术界将能源效率分为全要素能源效率和单要素能源效率。全要素能源效率的本质是技术效率，结合上述技术效率理论，简要介绍其测度的基本思想。

全要素能源效率是由胡均立和王世川（2006）明确定义的，其将生产中的各种生产要素考虑在内，可以反映在既定要素组合下，能源作为一种投入要素的利用效率。全要素能源效率值一般采用生产前沿分析技术进行测度，主要有随机前沿分析（SFA）和数据包络分析（DEA）。SFA 技术的基本思想是：首先需要构建一个生产函数，其次将误差项分为无效率项和随机误差项，并认为无效率项和随机误差项是相互独立的，最后采用最大似然法求得模型中的参数，效率值就可以根据无效率项求得。该方法将无效率项和随机误差项分离，可以较好地避免数据噪声的影响，确保估计效率的有效性。但该方法需要设定模型，因此会有模型设定错误的风险（杜克锐、鄢哲明等，2018）。近年来也有许多学者采用该方法度量能源效率，林伯强和杜克锐（2013）构造了超越对数函数，采用 SFA 方法研究了要素市场扭曲对能源效率的影响，刘争和黄浩（2019）采用谢泼德能源距离函数的 SFA 模型对中国省际能源效率进行测度等。DEA 技术不需要设定投入产出模型，且可以较为灵活地设定 DEA 模型。因此，DEA 在全要素能源效率估计中得到普遍使用。其基本思想结合图 2 – 3 说明：第一步，构造技术前沿，处于该生产前沿 SS′ 上的点（如 C 点、D 点）是有效率点，处于前沿线外的点（如 A 点、B 点）是无效率点；那么，A 点的效率值即为 OC′/OA，但是可以发现 C′ 并非有效点，同等条件下，能源投入量完全可以减小到 C 点处，而产出却不变。法雷尔（Farrell，1957）将 CC′ 称为松弛量，所以，A 点效率损失一方面是由于过度投入量 AC′ 造成，另一方面是由松弛量造成。第二步，求出松弛量。第三步，用目标能源投入量除以实际能源投入量，得出能源效率。

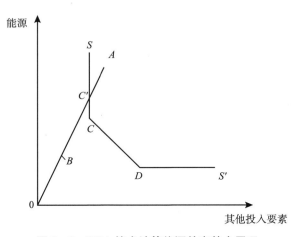

图 2 – 3　DEA 技术计算能源效率基本原理

四、技术扩散理论

自从纳尔逊和菲尔普斯提出技术扩散和吸收模型以来，技术扩散理论受到诸多学者的青睐，被应用于诸多研究领域，形成了丰富的研究成果。本书选择与人力资本促进技术扩散相关的一部分模型予以说明，为后文的机理分析作铺垫。

（一）纳尔逊 – 菲尔普斯的技术扩散和吸收模型

技术扩散是技术进步的重要途径，纳尔逊 – 菲尔普斯技术扩散和吸收模型认为，一国经济增长的源泉是技术创新与技术的扩散与吸收，而人力资本会对技术创新与技术的扩散与吸收产生重要的影响。

该模型假设一个技术领导者的全要素生产率为 $A_m(t)$，初始时刻的值为 $A_m(0)$，以增速 g 指数形式增长，那么，$A_m(t) = A_0(t)e^{gt}$。同时，假设技术吸收和扩散与人力资本正相关，那么，地区 i 的技术进步速度微分方程为：

$$\frac{\dot{A}_i(t)}{A_i(t)} = c(h_i) \cdot \frac{A_m(t) - A_i(t)}{A_i(t)} \tag{2.3}$$

其中，h_i 为某一地区的人力资本，且满足 $c(0) = 0$，$c'(h) > 0$。$c'(h) > 0$ 体现了一个技术追随者人力资本水平越高，它追赶技术领导者的速度就越快。对式（2.3）求二阶导数可得到下列公式：

$$\frac{\partial^2 \dot{A}_i(t)/A_i(t)}{\partial A_m(t) \partial c(h_i)} > 0 \tag{2.4}$$

这就表明，技术进步越快，人力资本的作用就越大。

（二）限制指数技术扩散模型

以下根据本哈比和斯皮格尔（1994）的文献对限制指数技术扩散模型进行简要介绍。

内生增长率可表示为：

$$\frac{\dot{A}_i(t)}{A_i(t)} = g(H_i(t)) + c(H_i(t))\left(\frac{A_m(t)}{A_i(t)} - 1\right) \tag{2.5}$$

其中，i 为追随国，m 表示领先国。$A_i(t)$ 为 TFP，$g(H_i(t))$ 是由人力资本 $H_i(t)$ 驱动的那部分 TFP 增长，$c(H_i(t))\left(\frac{A_m(t)}{A_i(t)} - 1\right)$ 表示从领先国 m 到追随国 i 的技术扩散率。假定 $c_i(\cdot)$ 和 $g_i(\cdot)$ 都为递增函数。人力资本水平 $H_i(t)$ 会影响技术缺口 $\left(\frac{A_m(t)}{A_i(t)} - 1\right)$ 闭合的速度。如果跨国间的 $g(H_i(t))$ 排序不变或者 $H_i(t)$ 为常数，那么技术领先国的技术增长率将开始以 $g_m = g(H_m(t)) > g(H_i(t)) = g_i$ 的速度增长，达到均衡后，追随国的技术增长率将

与领先国一样以 g_m 的速度增长。当 H_i 为常数时，微分方程（2.5）的解是：

$$A_i(t) = (A_i(0) - \Omega A_m(0)) e^{(g_i - c_i)t} + \Omega A_m(0) e^{g_m t} \qquad (2.6)$$

其中，$c_i = c(H_i)$，$g_i = g(H_i)$，$\Omega = \dfrac{c_i}{c_i - g_i + g_m} > 0$，显然，由于 $g_m > g_i$，$\lim\limits_{t \to \infty} \dfrac{A_m(t)}{A_i(t)} = \Omega$。即在均衡增长的进程中，领先国扮演着增长的引领者。技术扩散和技术追赶促使了追随国最终和领先国以同样的增长速度发展。

（三）本哈比和斯皮格尔技术扩散逻辑斯蒂模型

本哈比和斯皮格尔（2002）推广了纳尔逊－菲尔普斯技术扩散模型。技术扩散形式除了采取限制指数形式之外，还可能采取逻辑斯蒂形式。逻辑斯蒂形式的技术扩散模型表示如下：

$$\frac{\dot{A_i}(t)}{A_i(t)} = g(H_i(t)) + c(H_i(t))\left(1 - \frac{A_i(t)}{A_m(t)}\right)$$

$$= g(H_i(t)) + c(H_i(t))\left(\frac{A_i(t)}{A_m(t)}\right)\left(\frac{A_i(t)}{A_m(t)} - 1\right) \qquad (2.7)$$

如果假定 H_i 为常数（从而 c_i、g_i 也为常数），且 $H_m > H_i$，因此，$c(H_m) > c(H_i)$，那么逻辑斯蒂技术扩散模型的解如下：

$$A_i(t) = \frac{A_i(0) e^{(g_i + c_i)t}}{\left(1 + \dfrac{A_i(0)}{A_m(0)} \dfrac{c_i}{g_i + c_i - g_m}\right)\left(e^{(g_i + c_i - g_m)t} - 1\right)} > 0 \qquad (2.8)$$

式（2.8）也可写为：

$$A_i(t) = \frac{A_m(0) e^{g_m t}}{\left(e^{-(c_i + g_i - g_m)t}\left(\dfrac{A_m(0)}{A_i(0)} - \dfrac{c_i}{c_i + g_i - g_m}\right)\right) + \dfrac{c_i}{c_i + g_i - g_m}} \qquad (2.9)$$

取极限，得：

$$\lim\limits_{t \to 0} \frac{A_i(t)}{A_m(t)} = \begin{cases} \dfrac{c_i + g_i - g_m}{c_i}, & \text{当 } c_i + g_i - g_m > 0 \\[2mm] \dfrac{A_i(0)}{A_m(0)}, & \text{当 } c_i + g_i - g_m = 0 \\[2mm] 0, & \text{当 } c_i + g_i - g_m < 0 \end{cases} \qquad (2.10)$$

由式（2.10）可以看出，稳态关系由技术领先国与技术追随国的增长率

差异 $g_m - g_i$ 决定。当 $c(H_i) + g(H_i) - g(H_m) > 0$ 时，技术领先国将带动技术追随国发展，经济增长率会收敛；当 $c(H_i) + g(H_i) - g(H_m) < 0$ 时，技术追随国无法实现对技术领先国的赶超，增长率的差距 $g_m - g_i$ 会越来越大，最终增长率将无法收敛，趋于发散。

五、能源替代理论

能源替代理论以微观经济学生产理论为基础。新古典经济学中提出劳动、资本、技术等各种生产要素之间存在替代关系，可通过某种要素投入来代替稀缺要素。因此，在能源生产中资本、劳动、人力资本、技术等要素存在替代效应，在能源消费中人力资本、技术和能源之间也存在替代效应，如经济社会可通过增加人力资本投入来减少能源投入，同时化石能源和低碳能源、清洁能源之间也会存在替代效应。所以，从替代要素的关系上来分，能源替代即包括两个方面，一方面是指能源生产消费中能源要素与非能源要素（资本、劳动、人力资本等）的替代，即外部替代；另一方面是指化石能源与低碳能源、清洁能源的替代，即内部替代。通过替代效应，能够减少能源投入、降低能源消耗、优化能源结构。本书主要关注的是经济社会化石能源消费中资本、劳动、人力资本和能源投入之间的替代关系。

假设在一项生产活动中，投入为资本 K、劳动 L、能源 E，对应的价格分别为 P_K、P_L、P_E，产出为 Y，技术进步为 T。成本是产量、价格和技术的函数 $C = f(P_K, P_L, P_E, Y)$。设生产函数为超越对数函数形式，生产函数最大化意味着生产成本最小化，将超越对数生产函数转化为超越对数成本函数，由超越对数生产函数的二阶可微性可知，对应的超越对数成本函数也具有二阶可微性，那么，超越对数成本函数的二阶泰勒展开式为：

$$\ln C = \alpha_0 + \sum_i \alpha_i \ln P_i + \frac{1}{2} \sum_i \sum_j \alpha_{ij} \ln P_i \ln P_j + \omega(Y) +$$

$$\varphi(T) + \alpha_{yt} T \ln Y + \sum_i \alpha_{it} T \ln P_i \qquad (2.11)$$

其中，$\omega(Y) = \alpha_y \ln Y + \frac{1}{2} \alpha_{yy} (\ln Y)^2$，$\varphi(T) = \alpha_t T + \frac{1}{2} \alpha_{tt} T^2$。

根据谢泼德引理，对式（2.11）要素价格的自然对数求导得到各生产要素的成本份额方程：

$$S_i = \frac{P_i X_i}{C} = \frac{\partial C}{\partial P_i} \cdot \frac{P_i}{C} = \frac{\partial \ln C}{\partial \ln P_i} = \alpha_i + \sum_i \alpha_{ij} \ln p_{jt} + \alpha_{it} T \qquad (2.12)$$

由成本函数要素价格齐次性可知，对于任意 i，j 有：$\sum_i \alpha_i = 1$，$\sum_i \alpha_i = \sum_i \alpha_{ij} = \sum_j \alpha_{ij} = 0$。

又因为海塞矩阵 $[\partial^2 C / \partial P_i \partial P_j]$ 是对称的，所以 $\alpha_{ij} = \alpha_{ji}$。

因此，式（2.12）可进一步写为：

$$S'_i = \beta_i + \sum_i \beta_{ij} \ln P_j + \beta_{it} T \qquad (2.13)$$

即：

$$S_K = \beta_K + \beta_{KK} \ln \frac{P_K}{P_E} + \beta_{KL} \ln \frac{P_L}{P_E} + \beta_{Kt} T \qquad (2.14)$$

$$S_L = \beta_L + \beta_{LK} \ln \frac{P_K}{P_E} + \beta_{LL} \ln \frac{P_L}{P_E} + \beta_{Lt} T \qquad (2.15)$$

$$S_E = \beta_E + \beta_{EK} \ln \frac{P_K}{P_E} + \beta_{EL} \ln \frac{P_L}{P_E} + \beta_{Et} T \qquad (2.16)$$

对上述方程组系数进行估计时，因为要素份额方程之和为 1，每一份额方程的随机干扰项之和为 0。为避免奇异性，需要去掉一个要素份额方程，然后估算其余要素份额方程。计算要素间替代弹性时，可采用希克斯替代弹性（HES）、艾伦－乌萨瓦替代弹性（AES）、Morishima 替代弹性（MES）等形式。

在本书研究的能源替代中，能源价格和能源政策是推动能源替代的主要因素，能源价格主要是指能源成本价格以及使用带来的碳排放价格等构成的能源使用成本，当能源使用成本比较高时，使用主体就会通过其他要素进行替代，如提高人力资本、实现能源节约等。能源政策是指政府可以通过调节能源税收、碳排放配额、新能源使用补贴或节能环保技术应用补贴等方式实现环境规制，从而实现能源消费中的要素替代。

第五节　小　　结

本章首先梳理了能源效率、人力资本以及两者关系的相关研究，基于现有研究进展，发现现有文献对人力资本能源效率的机理讨论不够充分，同时，现有文献缺乏人力资本对绿色生活方式的研究；在实证检验中对内生性问题讨论不充分，需要进一步推进机理的分析以及完善实证检验。其次，梳理了马克思节约思想、习近平关于能源生产和消费的重要论述、效率分析理论、技术扩散理论、能源替代理论，为后文的理论框架构建、机理论述做理论准备。

第三章

人力资本影响能源效率的理论与机制分析

本章通过模型推导证明了人力资本对能源效率影响的原理，并进一步分析了人力资本影响能源效率的传导机理，为全文的逐层展开作理论铺垫。

第一节　人力资本对能源效率影响的理论分析

本节构建了一个包括家庭和厂商的数理模型，认为人力资本是通过影响技术进步、产业结构以及公众绿色消费偏好来影响能源效率的。

（一）家庭

假设家庭在消费时会把后代的福利考虑进去，家庭初期人口数为 1，即 $L(0)=1$，令家庭人口增长率为 n，家庭劳动人口 $L(t)=e^{nt} \cdot L(0)$，$L(t)=e^{nt}$。家庭的总效用为：

$$\max \int_0^\infty u(t) \cdot e^{nt} \cdot e^{-\rho t} \mathrm{d}t \tag{3.1}$$

假定效用函数为不变跨期替代弹性函数：

$$u = \frac{c^{(1-\theta)} - 1}{1-\theta} \tag{3.2}$$

家庭预算约束为：

$$\dot{a} = w + r \cdot a - c - n \cdot a \tag{3.3}$$

其中，w 为工资，r 为利率，a 为人均资产，$r \cdot a$ 为人均资产收益。构造汉密尔顿函数：

$$H = u(t) \cdot e^{rt} \cdot e^{-\rho t} + \lambda(w + r \cdot a - c - n \cdot a) \tag{3.4}$$

最优化条件为：

$$\frac{\partial H}{\partial C} = u'(c) \cdot e^{nt} \cdot e^{-\rho t} - \lambda = 0 \qquad (3.5)$$

横截性条件为：

$$\lim_{t = \infty} a(t) \cdot \lambda(t) = 0 \qquad (3.6)$$

可行性条件为：

$$\dot{a}(t) = \omega + r \cdot a - c - n \cdot a \qquad (3.7)$$

推导得：

$$\frac{\dot{c}}{c} = \frac{1}{\theta}(r - \rho) \qquad (3.8)$$

（二）厂商

假定厂商生产的投入要素为资本、能源、劳动力，那么，生产函数为：

$$Y = F(K(t), E(t), A(t)L(t)) = K^{\alpha}(t)E^{\beta}(t)[A(t)L(t)]^{1-\alpha-\beta} \qquad (3.9)$$

其中，$0 < \alpha < 1$，$0 < \beta < 1$，$0 < \alpha + \beta < 1$。

令 $y = \frac{Y}{AL}$，$k = \frac{K}{AL}$，将式（3.9）改写为集约型：

$$y = k_t^{\alpha} e_t^{\beta} \qquad (3.10)$$

假设没有折旧，那么，厂商的利润为：

$$P = F(K(t), E(t), A(t)L(t)) - rK - wL \qquad (3.11)$$

厂商追求利润最大化下可得：

$$r = \alpha \cdot k_t^{\alpha-1} \cdot e_t^{\beta} \qquad (3.12)$$

（三）均衡

设厂商的资本 K 来源于家庭的资产，那么，人均资产 a 与人均资本 $A \cdot k$ 相等：

$$a = A \cdot k \qquad (3.13)$$

则家庭的预算约束条件可变为：

$$\dot{a}(t) = w + ra - c - na \qquad (3.14)$$

那么：

$$\dot{(Ak)} = w + rAk - c - nAk \qquad (3.15)$$

可推导得：

$$\dot{k} = f(k, \ r_1) - c - (n + y)k \tag{3.16}$$

由欧拉方程可推导得：

$$\frac{\dot{c}}{c} = \frac{f'(k, \ e) - \rho - \beta g}{\beta} \tag{3.17}$$

（四）平衡经济增长路径下能源效率分析

如果假定 e 基本不变，那么经济收敛于平衡经济增长路径：

$$\frac{\dot{y}}{y} = \frac{\dot{k}}{k} = \frac{\dot{c}}{c} = 0 \tag{3.18}$$

生产函数为：

$$Y = K^\alpha \cdot E^\beta (AL)^{1-\alpha-\beta} \tag{3.19}$$

其中，$0 < \alpha < 1$，$0 < \beta < 1$，$0 < \alpha + \beta < 1$。

可得：

$$\ln Y = \alpha \cdot \ln K + \beta \cdot \ln E + (1 - \alpha - \beta)(\ln A + \ln L) \tag{3.20}$$

式（3.20）两边关于时间求导得：

$$\frac{\dot{Y}}{Y} = \alpha \cdot \frac{\dot{K}}{K} + \beta \frac{\dot{E}}{E} + (1 - \alpha - \beta) \cdot \left(\frac{\dot{A}}{A} + \frac{\dot{L}}{L}\right) \tag{3.21}$$

将增长率表示为：

$$\frac{\dot{Y}}{Y} = g_Y, \ \frac{\dot{K}}{K} = g_k, \ \frac{\dot{R}}{R} = g_R, \ \frac{\dot{A}}{A} = g_A, \ \frac{\dot{L}}{L} = g_L \tag{3.22}$$

方程改写为：

$$g_Y = \alpha \cdot g_k + \beta \cdot g_R + (1 - \alpha - \beta) \cdot (g_A + g_L) \tag{3.23}$$

令 $\dot{k} = \dfrac{K}{AL}$，代入式（3.22）得：

$$g_Y = \alpha \cdot (g_K + g_A + g_L) + \beta \cdot g_E + (1 - \alpha - \beta) \cdot (g_A + g_L) \tag{3.24}$$

$$g_Y - g_E = \alpha \cdot g_k + (\beta - 1)g_{\frac{R}{L}} + (1 - \beta)g_A \tag{3.25}$$

能源效率的变动率为：

$$\frac{\ln \dfrac{Y}{E}}{dt} = g_Y - g_K \tag{3.26}$$

根据式（3.25）与式（3.26），可推得能源效率的变动率（ee）为：

$$ee = \alpha \cdot g_K + (\beta - 1)g_{\frac{E}{L}} + (1 - \beta)g_A \tag{3.27}$$

在平衡经济增长路径上 $g_k = 0$，可推得：

$$ee = (\beta - 1) g_{\frac{E}{L}} + (1 - \beta) g_A \tag{3.28}$$

进一步分析 $g_{\frac{E}{L}}$、g_A 的变化。

（1）当 A 不变时，即 $g_A = 0$，$g_{\frac{E}{L}}$ 的变化。

假定一国生产了最终产品 n 种，消费品 m 种，那么，$n - m$ 种为资本品，使用的劳动分别为 L_1，L_2，$\cdots$，L_m 和 L_{m+1}，$\cdots$，L_n，使用能源为 E_1，E_2，$\cdots$，E_n。

人均能源消耗量为：

$$\frac{E}{L} = \frac{L_1}{L_1 + L_2 + \cdots + L_n} \cdot \frac{E_1}{L_1} + \cdots + \frac{L_m}{L_1 + L_2 + \cdots + L_n} \cdot \frac{E_m}{L_m} +$$

$$\frac{L_{m+1}}{L_1 + L_2 + \cdots + L_n} \cdot \frac{E_{m+1}}{L_{m+1}} + \cdots + \frac{L_n}{L_1 + L_2 + \cdots + L_n} \cdot \frac{E_n}{L_n} \tag{3.29}$$

在资本品的劳动和平均能耗不变的情况下，消费品对平均能耗的贡献为：

$\dfrac{L_1}{L_1 + L_2 + \cdots + L_n} \cdot \dfrac{E_1}{L_1} + \cdots + \dfrac{L_m}{L_1 + L_2 + \cdots + L_n} \cdot \dfrac{E_m}{L_m}$。它是由劳动在不同消费品生产中的占比，即生产该消费品劳动的平均能耗 $\dfrac{E_i}{L_i}$ 决定的。而劳动在不同消费品生产中的占比变化由消费者对消费品的消费决定。

设总消费为 C，构建消费者均衡模型：

$$\max x_1^{\alpha_1} \cdot x_2^{\alpha_2} \cdot \cdots \cdot x_m^{\alpha_m} \tag{3.30}$$

s. t.

$$\sum p_i x_i = C \tag{3.31}$$

可得：

$$\frac{p_i x_i}{C} = \alpha_i \tag{3.32}$$

即每种消费品占总消费支出的比例为消费者对该消费品的偏好程度 α_i。

当消费者更偏好于绿色商品时，绿色商品在消费品中的支出就会增加，进而增加对绿色消费品的需求和生产，导致绿色消费品生产的劳动比例会增加，而绿色消费品是指能耗较低的商品，所以较大的劳动比例 $\dfrac{L_{green}}{L_1 + \cdots + L_n}$ 乘以较低的人均能耗 $\dfrac{E_{green}}{L_{green}}$，会降低全社会的人均能耗，即 $\dfrac{\mathrm{d}\left(\dfrac{E}{L}\right)}{\mathrm{d}t} < 0$，$g_{\frac{E}{L}} < 0$。

当 A 不变时，

$$ee = (\beta-1)g_{\frac{E}{L}} + (1-\beta)g_A = (\beta-1)g_{\frac{E}{L}} \tag{3.33}$$

当消费者对绿色消费品的偏好 α_{green} 变大时，$g_{\frac{E}{L}} < 0$，而 $\beta-1 < 0$，故 $ee > 0$，即消费者偏好 α_{green} 增加，导致能源效率的变化率大于 0，即能源效率 $\dfrac{Y}{E}$ 增大。

（2）假定消费者偏好不变，生产消费品和资本品都具有高耗能和低耗能两种方式。这样式（3.29）可改写为：

$$\frac{E}{L} = \frac{L_{11}}{L_{11}+L_{12}+L_{21}+L_{22}+\cdots+L_{n2}} \cdot \frac{E_{11}}{L_{11}} + \cdots + \frac{L_{n2}}{L_{11}+L_{12}+\cdots+L_{n2}} \cdot \frac{E_{n2}}{L_{n2}}$$

$$\tag{3.34}$$

其中，L_{n1} 表示低耗能生产方式的劳动，L_{n2} 表示高耗能生产方式的劳动；E_{n1} 表示低耗能生产方式的能源消耗，E_{n2} 表示高耗能生产方式的能源消耗。

如果企业结构升级，向低耗能生产方式转变，则 E/L 会降低，即 $g_{\frac{E}{L}} < 0$，此时 $ee > 0$。即，产业结构升级，导致能源效率的变化率大于 0，即能源效率 Y/E 提高。

（3）当消费者偏好和产业结构不变，如技术发生进步时，$g_A > 0$，则 $ee > 0$。即，技术进步导致能源效率变化率大于 0，即能源效率 Y/E 提高。

根据以上模型推导，证明了能源效率与技术进步、产业结构优化、公众绿色偏好的关系，而人力资本又是技术进步、产业结构优化、形成公众绿色偏好的前置因素。对于技术进步而言，人力资本是知识生产和技术创新的核心要素，也可对技术扩散、技术吸收与再应用产生影响；对于产业结构优化而言，人力资本可影响要素的增量配置和存量转移，而产业结构优化可看成，在资源配置中，生产要素由低效率部门向高效率部门配置的过程，而一般来说，高生产率的部门能耗较低，低生产率的部门能耗较高；对于绿色偏好，根据帕尔加尔和惠勒（Pargal & Wheeler，1996）的研究，一个人受教育程度越高，则环保意识越强，同时，人力资本水平越高，则收入越高，越有支付价格较高的绿色产品的能力。所以，结合前文模型推导，可以认为能源效率是关于人力资本的函数，即，$ee = f(hc)$。

第二节 人力资本对能源效率影响的作用路径分析

前文构建了一般均衡模型，证明了技术进步、产业结构优化、绿色偏好会对能源效率产生影响，并分析了人力资本是以上三种因素的前置变量。为进一步明晰人力资本对能源效率影响的路径机理，本节将对以上三种路径的机理进行进一步分析。

一、绿色技术进步

首先分析人力资本对技术进步的作用机理，其次分析政府治理下技术进步对能源效率的影响机理。其作用路径如图 3-1 所示。

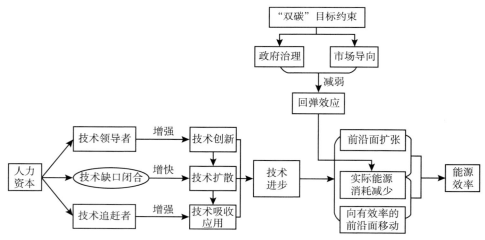

图 3-1 人力资本对能源效率影响的绿色技术进步效应机理

人力资本对技术进步的影响途径主要有知识生产和技术创新、技术扩散、技术吸收，人力资本在不同路径的作用方式不同。为了便于分析，本书将技术创新主体分为技术领导者和技术追随者。并假设：技术领导者技术水平较高，促进技术进步的主要方式是知识生产和技术创新以及向技术追随者进行技术扩散；技术追随者技术水平较低，促进技术进步的主要方式是技术吸收和再应用。人力资本对技术进步的作用主要体现在：人力资本对技术领导者的作用、人力资本对技术追随者的作用以及人力资本对技术追随者与技术领导者之间的技术缺口进行闭合的作用。

第一，从技术领导者来看，技术领导者是知识生产和技术创新的主体，知识生产和技术创新离不开诸多要素的投入，而人力资本是最为核心的要素。艾歇尔和佩尼亚洛萨（Eicher & Peñalosa，2000）就曾提出主动研发是更有效的创新手段，但需要有足够数量的人力资本。一方面，人力资本是创新的实施者，接受过良好正规教育的人力资本具有丰富的私人知识和技能，更具有主动研发的能力和创新的"灵性"，是创新的主要条件。另一方面，人力资本会对知识生产和技术创新量产生正向影响。为直观地说明这一点，本书在 Griliches - Jaffe 知识生产函数的框架下设定知识生产和技术创新函数为：$K = \theta RD^{\alpha}(sH)^{\beta}$。其中，$K$ 为知识生产或技术创新量，RD 为 R&D 投入支出，H 为人力资本，α、β 为参数，且 $\alpha + \beta = 1$，θ 为大于 0 的参数，s 为研发的时间。那么，在 t 时刻，知识生产和技术创新的总量为 $K(t) = K(0) + \theta \int_0^t RD^{\alpha}(sH)^{\beta}\mathrm{d}t$，对总量公式求关于 H 的偏导得到：$\dfrac{\partial K(t)}{\partial H} = \theta\beta \int_0^t RD^{\alpha}s^{\beta}H^{\beta-1}\mathrm{d}t$，该式子大于 0。这就表明知识生产和技术创新的总量函数是关于人力资本的增函数。以上分析充分表明了人力资本在知识生产和技术创新中的要素功能以及人力资本与知识生产和技术创新量正相关。

第二，从技术追随者角度来看，人力资本对技术进步的影响主要体现在人力资本对技术吸收能力的影响上。技术吸收能力是指在经济活动中识别、消化、利用外部知识（Cohen & Levinthal，1989，1990）和对未来技术进行机会预见（Cohen & Levinthal，1994）的能力，是一个获取—消化—转化的动态过程。从微观来看，影响这种能力的因素有很多，但均属于学习和应用过程（Lichtenthaler，2009），如知识的复杂程度（Simonin，1999）、先验知识（Cohen & Levinthal，1990；孟凡臣和刘博文，2019）、技术差距（苏汝劼和李玲，2021）、技术匹配程度（李栋华，2010；姜雨和沈志渔，2012）等因素，而这些因素无不与人力资本息息相关。凝结在人身上的知识、技能、能力、经验和素质对技术吸收的各个阶段均会产生决定性的影响。

一是人力资本对技术获取能力的影响。技术获取的主要方式为合作研发和技术购买。一般来说，人力资本所具有的先验知识的深度决定了研发主体合作研发的深度，而人力资本所具有的先验知识的广度决定了技术选择的广度。人力资本水平越高，技术获取能力就越强。二是人力资本对技术消化能力的影响。程源和高建（2005）认为技术可以分为显性技术（know-what & know-why）和隐性技术（know-how & know-who），显性技术可以通过购买等途径获得，但隐性技术只有通过"干中学"不断感悟才能得到（程源和高建，2005），人力资本的提升可以使技术追随者提高"干中学"的能力和效果，从而不断提升对隐性技术的消化能力，为技术的再应用夯实基础。三是人力资本对技术转化的影响。技术转化不仅包括技术追随者对显性技术的复现，还包括对隐性技术的掌握和应用。人力资本的提升可以使技术追随者提高显性技术与隐性技术结合的能力，使技术消化能够知其然并知其所以然，提升技术与本地生产结合的能力，提升技术向生产力转化的能力。

在实践中，许多学者也实证了人力资本与吸收能力的关系。温丁（Vinding，2006）通过对1544家制造业和服务业企业的研究表明，人力资本对外部知识的吸收以及创新能力的促进都具有重要作用；国内学者（刘晔和曾经元等，2019；李盛楠和许敏，2021；王之禹和李富强，2021）也通过研究实证了人力资本存量越大，对外来技术的吸收能力就越强这一观点。

第三，从技术追随者与技术领导者的技术差距来看，人力资本是通过影响技术扩散的速度而作用于技术进步的。为说明这一点，借鉴纳尔逊和菲尔普斯（Nelson & Phelps，1966）以及本哈比和斯皮尔格（Benhabib & Spiegel，1994，2002）的有关思想进行分析。

技术由技术领导者向技术追随者扩散会带来技术进步，按照本哈比和斯皮尔格（Benhabib & Spiegel，2002）的逻辑技术扩散模型，技术变化率的微分方程为：$\dfrac{\dot{A}_i(t)}{A_i(t)} = g(H_i) + c(H_i)\left[1 - \dfrac{A_i(t)}{A_m(t)}\right] = g(H_i) + c(H_i)\left(\dfrac{A_i(t)}{A_m(t)}\right)\left[\dfrac{A_m(t)}{A_i(t)} - 1\right]$。其中，$i$ 代表技术追随者，m 代表技术领导者，$g(H_i)$ 为由人力资本带来的内生增长率，$c(H_i)$ 为人力资本函数，$c(H_i)\left[\dfrac{A_m(t)}{A_i(t)} - 1\right]$ 为技术扩散的速度。假设 $c_i(\cdot)$ 和 $g_i(\cdot)$ 都为增函数，且技术领导者的人力资本水平 H_m 大于技术追随者的人力资本水平 H_i，那么，技术变化率微分方程的解为：

$$A_i(t) = \frac{A_m(0)e^{g_m t}}{\left[e^{-(c_i+g_i-g_m)t}\left(\dfrac{A_m(0)}{A_i(0)} - \dfrac{c_i}{c_i+g_i-g_m}\right) + \dfrac{c_i}{c_i+g_i-g_m}\right]} \quad (3.35)$$

求极限得：

$$\lim_{t\to 0}\frac{A_i(t)}{A_m(t)} = \begin{cases} \dfrac{c_i+g_i-g_m}{c_i}, & \text{当 } c_i+g_i-g_m>0 \\[2mm] \dfrac{A_i(0)}{A_m(0)}, & \text{当 } c_i+g_i-g_m=0 \\[2mm] 0, & \text{当 } c_i+g_i-g_m<0 \end{cases} \quad (3.36)$$

如果技术追随者不断提升人力资本水平，那么 $c_i+g_i-g_m$ 会由小于 0 转变为大于 0，表明人力资本的不断提升可促进技术缺口闭合的速度，实现技术扩散，技术领导者将会拉动技术追随者技术进步，最终会收敛；也表明提升人力资本水平是最有效地摆脱低水平的俱乐部收敛的途径。以上分析证明了，人力资本的不断提升有助于提升技术扩散的速度，进而促进技术进步。

至此，已经证明人力资本可以通过技术创新、技术扩散、技术吸收促进技术进步。但是，技术进步一方面会节约能源消耗，另一方面可能会创造新的需求，反而增加能源消耗，产生"回弹效应"（Berkhout，2000）。这主要是因为技术进步会使同样产出下的能源投入量减少，因而能源相对价格下降，能源替代其他要素，进而造成总能源消耗增加，反而影响能源效率的提升①。也就是说，从理论来讲，因为回弹效应的存在，技术进步未必能真正提高能源效率。在实践中，邵帅和杨莉莉等（2013）构建了基于"干中学"思想的能源回弹效应理论模型，并利用时变参数状态空间模型对中国 1957~2010 年的回弹效应进行了测算，研究表明中国存在部分回弹效应；杨慧慧和王喜刚（2021）在邵帅和杨莉莉（2013）的基础上，采用空间误差修正模型对中国 2000~2018 年的回弹效应进行估计，结果显示中国存在"过火效应"。因此，基本可以判定在中国同样存在"回弹效应"。削弱回弹效应的策略主要是减少能源供给和采用其他要素替代能源（邵帅和杨莉莉等，2013），而"双碳"目标的政策组合将会削弱"回弹效应"的影响，使技术进步朝着"能源消耗减少"的方向演进，机理如图 3-2 所示。

---

① 能源效率＝最优能源投入量/实际能源投入量＝实际能源产出量/最优能源产出量。

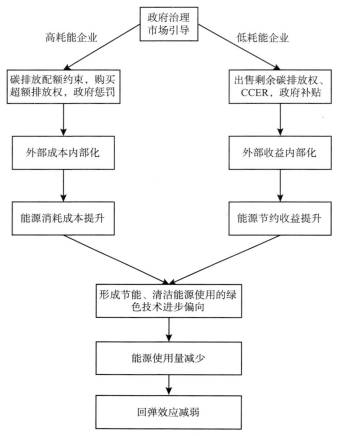

图 3 - 2   政府治理对"回弹效应"作用机制

在"双碳"目标约束下，政府会通过政府治理和市场引导促进"双碳"目标实现，碳排放交易和政府补贴是最为重要的政策工具。在此背景下，高耗能、传统能耗企业的化石能源消耗会受到碳排放配额的约束，若需消耗更多的传统化石能源，则需购买超额碳排放权；如私自排放，将面临政府惩罚。如此，高耗能、传统能耗企业将传统技术的负外部性带来的外部成本内部化，高耗能、传统能耗企业的传统能源使用成本增加；对于低耗能、清洁能耗企业来说，可以出售剩余的碳排放权和自愿减排量（CCER），同时还会得到政府补贴，如此，低耗能、清洁能耗企业将绿色技术带来的正外部性带来的收益内部化，低耗能、清洁能耗企业的能源节约收益会得以提升。根据希克斯（Hicks，

1932）和阿西莫格鲁（Acemoglu，2009，2012a，2012b）的技术偏向理论，在此情景下，技术必定会朝着"能源节约"和"清洁能源发展"的方向演进，技术进步会偏向"绿色"。同时，因为传统能源使用成本的增加，也会减弱由技术进步引致的产品需求量增加而带来的能源消耗增加进而产生的"回弹效应"。

通过以上分析可以表明，随着人力资本不断提升，技术不断进步，以及"双碳"目标的约束，"回弹效应"减弱，实际能源消耗减少。能源效率是最优能源投入量与实际能源投入量的比值，因此，仍需分析技术进步对最优能源投入量的影响。

图 3 – 3 为投入角度下技术进步对前沿面的影响。在一个决策单元中，最优能源投入量或者说目标能源投入量由技术领导者的技术构成，而技术领导者组成的前沿面为 PQ，当技术进步时，不仅由技术追随者组成的非效率点会向前沿面移动，前沿面 PQ 也会移动到 MN，意味着最优能源投入量（目标能源投入量）的减少。

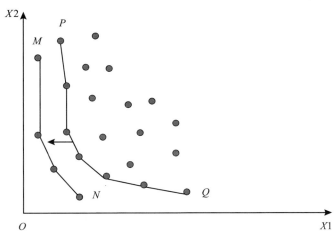

图 3 – 3　技术进步对前沿面的影响

本书现已证明人力资本可促进技术进步，也证明了技术进步会使能源消耗量减少，还证明了最优能源投入量会减少，而能源效率＝最优能源投入量/实际能源投入量，并非就能说明能源效率会提升，能源效率的最终变化由最优能源投入量与实际能源投入量的比值决定。能源效率的变化方向取决于两种变化力量的大小。初始状态的最优能源投入量小于实际能源投入量，当最优能源投入量的减少幅度小于实际能源投入量的减少幅度时，能源效率会提升；当最优能源投入量的减少幅度大于实际能源投入量的减少幅度时，能源效率会降低。改革开放以来，中国东部地区率先发展，人才向东部地区集聚，东部地区成为技术领导者，中西部地区成为技术追随者。随着时代的发展，人口不断向东部地区集聚，东部地区不可避免地出现了环境污染及资源枯竭、生态环境退化等生态危机（石忆邵，2014），以及人才拥挤、"内卷"严重的现象，而中西部地区不断加大对人才和技术的引进力度。在此背景下，出现了中西部人才调离比例日益稳定，调入比例逐渐回升，高学历人才补充比例高于全国平均水平的现象（卿素兰，2021）。按照后发优势理论，技术追随者可以大量采用和借鉴技术领导者成熟的计划、技术、设备以及与其相适应的组织结构，跳跃一些发展阶段，使技术追随者的增长速度快于技术领导者。同样，随着中西部地区不断加大人才引进力度，中西部地区可以发挥"后发优势"，实现跨越式发展。

二、产业结构优化

产业的概念最早出现在《经济学原理》中，是马歇尔分析市场组织结构的基本单元。产业结构是指包括资本、能源、人力资本、技术等资源在各个企业、行业和部门之间配置的比例关系。产业结构优化可以看成在资源配置中，生产要素由低效率部门向高效率部门配置的过程。为了分析"双碳"目标背景下人力资本对能源效率影响的机理，将人力资本分为高技能人力资本和低技能人力资本，具体分析如图3-4所示。

劳动力就业具有自我选择机制，在对彼此的能力缺乏完全信息的情况下，各自会按照技能水平进行空间排序（Venables，2010），高技能的人力资本会选择在高生产率部门工作，低技能的一般劳动力会选择在低生产率部门工作，最终会形成人力资本在高生产率部门集聚，一般劳动力在低生产率部门集聚。维纳布尔斯（Venables，2010）把这一现象概括为劳动力的自我选择机制，但并未揭示这一现象的本质。刘易斯（Lewis，1954）认为劳动力之所以流动是因为生产部门间有生产率差异，这一差异表现为工资差异；舒尔茨（1961）就曾提出，劳动者希望通过迁徙获得更高的报酬；在此基础上，萨亚斯塔德（Sjaastad，1962）进一步研究认为，劳动力的决策是在成本和收益进行权衡后决定的，劳动力的流动倾向与纯收益正相关，且这一成本与收益既包括货币成本与货币收益，也包括非货币成本与非货币收益。

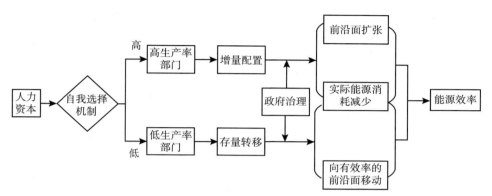

图3－4　人力资本对能源效率影响的产业结构优化效应机理

对于高生产率部门，随着人力资本水平的提升，人力资本的效率功能不仅使人力资本自身生产率提升，也促进了其他要素边际生产率的提升，从而使高效率部门具有比较优势。相较于低技能人力资本，高技能人力资本有较大的互补弹性，人力资本在高效率的部门集聚会引致其他资源的配置，从而会促进资源向该部门配置，比较优势进一步增强，产业更易进入加速增长期或规模报酬递增阶段。在"双碳"目标的导向下，在人力资本的作用下，产业会进入演化过程，并会逐渐演进成为知识密集型和资本密集型产业，而知识密集型和资本密集型产业多为新一代信息、生物、新能源、新材料、高端装备、新能源汽车、绿色环保以及航空航天、海洋装备等低排放、低能耗产业。所以，在此过程中实际能源消耗将减少。

对于低生产率部门，主要通过承接资源存量转移提升自身效率。卢卡斯（1990）就曾研究得出，物质资本不能从富裕的国家流向贫穷的国家主要原因是人力资本的差异。随着经济的增长，在平均利润率趋向下降的规律的影响下，一些高生产率部门会进入要素边际报酬递减阶段，资本的逐利性会驱使资源向低生产率部门转移；而低效率部门的人力资本水平不断提升有助于资源存量向低生产率部门转移，因此，低生产率部门的生产率不断提升，生产可能集中的非效率点不断向前沿面移动。同时，在"双碳"目标的导向下，其能源消耗不断减少。

为了直观地说明人力资本对能源效率影响的产业结构优化效应，绘制其机理示意图，如图3-5所示。假设图中 A 点代表高生产率部门，B 点代表低效率部门，VRS0 为初始状态下的前沿面，VRS1 为变化后的前沿面。初始状态下 A 点的能源效率为1，在人力资本作用下，由最高效率部门组成的前沿面 VRS0 移动至 VRS1，此时，因为全要素效率为相对效率，所以，高效率部门的能源效率仍然为1，但是实际能源消耗量由 A 减少到 A′，表明高效率部门在人力资本作用下能源消耗将减少；为了说明低效率部门的能源效率，假定 VRS0 无变化，当低效率部门的人力资本水平不断提升时，低效率部门的效率水平也会不断提升，此时，B 点会朝着有效率的方向移动至 B′，实际能源消耗量由 B 减少到 B′，能源效率会由 FD/FB 变化为 FD/FB′，显然能源效率有所提高。此外，实际情况是，当低效率部门的人力资本水平不断提升时，最优能源消耗量也会变化，即当 B 点移动至 B′时，前沿面 VRS0 也会不同程度地向 VRS1 移动；当最优能源投入量的减少幅度小于实际能源投入量的减少幅度时，能源效率会提升；当最优能源投入量的减少幅度大于实际能源投入量的减少幅度时，能源效率会降低。最终能源效率的变化方向取决于两种力量的比较。

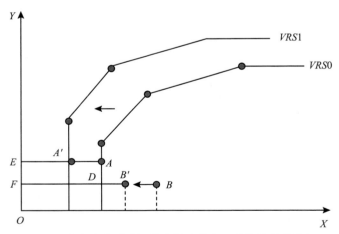

图3-5　人力资本对能源效率影响的产业结构优化效应机理

通过上分析，可以说明人力资本对能源效率影响的产业结构优化效应的机理，但是能源效率的实际变化方向仍需依情况而定。

三、公众绿色偏好

倡导绿色生活方式的思想古已有之，在漫长的中国历史中不仅形成了"克勤于邦，克俭于家"[1] 的节约思想，也形成了"以辅万物之自然，而不敢为"[2] 的顺应自然、保护自然的思想。在革命时期和新中国成立以后，中国历届领导人都倡导"艰苦奋斗""勤俭节约"的生活方式。习近平总书记 2017 年 5 月在党的十八届中央政治局第四十一次集体学习的讲话中首次系统阐述了绿色生活方式的紧迫性、重要任务和关键所在。随后，生态环境部在《关于加快推动生活方式绿色化的实施意见》中将绿色生活方式的主要内容确定为"勤俭节约、绿色低碳、文明健康"，《2030 年前碳达峰行动方案》中也明确提出，"十四五"期间绿色生产生活方式要得到普遍推行。绿色生活方式主要通过影响能源消耗量来影响能源效率，提高人力资本是促进形成绿色生活方式的重要举措。

从社会心理学角度来看，生活方式是人的一种行为特征，在对行为特征的研究中，学者们普遍采用阿杰恩（Ajzen，1988，1991）提出的行为计划理论。该理论认为人的行为由行为意向决定，而行为意向又受行为态度、主观规范以及知觉行为控制影响。人力资本作为蕴含在人身上的知识、能力、意识、素质等方面的总和，其认识水平决定其行为特征会有所不同。首先，随着人力资本水平的提升，人们对客观事物规律的把握程度会得以提升，个体对人类所面临的环境危机的严峻性、个体奢侈生活危害性和倡导绿色生活方式的必要性认识较为深刻，人力资本的提升会促使个体形成绿色行为态度，如春秋时期的颜回安贫乐道，其师孔子对其赞曰："贤哉，回也！一箪食，一瓢饮，在陋巷，人不堪其忧，回也不改其乐，贤哉回也。"[3] 其次，人力资本会影响个体的主观规范，随着受教育程度的提升，个体更能够"明辨是非""知书明理"，在面对国家层面所提倡的绿色生活方式倡议中能够感受到国家和人民对于实现这一目标的期望，也会担忧个人奢侈、破坏环境等非绿色行为所引起的他人的非议，所以往往具有顺从的意向。最后，人力资本会影响个体的知觉行为控

---

① 先秦诸子著，（西汉）伏生口述，王世舜，王翠叶译注. 尚书 [M]. 北京：中华书局，2012：360.

② （春秋）老子著，饶尚宽译注. 老子 [M]. 北京：中华书局，2016：161.

③ 孔丘. 论语 [M]. 西安：三秦出版社，2008：31.

制——感知执行某项行为的难易程度，随着人力资本提升个体的知识、经济等条件不断改善，绿色生活方式的阻碍因素越少，如受教育程度越高，采纳垃圾分类政策就越容易（李欢欢和顾美丽，2020）。所以，在"双碳"目标下，人力资本会影响个体的绿色行为态度、绿色主观规范、绿色知觉行为控制从而影响个体的绿色行为意向，进而使个体表现为采用绿色生活方式，而"勤俭节约、绿色低碳、文明健康"的绿色生活方式有利于减少全社会的能源消耗，从而提高能源效率。

从经济学视角来看，绿色消费方式是绿色生活方式的主要表现，人力资本通过改变偏好和预算约束来影响绿色消费方式，进而采用绿色生活方式，从而对能源效率产生影响。本书采用消费者理论中价格变化的希克斯分解进行分析。假设市场具有两种产品：非绿色产品（X1）和绿色产品（X2）；非绿色产品能耗较高，绿色产品能耗较低。在"双碳"目标背景下，政府为了实现既定目标会引导扩大绿色产品市场，绿色产品、非绿色产品的价格可能会升高也可能会降低。下面将分两种情况分别说明。

第一种情况，当非绿色产品与绿色产品的相对价格升高时。

如图 3 - 6（a）所示，MN 为预算线，u1 为无差异曲线，两者的切点为 A 点，是消费者效用最大化时的均衡点。随着人力资本水平不断提高，居民环保意识不断增强，居民购买绿色产品的意愿会不断增强（何志毅和杨少琼，2004；王鹏和郭淑芬，2021）。在市场的作用下，绿色产品成本和价格降低，而非绿色产品由于政府的规制并在能源刚性需求的联合作用下，能源使用成本会升高，非绿色产品的价格 P1 会升高。随着 X1 的价格 P1 升高，相当于消费者的纯收入减少，在收入效应的作用下预算线向内旋转至 MQ 处，与新的无差异曲线 u2 相切在 B 点处，对应的 X1 的消费量为 Xb；另外，希克斯分解认为一方面要保证当初的效用不变，另一方面要反映出相对价格的变化，所以，在图 3 - 6（a）中画出一条补偿预算线，要与新的预算线 MQ 平行、与原无差异曲线 u1 相切，记为 CBL 线，其切点为 C 点，对应的 X1 的消费量为 Xc，表明随着 P1 的升高，X1 与 X2 的相对价格升高，替代效应使得 X1 的消费量减少到 Xc。据此，画出非绿色产品（X1）的价格消费曲线图 3 - 6（b），曲线 X1 为马歇尔需求曲线，曲线 X1h 为希克斯需求曲线。根据以上分析，本书得出，在"双碳"目标背景下，人力资本对非绿色产品需求的影响呈现出价格上涨对一般劣等品需求的影响的特征，即在"双碳"目标背景下，随着人力资本的提升，在保持效用不变时消费者对非绿色产品的需求减少，能源消耗减少。

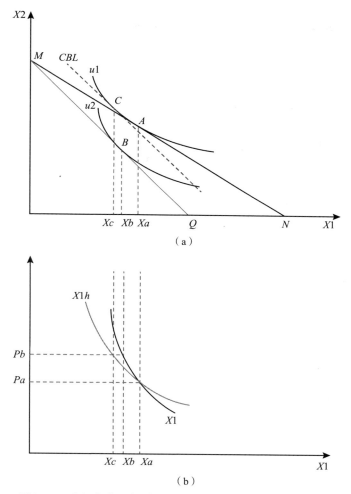

图 3-6 非绿色产品相对价格升高时人力资本对能耗的影响

第二种情况，当非绿色产品与绿色产品的相对价格降低时。

如图 3-7（a）所示，$M'N'$ 为预算线，$u1'$ 为无差异曲线，两者的切点为 B 点，是消费者效用最大化时的均衡点。随着人力资本水平、居民环保意识不断增强，更愿意购买绿色产品。在绿色产品稀缺性以及成本的作用下，绿色产品成本和价格升高，非绿色产品的价格 $P1$ 会降低。随着 $X1$ 的价格 $P1$ 降低，相当于消费者的纯收入增加，在收入效应的作用下预算线向外旋转至 MQ' 处，

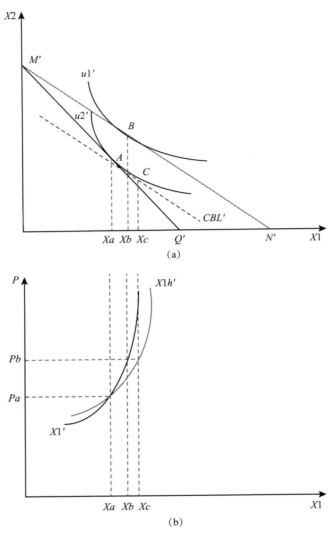

图 3 – 7 非绿色产品相对价格降低时人力资本对能耗的影响

与新的无差异曲线 $u2'$ 相切在 A 点处，对应的 $X1$ 的消费量为 Xb；另外，希克斯分解认为一方面要保证当初的效用不变，另一方面要反映出相对价格的变化，所以，在图 3 – 7（a）中画出一条补偿预算线，要与新的预算线 $M'Q'$ 平行、与原无差异曲线 $u1'$ 相切，记为 CBL' 线，其切点为 C 点，对应的 $X1$ 的消

费量为 Xc，表明随着 $P1$ 的升高，$X1$ 与 $X2$ 的相对价格降低，收入效应使得 $X1$ 的消费量由 Xa 增加到 Xc。据此，画出非绿色产品（$X1$）的价格消费曲线图 3-7（b），曲线 $X1'$ 为马歇尔需求曲线，曲线 $X1h'$ 为希克斯需求曲线。根据以上分析，在"双碳"目标背景下，随着人力资本的提升，非绿色产品的需求反而增加，能源消耗增大。

以上两种情形的分析，说明了在"双碳"目标背景下人力资本通过促进形成绿色生活方式进而促进能源效率的机理，本书将其概括为公众绿色偏好效应。但最终能源效率的变化方向取决于两种力量的对比。

第三节　小　　结

本章分析了人力资本对能源效率影响的机理。首先，构建了一般均衡模型，构建了分析人力资本对能源效率影响的数理模型。其次，进一步分析了人力资本对能源效率影响传导路径的机理。通过模型推导和理论分析得出人力资本会对能源效率产生影响；人力资本可以通过绿色技术进步效应、产业结构优化效应、公众绿色偏好效应对能源效率产生影响，且政府治理会对各效应产生调节作用。

第四章

中国人力资本和能源效率估算
及时空演化格局研究

本章将对人力资本和能源效率进行测度，依据测度结果对其时空格局进行分析，研究其演进特征；对能源效率的收敛性进行分析，以认识当前区域能源效率的演进形势；在此基础上，对能源效率和人力资本所表现出的特征事实进行初步描述和分析，为后文的实证检验做准备。

第一节　人力资本的估算及时空格局

一、人力资本水平的估算方法与数据说明

（一）估算方法

人力资本是人类有意识、有目的地征服自然和改造自然的能力。舒尔茨在《人力资本投资》一文中认为这一能力的增进有五种途径，即：医疗和保健；包括旧式学徒制在内的在职人员培训；正式的初等、中等、高等教育；由非企业机构组织的成人教育；个人和家庭适应变换就业机会的迁徙能力。然而能力并非完全显性，即便是拥有者本人也很难作出准确衡量，更无法按照舒尔茨（1960）表述的方式对人力资本水平进行准确估计。实际中，为了估计简单化，通常采用每千人拥有卫生机构床位数、学历、专业技术职务人员数、技能等级、地方财政医疗卫生支出占GDP的比

重等易获取指标来衡量人力资本，但估计结果准确度较差。较为合理的人力资本估计方法有三种（钱雪亚，2012），分别是：成本投入法（钱雪亚和王秋实等，2008；焦斌龙和焦志明，2010；张勇，2020）、收入法（李海峥和苏妍等，2021）、教育成果法（蔡昉，2016；王金营，2021；高琳，2021）等。

确定人力资本的估算方法是完成本研究的关键环节。考虑到能源效率主要体现在生产环节，主要与劳动者的素质与能力有关，且考虑到数据的可获得性，本书最终采用教育成果法来估计人力资本水平。借鉴蔡昉（2016）等的方法，设定受教育年限系数分别：未上过学＝0、小学＝6、初中＝9、高中（中等职业教育）＝12、大学专科（高等职业教育）＝15、大学本科＝16、研究生＝19，人力资本的计算公式如下：

$$hc = \eta_1\theta_1 + \eta_2\theta_2 + \eta_3\theta_3 + \eta_4\theta_4 + \eta_5\theta_5 + \eta_6\theta_6 + \eta_7\theta_7 \qquad (4.1)$$

其中，$\eta_1 \sim \eta_7$ 为不同学历的受教育年限，设定参数分别与受教育年限数相等；$\theta_1 \sim \theta_7$ 表示就业人员中不同受教育程度人员的比重。

采用式（4.1）来度量本书的人力资本水平，其合理性在于：首先，人力资本作为人类有意识、有目的地征服自然和改造自然的能力（冯子标和焦斌龙，1999），对能源效率的影响主要体现在生产过程中，而采用"就业人员受教育程度构成"作为主要指标能较好地体现劳动者的人力资本水平；其次，采用该算法估算而得的人力资本能够体现受教育年限对人力资本的决定性作用；最后，随着受教育程度的不断提高，"就业人员受教育程度构成"所乘系数不断增加，能够较好地体现受教育程度的层次性和高人力资本的关键作用。因此，本书认为该指标对于本研究主题有较好的适用性。

（二）数据说明

所用指标为"全国各地区就业人员受教育程度构成"，本书将 2003～2019 年作为研究窗口期，数据来源于相应年份的《中国劳动统计年鉴》。需要说明的是，2015 年之前，《中国劳动统计年鉴》劳动力调查的受教育程度分类为：未上过学、小学、初中、普通高中、中等职业、高等职业、大学专科、大学本科、研究生；而 2015 年之后则为：未上过学、小学、初中、普通高中、中等职业教育、高等职业教育、大学专科、大学本科、研究生。为了保证数据口径的一致性，本书将高中与中等职业教育、大学专科与高等职业教育的数值合并进行计算，个别年份或地区缺值做插值处理。

二、人力资本的估算结果及时空格局

（一）人力资本的估算结果

依据式（4.1）测度了中国内地 30 个省份 2003 ~ 2019 年的人力资本水平，并按照 2019 年数值进行排名，结果见表 4 - 1。

表 4 - 1   中国内地 30 个省份代表性年份人力资本水平测度结果

地区	2003 年	2010 年	2016 年	2019 年	样本期均值	年均增长（%）	2019 年排名
北京	11.391	12.192	13.392	13.901	12.621	1.252	1
上海	11.137	11.212	12.573	12.858	11.822	0.902	2
天津	10.042	10.618	11.759	12.372	11.064	1.313	3
浙江	8.377	9.123	10.597	11.011	9.519	1.723	4
广东	8.905	9.738	10.674	10.983	9.891	1.319	5
江苏	8.313	9.466	10.755	10.813	9.599	1.657	6
山西	9.101	9.559	10.546	10.793	9.840	1.071	7
辽宁	9.432	9.727	10.481	10.690	9.838	0.786	8
新疆	8.899	9.258	10.317	10.680	9.544	1.147	9
湖南	8.443	9.156	10.059	10.664	9.438	1.470	10
陕西	8.453	9.163	10.254	10.651	9.526	1.455	11
海南	8.869	9.241	9.953	10.582	9.474	1.110	12
内蒙古	8.171	9.235	10.141	10.575	9.407	1.625	13
宁夏	7.604	8.782	9.784	10.554	8.883	2.070	14
重庆	7.868	8.650	9.799	10.533	8.814	1.840	15
黑龙江	8.920	9.403	10.184	10.417	9.453	0.974	16
吉林	9.104	9.404	10.029	10.335	9.530	0.796	17
河北	8.943	9.138	10.191	10.330	9.415	0.905	18
湖北	8.102	9.027	9.961	10.282	9.246	1.500	19

地区	2003 年	2010 年	2016 年	2019 年	样本期均值	年均增长（％）	2019 年排名
福建	8.140	9.129	9.926	10.280	9.202	1.470	20
河南	8.377	8.912	9.768	10.252	9.175	1.270	21
山东	8.436	9.039	9.978	10.226	9.308	1.210	22
江西	8.897	8.855	9.557	9.871	9.080	0.651	23
青海	6.985	7.774	9.249	9.852	8.334	2.173	24
广西	8.211	8.767	9.635	9.830	8.993	1.131	25
四川	7.759	8.204	9.097	9.585	8.409	1.330	26
安徽	7.818	8.238	9.065	9.526	8.369	1.243	27
甘肃	7.159	7.933	9.151	9.398	8.191	1.715	28
云南	6.162	7.617	8.425	8.991	7.719	2.389	29
贵州	7.114	7.471	8.130	8.716	7.702	1.277	30

资料来源：笔者根据计算结果自行整理。

从表4-1中可以看出，在样本区间内，中国人力资本水平不断增长。分省份来看，2019年北京、上海、天津、浙江、广东是人力资本水平最高的五个地区，贵州、云南、甘肃、安徽、四川是人力资本水平最低的五个地区；从整个样本区间的均值来看，人力资本水平最高的五个地区分别是北京、上海、天津、广东、山西，而人力资本水平最低的五个地区则为贵州、云南、甘肃、青海、安徽；从年平均增长率来看，云南、青海、宁夏为增速最快的地区，吉林、辽宁、江西为增速最慢的地区。

（二）中国人力资本的时空格局

基于前文人力资本测度结果，运用 ArcGIS 软件，采用自然间断点分级法（Jenks）对中国内地30个省份人力资本水平由高到低依次划分为高人力资本区、较高人力资本区、较低人力资本区和低人力资本区4个等级，绘制结果见表4-2。

表4-2　　　　　中国内地30个省份代表性年份人力资本空间分布情况

分组	2003 年	2010 年	2016 年	2019 年
高人力资本区	北京、上海	北京、天津、上海	北京、天津、上海	北京、天津、上海
较高人力资本区	天津、黑龙江、吉林、辽宁、河北、山西、新疆、江西、广东、海南	内蒙古、黑龙江、吉林、辽宁、河北、山西、陕西、湖南、江苏、浙江、福建、广西、海南、新疆	黑龙江、辽宁、河北、山西、陕西、江苏、浙江、广东、新疆	辽宁、内蒙古、新疆、山西、陕西、宁夏、重庆、湖南、广东、海南、江苏、江浙
较低人力资本区	内蒙古、宁夏、陕西、四川、重庆、河南、湖南、湖北、山东、安徽、江苏、浙江、福建、广西	宁夏、山东、河南、湖北、江西、广西、重庆	山东、河南、湖南、湖北、江西、福建、重庆、广西、海南、宁夏、内蒙古、吉林	黑龙江、吉林、河北、山东、河南、湖北、江西、福建、广西、青海
低人力资本区	甘肃、青海、云南、贵州	安徽、甘肃、青海、四川、云南、贵州	安徽、甘肃、青海、四川、云南、贵州	安徽、甘肃、四川、云南、贵州

资料来源：笔者根据测度结果自行整理。

可以看出，人力资本水平在东、中、西部存在显著差异。东部地区人力资本水平普遍较高，样本区间内大多数地区属于高人力资本和较高人力资本水平，京津冀都市圈、长三角经济区和珠三角地区最具代表性；中部地区人力资本水平次之，较低人力资本区与较高人力资本区交错分布；西部地区整体人力资本水平较低，整体来看是集中连片的人力资本水平洼地，个别地区如陕西、新疆较为特殊。从纵向演化来看，2003 年中国人力资本水平最高的地区集中在北京、上海，人力资本最低的地区大片集聚于地处西部的青海、甘肃、云南、贵州等地，而较低人力资本区与较高人力资本区交叉错落分布于中部大部分地区、东部部分地区，以及地处西北的新疆维吾尔自治区，整体分布较为零散；2010 年，地处西部的四川省和中部地区安徽省沦落为低人力资本区，东部地区的福建、浙江、江苏步入高人力资本区，地处西部的陕西、内蒙古进步明显，其他地区变化不明显，整体来看，东部地区与中西部地区呈分化态势；到2016 年，区域内、区域间分化进一步加强，中西部地区、东北部分地区有所退化，湖南、吉林落入较低人力资本区，山西、陕西异质性明显，东部地区高人力资本区向长三角、环渤海集聚，人力资本在空间上的分布不均衡性加剧，各个梯度人力资本水平连片发展趋势进一步强化；2019 年，京津、长三角地区优势愈发明显，重庆、湖南、内蒙古进步明显，河北省退化为较低人力资本区，东北地区退步明显，特别是黑龙江省由较高人力资本区退步为较低人力资本区。

整体来看，样本期内人力资本由最初的分散分布逐渐呈现整体进步态势，又逐渐演化为向环渤海、长三角和珠三角等地区集聚，"西—中—东"阶梯式递增趋势逐步加强，但随着各地不断加强人力资本投资以及人才引进，部分地区也表现出一定的异质性。

综合来看，静态而言，研究年度内中国人力资本水平表现出较为明显的空间同位特征：东部的高人力资本区主要集中于京津、长三角、珠三角等地区，东部其他地区为较高人力资本区，中部地区较高人力资本区与较低人才集聚区交错分布，低人力资本区在西部地区连片呈现，人力资本水平由东向西呈现阶梯式递减的分布情况；动态而言，人力资本由最初分布相对分散的状态逐渐演化为以环渤海、长三角和珠三角地区为中心并向中部部分省份延伸的状态，2019 年后中西部部分地区逐渐提升，东北地区退化明显。整体来看，"东—中—西"人力资本水平呈阶梯式递减趋势。

第二节　能源效率的估算及时空格局

一、全要素能源效率的测度方法

DEA 技术不需要设定投入产出模型，且可以较为灵活地设定 DEA 模型。因此，该技术在全要素能源效率估计中受到学者的广泛运用。钟等（Chung et al.，1997）引入方向距离函数，方向距离函数允许期望产出增加的同时减少非期望产出，但是非期望产出的减少需要和期望产出同比例变化，这样松弛偏差就会使效率值被高估。为克服这一缺点，周鹏等（Zhou et al.，2012b）提出了非径向方向距离函数，在此基础上，张宁和崔龙录（Zhang & Choi，2013）设定投入产出权重集合为 $(0, 0, 1/3, 1/3, 1/3)$，方向集合为 $(0, 0, -F, E, -C)$，用来刻画能源环境表现指数（$EEPI$）。本书采用该算法对中国能源效率进行测度，具体算法为式（4.2）~式（4.9）：

定义非径向方向距离函数为：

$$\vec{D}(K, L, E, Y, C; g) = \sup\{w^T\beta: ((K, L, E, C) + g \times diag(\beta)) \in T\}$$

$$(4.2)$$

其中，$w^T = (w_K, w_L, w_E, w_Y, w_{CO_2})$，为投入产出权重集合；$g = (g_K, g_L, g_E, g_Y, g_{CO_2})$，为方向集合；$\beta = (\beta_K, \beta_L, \beta_E, \beta_Y, \beta_{CO_2})^T \geqslant 0$，表示对于每种投入（产出）影响个体无效率的因素的集合，$diag$ 指对角矩阵。T 是指生产技术，假设有 N 个地区，使用资本 K，劳动 L，能源 E 作为投入，产生了合意产出国内生产总值 Y 和非合意产出 CO_2，基于有关文献（Färe et al.，2007；Zhou et al.，2012），N 个地区的 CRS 环境生产技术如下：

$$T = \begin{cases} (K, L, E, Y, CO_2): \sum_{n=1}^{N} z_n K_n \leqslant K, \sum_{n=1}^{N} z_n L_n \leqslant L \\ \sum_{n=1}^{N} z_n E_n \leqslant E, \sum_{n=1}^{N} z_n Y_n \geqslant Y, \sum_{n=1}^{N} z_n CO_{2n} = CO_2, z_n \geqslant 0, n = 1, 2, \cdots, N \end{cases}$$

$$(4.3)$$

进一步基于非径向方向距离函数，将所有投入和产出都纳入目标函数和约束条件，则全要素非径向方向距离函数值可以通过下述模型求解出来：

$$\vec{D}_T(K, L, E, Y, CO_2; g) = \max w_k\beta_k + w_L\beta_L + w_E\beta_E + w_Y\beta_Y + w_{CO_2}\beta_{CO_2}$$

$$(4.4)$$

s. t.

$$\sum_{n=1}^{N} z_n K_n \leqslant K - \beta_k g_k$$

$$\sum_{n=1}^{N} z_n L_n \leqslant L - \beta_L g_L$$

$$\sum_{n=1}^{N} z_n E_n \leqslant E - \beta_E g_E$$

$$\sum_{n=1}^{N} z_n Y_n \geqslant Y + \beta_Y g_Y$$

$$\sum_{n=1}^{N} z_n CO_{2n} = CO_2 - \beta_{CO_2} g_{CO_2}$$

$$z_n \geqslant 0, N = 1, 2, \cdots, N$$

$$\beta_K, \beta_L, \beta_E, \beta_Y, \beta_{CO_2} \geqslant 0$$

$$(4.5)$$

其中，权重集合为 $\{1/9, 1/9, 1/9, 1/3, 1/3\}$，方向集合 g 为 $\{-K, -L, -E, Y, -CO_2\}$，可以通过构建统一效率指数 $\{UEI\}$ 来度量综合环境

生产表现。*UEI* 被定义为每种因素的平均效率，基于上述模型，可以求解出每种因素 beta 的最优值，则 *UEI* 计算方法具体如下：

$$UEI = \frac{1/4 \times \left[(1 - \beta_K^*) + (1 - \beta_L^*) + (1 - \beta_E^*) + (1 - \beta_{CO_2}^*) \right]}{1 + \beta_Y^*}$$

$$= \frac{1 - 1/4 \times (\beta_K^* + \beta_L^* + \beta_E^* + \beta_{CO_2}^*)}{1 + \beta_Y^*} \qquad (4.6)$$

因为资本和劳动并不会直接产生碳排放，所以遵循张宁和崔龙录（Zhang & Choi，2013）的方法，设定权重集合为 $\{0, 0, 1/3, 1/3, 1/3\}$，方向集合为 $\{0, 0, -F, E, -C\}$，并将资本和劳动从目标函数和约束条件中移除，则刻画能源环境的非径向方向距离函数值和能源环境表现指数（EEPI）可以通过分别求解下述模型和计算公式得到：

$$\vec{D}_E(K, L, E, Y, CO_2; g) = \max w_E\beta_E + w_Y\beta_Y + w_{CO_2}\beta_{CO_2} \qquad (4.7)$$

s. t.

$$\sum_{n=1}^{N} z_n K_n \leqslant K$$

$$\sum_{n=1}^{N} z_n L_n \leqslant L$$

$$\sum_{n=1}^{N} z_n E_n \leqslant E - \beta_E g_E$$

$$\sum_{n=1}^{N} z_n Y_n \geqslant Y + \beta_Y g_Y$$

$$\sum_{n=1}^{N} z_n CO_{2n} = CO_2 - \beta_{CO_2} g_{CO_2}$$

$$z_n \geqslant 0, \ N = 1, 2, \cdots, N$$

$$\beta_E, \beta_Y, \beta_{CO_2} \geqslant 0 \qquad (4.8)$$

那么，能源环境表现指数即可求得。

$$EEPI = \frac{1/2 \times \left[(1 - \beta_E^*) + (1 - \beta_{CO_2}^*) \right]}{1 + \beta_Y^*} = \frac{1 - 1/2 \times (\beta_E^* + \beta_{CO_2}^*)}{1 + \beta_Y^*} \qquad (4.9)$$

该指标可以用来衡量能源效率，最主要是因为从要素角度来看，资本和劳动并不会直接产生碳排放，所以设定投入产出权重集合为（0，0，1/3，1/3，1/3），方向集合为（0，0，-F，E，-C），即可衡量能源效率。同时，非径向方向距离函数的使用使投入要素的利用效率提高可能、环境缩减可能以及产出扩展可能得以实现，更符合"双碳"目标背景下能源效率的评估需求。

二、相关指标选取与数据说明

（一）指标选取

在计算时需要首先获取以下变量。

1. 期望产出变量

用各省份的 GDP 表示，并以 2000 年为基期，将其他年份的 GDP 按照 GDP 平减指数转化为以 2000 年不变价格标识的实际 GDP。

2. 非期望产出变量

设定非期望产出为二氧化碳；之所以未放置其他排放数据，是因为中国的能源结构仍然是以煤炭为主，而煤炭燃烧中二氧化碳排放与二氧化硫等排放高度相关。

3. 投入要素

能源投入量采用各地区能源消费总量，单位为万吨标准煤；采用各省份的年末就业人数衡量劳动力投入量；资本投入量采用各个省份的固定资本存量表示，使用永续盘存法来计算，公式为：$K_t = I_t/P_t + (1 - \delta_t) K_{t-1}$。其中，$K_t$ 表示当期的固定资本存量，I_t 为当期的名义固定资本形成总额，P_t 为固定资产投资价格指数，δ_t 表示折旧率，K_{t-1} 表示上一期的固定资本存量。

（二）数据说明

指标计算所用到的煤炭、焦炭使用量来源于相应年份的《中国能源统计年鉴》；年末就业人数、全社会固定资产投资、国内生产总值、国内生产总值指数、固定资产投资价格指数来源于相应年份的《中国统计年鉴》；非期望产出数据二氧化碳排放量从 Wind 数据库下载。

三、中国能源效率的估算结果及时空格局

（一）中国能源效率的估算结果

基于数据的可获得性，依据式（4.2）～式（4.9）测算了中国内地 30 个

省份（不含西藏）2003～2016 年的能源效率，并按照年均增长率进行排名，结果见表4－3。

表4－3　　　　中国内地30个省份代表性年份能源效率测度结果

地区	2003 年	2006 年	2010 年	2016 年	均值	年均增长率（%）	增长率排名
北京	0.439	0.491	0.644	1.000	0.668	6.55	1
山东	0.441	0.498	0.654	1.000	0.375	6.50	2
天津	0.370	0.377	0.435	0.811	0.473	6.23	3
贵州	0.119	0.130	0.167	0.249	0.172	5.85	4
浙江	0.275	0.272	0.351	0.488	0.480	4.53	5
新疆	0.216	0.203	0.213	0.373	0.211	4.29	6
湖南	0.284	0.283	0.342	0.474	0.398	4.01	7
四川	0.300	0.331	0.373	0.492	0.364	3.88	8
河北	0.207	0.208	0.247	0.331	0.253	3.65	9
甘肃	0.199	0.206	0.238	0.316	0.242	3.60	10
重庆	0.364	0.332	0.313	0.559	0.388	3.35	11
宁夏	0.086	0.095	0.107	0.125	0.102	2.94	12
海南	0.435	0.400	0.470	0.632	0.461	2.92	13
云南	0.280	0.242	0.290	0.392	0.306	2.63	14
陕西	0.284	0.275	0.312	0.352	0.307	1.67	15
青海	0.180	0.167	0.207	0.220	0.190	1.54	16
广西	0.436	0.456	0.472	0.524	0.411	1.42	17
辽宁	0.183	0.125	0.155	0.209	0.391	1.03	18
河南	0.537	0.306	0.318	0.474	0.393	−0.95	19
吉林	1.000	0.885	0.686	0.881	0.337	−0.97	20
山西	0.509	0.341	0.327	0.446	0.161	−1.01	21
安徽	0.837	0.506	0.518	0.720	0.381	−1.15	22
内蒙古	0.612	0.305	0.335	0.502	0.213	−1.52	23
江西	0.607	0.383	0.376	0.482	0.410	−1.75	24

地区	2003 年	2006 年	2010 年	2016 年	均值	年均增长率（％）	增长率排名
广东	0.792	0.420	0.465	0.602	0.847	－ 2.09	25
上海	0.393	0.156	0.190	0.278	0.665	－ 2.63	26
福建	0.709	0.450	0.368	0.447	0.585	－ 3.48	27
黑龙江	0.897	0.350	0.320	0.441	0.438	－ 5.31	28
湖北	0.930	0.278	0.337	0.443	0.348	－ 5.55	29
江苏	1.000	0.286	0.344	0.390	0.512	－ 7.00	30

资料来源：笔者根据测度结果自行整理。

从表 4 - 3 中可以看出，在样本区间内，中国能源效率不断增长。从整个样本区间的均值来看，广东、北京、上海、福建、江苏是能源效率最高的五个地区，宁夏、山西、贵州、青海、新疆是能源效率最低的五个地区，高能源效率区域大多分布在东部地区，低能源效率区在中西部交错分布；从南北区位来看，南方地区省份能源效率整体高于北方地区省份能源效率，区位特征明显，而资源型地区整体能源效率偏低；从年平均增长率来看，北京、山东、天津、贵州、浙江为增速最快的地区，上海、福建、黑龙江、湖北、江苏为增速最慢的地区。

（二）中国能源效率的时空格局

基于前文能源效率测度结果，运用 ArcGIS 软件，采用自然间断点分级法（Jenks）对中国内地 30 个省份能源效率由高到低依次划分为高能源效率区、中等能源效率区、低能源效率区 3 个等级，空间分布图结果见表 4 - 4。

表 4 - 4　　中国内地 30 个省份代表性年份能源效率空间分布情况

分组	2003 年	2006 年	2010 年	2016 年
高能源效率区	黑龙江、辽宁、河南、江苏、广西、广东、福建	黑龙江、北京、上海、福建、广东、海南	北京、江苏、浙江、上海、福建、广东、海南	北京、天津、上海、福建、广东

分组	2003 年	2006 年	2010 年	2016 年
中等能源效率区	北京、天津、上海、重庆、山东、安徽、湖南、江西、浙江、海南、内蒙古	吉林、辽宁、天津、山东、河南、陕西、四川、重庆、湖北、安徽、江苏、湖南、江西、浙江、广西	黑龙江、吉林、辽宁、天津、山东、陕西、河南、四川、重庆、湖北、安徽、云南、广西、湖南、江西	黑龙江、吉林、辽宁、山东、河南、四川、重庆、湖北、安徽、江苏、云南、广西、湖南、江西、浙江、海南
低能源效率区	吉林、新疆、青海、甘肃、宁夏、陕西、山西、河北、四川、湖北、云南、贵州	新疆、内蒙古、甘肃、青海、宁夏、山西、河北、云南、贵州	新疆、内蒙古、青海、甘肃、宁夏、山西、河北、贵州	新疆、内蒙古、青海、甘肃、宁夏、陕西、山西、河北、贵州

资料来源：笔者根据测度结果自行整理。

由表4－4可以看出，能源效率既存在东中西差异，又存在南北差异。高能源效率区主要集中在东部地区，北京、天津以及长三角经济区和珠三角地区最为突出；中部大多数地区属于中等能源效率区；西部地区，特别是西北地区整体能源效率较低。从纵向演化来看，2003年，中国高能源效率地区包括辽宁、黑龙江、河南、江苏、广西、广东、福建，既包括西部地区省份也包括中部地区省份，还包括东部地区省份，高能源效率区整体分布较为零散，交叉错落分布于"胡焕庸线"以东；中等能源效率区包括北京、天津、重庆、山东、安徽、湖南、江西、浙江、内蒙古，可以看出，主要集中在中东部地区；而其他地区为低能源效率区，则集中连片地分布在中西部地区。从南北区位来看，南北方向高、中、低能源效率区不相上下、交错分布。2006年，高能源效率区有北京、黑龙江、上海、广东、海南、福建，主要分布在东部地区，江苏、广西、河南等地掉出第一梯队，北京挤入高能源效率区，中等能源效率区集中连片分布在东部、中部和西部的部分地区，而低能源效率区主要是西部地区和中东部个别地区；从南北区位来看，南方有四个地区、北方有两个地区为高能源效率区，中等能源效率区在南方地区以及北方地区南部集中连片呈现。2010年，高能源效率区包括北京、江苏、上海、浙江、福建、广东、海南，集中在北京和东部沿海，呈现连片发展趋势，中等能源效率区在部分中部、西部地区连片呈现，低能源效率区主要在西北地区以及山西、河北、贵州；从南北区位来看，高能源效率区主要集中在南方和北方的京津地区，中等能源效率区在南方地区和东北地区集中连片呈现。2016 年，高能源效率区有北京、天津、上海、福建、广东，进一步集中于京津、长三角、珠三角地区，江苏、浙江掉出高能源效率区，中等能源效率区、低能源效率区呈现连片发展趋势，陕西由中等能源效率区沦落为低能源效率区，西北地区、山西、河北、贵州仍为低能源效率区；从南北区位来看，南方地区的能源效率明显高于北方地区，特别是中等能源效率区在南方地区和东北地区集中连片呈现。整体来看，高能源效率由最初的分散分布逐渐演化为向京津、长三角和珠三角等地区集聚，"西—中—东"阶梯式递增趋势逐步加强，"南—北"递减趋势逐步加强。

综合来看，静态而言，研究年度内中国各地区能源效率表现出较为明显的空间同位特征：高能源效率区主要集中于京津、长三角、珠三角地区，中等能源效率区在中东部地区连片分布，低能源效率区在西部地区连片呈现，能源效率由东向西呈现阶梯式递减的分布情况；从南北方向来看，各地能源效率由南向北呈递减趋势分布，南北分化严重。动态而言，能源效率由最初分布相对分散的状态逐渐演化为东高西低、南高北低的状况。

第三节　能源效率的收敛性分析

一个国家整体的能源效率提高不等于这个国家所有地区的能源效率都得以提高。地区间能源效率差距是区域发展不平衡的重要表现，不仅会影响经济可持续发展，而且不利于中国整体的碳达峰、碳中和目标的实现。因此，正确认识当前区域能源效率发展的新形势，对于当下的中国有重要意义。那么，中国各地区能源效率差距到底有多大？"南北"还是"东西"地区之间能源效率差距大？地区能源效率差距的影响因素有哪些？对上述问题进行解答，不仅能够为后文异质性分析提供分组依据，同时也可以为缩小地区能源效率差距提供政策依据，对于本研究的逐层开展具有重要意义。

一、能源效率收敛的定义

收敛性研究的有关理论源于新古典增长理论，该理论设定生产函数为科布－道格拉斯生产函数，没有投资的预期，因此回避了有保证的经济增长率与实际经济增长率之间的不稳定性。在劳动数量一定的情况下，随着资本存量的增加，资本的边际收益递减规律会使经济增长稳定在一个特定值上。这就意味着，在资本边际递减规律作用下，落后地区比发达地区具有更快的经济增长速度，且能在一定时期内赶上发达地区，从而使经济发展趋于稳定状态，实现不同地区间的经济收敛，也称为"β收敛"。

本书认为能源效率的收敛是指国家或地区之间能源效率的差异逐渐缩小并趋于一个稳态的过程。收敛分析可以分为σ收敛和β收敛。能源效率的σ收敛是指不同国家或地区间能源效率的离差随时间的推移而趋于下降的动态过程；能源效率的β收敛是指当一个能源效率较低的国家或地区具有后发优势，比一个能源效率较高的国家或地区能源效率提高得更快时，那么能源效率较低区域的指标将赶上能源效率较高地区的指标并达到稳态的这一过程。可以看出，能源效率的σ收敛是能源效率β收敛的结果，当不同经济单元的能源效率既满足σ收敛又满足绝对β收敛时，即可认为该经济单元能源效率存在俱乐部收敛。

能源效率具有收敛性包括两种情况：一是高水平收敛，即一个能源效率较低的国家或地区比一个能源效率较高的国家或地区能源效率提高得更快；二是低水平收敛，即一个能源效率较高的国家或地区比一个能源效率较低的国家或地区能源效率下降得更快。因此，虽说能源效率收敛是追求的发展目标，但应该避免出现能源效率低水平收敛。

二、研究方法

(一) 能源效率的 σ 收敛的测度

常见的 σ 收敛的测度方法有泰尔指数法、标准差法等。

泰尔指数法的公式如下：

$$T = \frac{1}{n} \sum_{i=1}^{n} \frac{e_i}{\bar{e}} \ln \frac{e_i}{\bar{e}} \qquad (4.10)$$

其中，n 为样本单元个数；$\bar{e}$ 为能源效率的平均值；e_i 为第 i 个单元的能源效率，其数值越大说明能源效率的差异越大。

求标准差是最为常见的用来衡量数据离散程度的方法，计算公式为：

$$D_t = \sqrt{\frac{1}{n-1} \sum_{i=1}^{n} (e_{it} - \bar{e}_{it})^2} \qquad (4.11)$$

如果对于任意年份 $s(s < t)$，存在 $D_s > D_t$，那么，该样本地区就存在 σ 收敛。

考虑到泰尔指数不仅可以刻画整体差异，还可以分解成组内差异和组间差异，本章将采用泰尔指数法对中国能源效率的 σ 收敛进行测度。

（二）能源效率的 β 收敛的测度

β 收敛可分为绝对 β 收敛与条件 β 收敛。条件 β 收敛是指因不同区域之间具有不同的经济特征，故而具有不同的能源效率从而不存在收敛，只有在模型中控制了这些特征，各区域之间才呈现明显的收敛性；而绝对 β 收敛是即便不控制这些特征也会存在收敛。俱乐部收敛是指在具有相似经济特征的区域间存在着一定的收敛趋势。

根据巴罗和哈维尔（Barro & Xavier，1992）的方法，绝对 β 收敛的回归模型设定如下：

$$\frac{\ln e_{i,t+T} - \ln e_{it}}{T} = \alpha + \beta \ln e_{it} + \varphi_{i,t+T} \tag{4.12}$$

其中，i 表示省份、t 表示年份、T 表示时间跨度，$\ln e_{it}$ 为能源效率的对数值，α 为常数，β 为拟合系数，φ 为随机误差项。当 β 的值显著小于 0 时，说明存在绝对收敛。当 β 的值不显著，但加入某些控制变量后显著且 β 小于 0 时为条件 β 收敛，其模型如下：

$$\frac{\ln e_{i,t+T} - \ln e_{it}}{T} = \alpha_1 + \beta_1 \ln e_{it} + \beta_i X_{it} + \varphi_{i,t+T} \tag{4.13}$$

其中，X_{it} 为一组实现 β 控制变量，其他变量与式（4.12）相同。

三、σ 收敛研究

首先，计算 2003～2016 年中国能源效率的总体泰尔指数、组间（"东—中—西"）泰尔指数、组内泰尔指数，以此来衡量能源效率的总体差异，结果见图 4 - 1 以及表 4 - 5。

由图 4 - 1 可以看出，中国能源效率总体泰尔指数在 2003～2010 年整体呈下降趋势，2011～2016 年平稳回升；整体来看，2003～2016 年呈先逐年递减后略有上升、整体下降的趋势。由表 4 - 5 可以看出，样本期内组内泰尔指数不断下降，组内差异比由 2003 年的 76.74% 下降到 2016 年的 48.21%；而组间泰尔指数却不断上升，组间差异占比由 23. 26% 上升到 51. 80%。总体来看，中国的能源效率差异由组间差距所致。

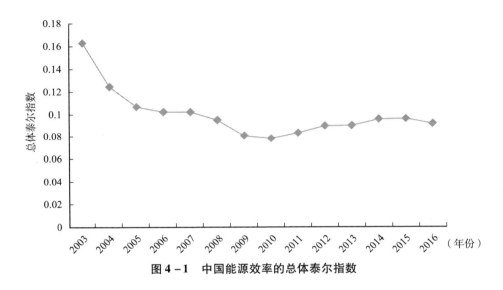

图 4 – 1 中国能源效率的总体泰尔指数

表 4 – 5   中国"东—中—西"能源效率 σ 收敛检验结果

年份	总体泰尔指数	组内泰尔指数	组间泰尔指数	组内差异占比（%）	组间差异占比（%）
2003	0. 1628	0. 12494	0. 03786	76. 74	23. 26
2004	0. 12449	0. 08494	0. 03954	68. 23	31. 76
2005	0. 10673	0. 06602	0. 04071	61. 86	38. 14
2006	0. 10233	0. 06204	0. 04029	60. 63	39. 37
2007	0. 10236	0. 06003	0. 04232	58. 65	41. 34
2008	0. 09523	0. 05106	0. 04417	53. 62	46. 38
2009	0. 08130	0. 04173	0. 04173	51. 33	51. 33
2010	0. 07894	0. 03966	0. 03927	50. 24	49. 75
2011	0. 08400	0. 04116	0. 04284	49. 00	51. 00
2012	0. 09019	0. 04374	0. 04646	48. 50	51. 51
2013	0. 09055	0. 04572	0. 04483	50. 49	49. 51

续表

年份	总体泰尔指数	组内泰尔指数	组间泰尔指数	组内差异占比（%）	组间差异占比（%）
2014	0.09620	0.04430	0.05190	46.05	53.95
2015	0.09670	0.04518	0.04518	46.72	46.72
2016	0.09243	0.04456	0.04788	48.21	51.80

资料来源：笔者根据测度结果自行整理。

其次，为了进一步比较"南北"和"东西"的差异，借鉴已有文献（吴楚豪和王恕立，2020；吕承超、索琪和杨欢，2021）的方法，将研究样本分为南方地区组和北方地区组进行研究。其中，南方地区组包括：江苏、云南、贵州、四川、重庆、广西、广东、湖南、湖北、福建、浙江、上海、安徽、江西、海南；北方地区组包括：新疆、山西、甘肃、吉林、内蒙古、辽宁、河北、宁夏、黑龙江、陕西、北京、河南、天津、山东、青海（见表4-6）。σ收敛检验结果见表4-7。

表 4-6　　　　　　　　　　　　　全国区域划分

分组	省份
北方地区组	新疆、山西、甘肃、吉林、内蒙古、辽宁、河北、宁夏、黑龙江、陕西、北京、河南、天津、山东、青海
南方地区组	江苏、云南、贵州、四川、重庆、广西、广东、湖南、湖北、福建、浙江、上海、安徽、江西、海南
东部地区组	北京、天津、河北、辽宁、吉林、黑龙江、上海、江苏、浙江、福建、山东、广东、海南
中部地区组	山西、河南、安徽、江西、湖北、湖南
西部地区组	内蒙古、广西、重庆、四川、贵州、云南、西藏、陕西、甘肃、青海、宁夏、新疆

资料来源：笔者整理。

表 4-7　　　　　中国"南—北"能源效率 σ 收敛检验结果

年份	总体泰尔指数	组内泰尔指数	组间泰尔指数	组内差异占比（%）	组间差异占比（%）
2003	0.1628	0.1534	0.0094	94.2260	5.7740

续表

年份	总体泰尔指数	组内泰尔指数	组间泰尔指数	组内差异占比（％）	组间差异占比（％）
2004	0.12449	0.10057	0.02392	80.7856	19.2144
2005	0.10673	0.08746	0.01927	81.9451	18.0549
2006	0.10233	0.08195	0.02039	80.0840	19.9257
2007	0.10236	0.08101	0.02135	79.1422	20.8578
2008	0.09523	0.07674	0.0185	80.5838	19.4267
2009	0.0813	0.06692	0.01437	82.3124	17.6753
2010	0.07894	0.06683	0.0121	84.6592	15.3281
2011	0.0840	0.07347	0.01053	87.4643	12.5357
2012	0.09019	0.07503	0.01516	83.1910	16.8090
2013	0.09055	0.07687	0.01367	84.8923	15.0966
2014	0.0962	0.08252	0.01368	85.7796	14.2204
2015	0.0967	0.08308	0.01362	85.9152	14.0848
2016	0.09243	0.08173	0.01071	88.4237	11.5871

资料来源：笔者根据测度结果自行整理。

由表4－7可知，从"南北"来看，中国的能源效率组内差异呈先逐年递减后略有上升、再下降再上升的"W"形趋势；组间差异呈先上升后下降的倒"U"形趋势，拐点出现在2007年。对比表4－5与表4－7，静态来看，"南—北"组间泰尔指数的平均值小于"东—西"组间泰尔指数的平均值，这就表明，"南—北"差异要小于"东—西"差异；相反，"南—北"组内泰尔指数的平均值大于"东—西"组内泰尔指数的平均值，说明了"南"或"北"的组内差异要大于"东""中""西"的组内差异，表明"东—中—西"组内样本更为相似。动态来看，"东—西"组间泰尔指数年均增长率为1.82%，"南—北"组间泰尔指数年均增长率为1.01%，表明"东—中—西"能源效率差异扩大的速度要大于"南—北"能源效率差异扩大的速度；从组内来看，"东—中—西"组内泰尔指数年均下降率为7.62%，"南—北"组内泰尔指数年均下降率为4.73%，表明"东—中—西"组内能源效率差异变小的速度要快于"南—北"组内能源效率差异变小的速度。通过以上分析表明，中国能源效率存在σ收敛。

四、β 收敛检验

(一) 绝对 β 收敛实证结果

为验证中国能源效率的绝对 β 收敛情况，在式（4.12）的基础上，被解释变量采用当期的增长率，即令 $T=1$，则模型变为：

$$\ln(eepi_{i,t+1}/eepi_{it}) = \alpha + \beta\ln(eepi_{it}) + \varphi_{it} \qquad (4.14)$$

考虑到能源效率值有右截断的特征，本书采用更加符合变量数据分布特征的 Tobit 模型，按照前文的分组方式，分别对全国样本、东部地区样本、中部地区样本、西部地区样本以及北方地区样本、南方地区样本进行检验。回归结果如表 4 - 8 所示。

表 4 - 8　　　　　　　　　中国能源效率绝对 β 收敛检验结果

检验结果	全国 (1)	东部 (2)	中部 (3)	西部 (4)	南方 (5)	北方 (6)
lneepi_1	- 0. 149 ** (0. 075)	- 0. 039 (0. 029)	- 0. 433 *** (0. 052)	- 0. 073 *** (0. 026)	- 0. 102 ** (0. 040)	- 0. 251 *** (0. 063)
Cons	- 0. 153 * (0. 083)	- 0. 006 (0. 024)	- 0. 469 *** (0. 067)	- 0. 086 ** (0. 039)	- 0. 081 ** (0. 037)	- 0. 316 *** (0. 088)
N	390	117	130	143	195	195

注：括号内是稳健标准差；***、** 和 * 分别表示在1%、5%和10%的统计水平下显著。回归分析采用 Stata16 软件。

从表 4 - 8 可以看出，全国样本的回归结果 β 值在 1% 的水平下显著，且回归系数等于 - 0. 149，小于 0，表明从全国来看，能源效率趋于绝对 β 收敛；而东部地区回归结果虽然为负，但不显著（P 值仅为 0. 181），无法判断其是否为绝对 β 收敛；中部地区回归系数为 - 0. 433，且在 1% 的水平下显著，表明中部地区能源效率为绝对 β 收敛；西部地区回归系数值为 - 0. 073，且在 1% 水平下显著，表明其能源效率为绝对 β 收敛。从南北方向来看，南方地区样本回归系数为 - 0. 102，且在 1% 的统计水平下显著，表明南方地区能源

效率为绝对 β 收敛；北方地区样本回归系数为 -0.251，且在 1% 的统计水平下显著，表明北方地区能源效率为绝对 β 收敛。因此，中国能源效率具有全局的绝对 β 收敛，但局部地区不存在绝对 β 收敛。

（二）条件 β 收敛实证结果

在绝对 β 收敛模型中，对收敛情况产生影响的仅仅是能源效率的初始水平。但在实际中，除了能源效率的初始水平外，价格因素、结构因素、对外开放程度、政府治理水平等因素也会影响能源效率的变化。为验证中国能源效率的绝对 β 收敛情况，在式（4.12）的基础上，借鉴已有文献（张华明等，2017；李荣杰等，2020；景守武和张捷，2018），加入一组控制变量 X_{it}，包括：能源价格（原材料、燃料动力类购进价格指数）、能源结构（煤炭能源所占的比重）、对外开放程度（外商直接投资）、政府治理（各地《政府工作报告》中与"能源""环境"相关词汇出现的次数）等，模型如下：

$$\ln(eepi_{i,t+1}/eepi_{it}) = \alpha + \beta\ln(eepi_{it}) + \eta_i X_{it} + \varphi_{it} \qquad (4.15)$$

其中，η_i 为控制变量的回归系数，其他变量、参数的内涵及变量算法与式（4.14）相同。能源效率条件 β 收敛检验结果见表4–9。

表4–9　　　　　　　　中国能源效率条件 β 收敛检验结果

变量	全国 （1）	东部 （2）	中部 （3）	西部 （4）	南方 （5）	北方 （6）
ln$eepi\_1$	-0.453 *** （0.026）	-0.230 *** （0.051）	-0.510 *** （0.036）	-0.484 *** （0.055）	-0.396 *** （0.033）	-0.510 *** （0.040）
hc	0.046 *** （0.009）	0.028 *** （0.007）	0.059 *** （0.016）	0.034 ** （0.014）	0.036 *** （0.010）	0.067 *** （0.014）
$estr$	-0.622 *** （0.099）	-0.466 *** （0.144）	-0.305 ** （0.141）	-0.884 *** （0.194）	-0.660 *** （0.107）	-0.555 *** （0.162）
$epri$	-0.003 *** （0.001）	-0.003 *** （0.001）	-0.004 *** （0.001）	-0.002 * （0.001）	-0.003 *** （0.001）	-0.003 *** （0.001）
fdi	0.010 ** （0.005）	-0.003 （0.004）	0.018 ** （0.007）	0.005 （0.013）	0.010 ** （0.005）	0.006 （0.008）
$egov$	0.001 *** （0.000）	0.001 *** （0.000）	0.001 ** （0.000）	0.002 *** （0.001）	0.001 *** （0.000）	0.001 ** （0.001）

变量	全国 （1）	东部 （2）	中部 （3）	西部 （4）	南方 （5）	北方 （6）
Con	− 0. 434 *** （0. 134）	− 0. 048 （0. 130）	− 0. 662 *** （0. 235）	− 0. 511 ** （0. 249）	− 0. 200 （0. 144）	− 0. 832 *** （0. 222）
N	390	117	130	143	195	195

注：括号内是稳健标准差；*** 、** 和 * 分别表示在 1% 、5% 和 10% 的统计水平下显著。

在表 4 - 9 中，列（1）是全国样本的估计结果，β 值为 − 0. 453，且在 1% 的水平下显著，表明从全国来看能源效率会呈现条件 β 收敛的趋势；人力资本、对外开放程度、政府治理回归结果显著为正，表明人力资本、对外开放程度、政府治理均可显著地促进能源效率呈现条件 β 收敛；而能源结构和能源价格的回归结果显著为负，表明煤炭能源占比太高或价格太高都不利于能源效率的收敛。在绝对收敛分析时（见表 4 - 8），东部地区回归系数为负，但是并不显著，无法确定其收敛性。在加入一组变量后，表 4 - 9 列（2）结果表明东部地区能源效率具有条件 β 收敛的特征，与全国层面不同的是，对外开放程度的回归系数为负，且对能源效率的影响并不显著，表明在东部地区，对外开放程度已无法显著地促进能源收敛，其他条件的作用与全国样本相同，影响程度和显著性略有差异。表 4 - 9 列（3）表明，中部地区具有条件 β 收敛的特征，各影响因素的作用与全国样本基本相同，影响程度和显著性略有差异。表 4 - 9 列（4）表明，对于西部地区来说，西部地区能源效率为条件 β 收敛，而对外开放程度回归结果为正，但并不显著，表明西部地区的对外开放程度不足以促进能源效率呈现条件 β 收敛。

从南北分组来看，与全国样本类似，无论是南方地区还是北方地区的能源效率均会呈现出条件 β 收敛的特征，收敛系数分别为 − 0. 396、 − 0. 510，但是对外开放程度无法对北方地区的能源效率的 β 收敛产生显著的影响，而对南方地区的能源效率则可以产生正的显著影响；其他各影响因素的作用与全国样本相同，影响程度和显著性略有差异。

以上能源效率条件 β 收敛结果可能与中国"东—中—西"以及"南—北"的技术差距、人力资本水平、经济发展水平等因素有关，体现了区域发展的不平衡性。总之，回归结果能够表明中国能源效率存在全局及局部的条件 β 收敛的特征。

(三) β 收敛的收敛速度及半生命周期

为了进一步估计能源效率的收敛速度以及低能源效率地区收敛于高能源效率地区所需的半生命周期,借鉴白俊红和刘怡(2020)的做法,分别计算能源效率收敛速度 s 以及半生命周期 τ。所谓能源效率的半生命周期,即假定能源效率均衡水平不变,低能源效率地区按照 β 的速度提升并不断趋于均衡水平,实现其能源效率水平翻番(相对于其初始水平)所需要的年数,也可以理解为消除低能源效率地区与高能源效率地区之间差距的一半所需要的年数。计算公式为式(4.16)、式(4.17):

$$s = -\ln(1+\beta)/T \tag{4.16}$$

$$\tau = \ln(2)/s \tag{4.17}$$

从表 4-10 中可以看出,中国能源效率绝对 β 收敛速度最快的地区是中部地区,消除与高能源效率地区之间差距的一半所需要的年数为 1.222 年,而西部地区则需要 9.144 年;从"南—北"来看,北方地区的能源效率的绝对 β 收敛速度快于南方地区,收敛速度是南方地区的约 2.7 倍。加入一定条件以后,从"东—中—西"来看,收敛速度最快的仍然是中部地区,半生命周期为 0.972 年,西部地区半生命周期为 1.048 年,收敛最慢的是东部地区,半生命周期为 2.652 年;从"南—北"来看,北方地区的收敛速度仍然快于南方地区。

表 4-10　　　　中国能源效率 β 收敛的收敛速度及半生命周期

区域		全国	东部	中部	西部	南方	北方
绝对收敛	收敛性	收敛	不收敛	收敛	收敛	收敛	收敛
	β 值	-0.149**	-0.039	-0.433***	-0.073***	-0.102**	-0.251***
	收敛速度	0.161		0.567	0.076	0.108	0.289
	半生命周期	4.296		1.222	9.144	6.443	2.398
条件收敛	收敛性	收敛	收敛	收敛	收敛	收敛	收敛
	β 值	-0.453***	-0.230***	-0.510***	-0.484***	-0.396***	-0.510**
	收敛速度	0.603	0.261	0.713	0.662	0.504	0.713
	半生命周期	1.149	2.652	0.972	1.048	1.375	0.972

注:括号内是稳健标准差;***、** 和 * 分别表示在 1%、5% 和 10% 的统计水平下显著。

纵向比较，加入一定条件以后，对于全国来说，半生命周期从 4.296 年缩短到 1.149 年；东部地区的能源效率由不收敛变为收敛，半生命周期为 2.652 年；中部地区收敛速度有所提升，但提升不大；西部地区最为明显，收敛速度是原来的约 8.7 倍。同时，从"南—北"来看，南方地区的条件 β 收敛速度提高为绝对 β 收敛的约 4.7 倍；北方地区条件 β 收敛速度提高为绝对 β 收敛的约 2.5 倍。

（四）β 收敛稳健性检验

为了验证绝对 β 收敛与条件 β 收敛的稳健性，本书采用更换变量法进行验证。具体为：采用含有非期望产出的 SBM – DEA 模型计算中国各地区的能源效率（ee），并作为替换变量，采用与前文相同的 Tobit 模型进行检验，回归结果见表 4 – 11。

表 4 – 11 中国能源效率绝对 β 收敛的稳健性检验

变量	全国 （1）	东部 （2）	中部 （3）	西部 （4）	南方 （5）	北方 （6）
$lnee\_1$	-0.572^{***} （0.042）	-0.020^{**} （0.010）	-0.504^{***} （0.061）	-0.533^{***} （0.061）	-0.054^{***} （0.014）	-0.635^{***} （0.059）
$Cons$	-0.253^{***} （0.043）	-0.001 （0.003）	-0.248^{***} （0.059）	-0.284^{***} （0.034）	-0.018^{***} （0.007）	-0.341^{***} （0.073）
N	390	117	130	143	195	195

注：括号内是稳健标准差；***、** 和 * 分别表示在 1%、5% 和 10% 的统计水平下显著。

含有非期望产出的 SBM 模型的能源效率计算方法为式（4.18）~ 式（4.20）。

$$\phi^* = \min \frac{1 - (1/m) \sum_{i=1}^{m} (\bar{s}_{i0}/x_{i0})}{1 + [1/(s_1 + s_2)] [\sum_{r1=1}^{s1} (s_{r10}^g/y_{r20}^g) + \sum_{r2=1}^{s2} (s_{r20}^b/y_{r20}^b)]} \quad (4.18)$$

$$\text{s. t.}$$

$$x_0 = X\lambda + \bar{s}_0$$

$$y_0^g = Y^g \lambda - s_0^g$$

$$y_0^b = Y^b \lambda - s_0^b$$

$$\bar{s}_0 \geqslant 0, \ s_0^g \geqslant 0, \ s_0^b \geqslant 0, \ \lambda \geqslant 0 \qquad\qquad (4.19)$$

通过以上模型可计算出各个要素的松弛变量值，定义能源效率为：

$$ee = \frac{TEI}{REI} = \frac{REI - Es}{REI} = 1 - \frac{Es}{REI} \qquad\qquad (4.20)$$

其中，ee 为能源效率，TEI 为目标能源投入，REI 为实际能源投入，Es 为能源投入的松弛量。

可以看出，与前文能源效率绝对 β 收敛回归结果不同的是东部地区的显著性，但前文回归系数的 P 值仅为 0.181，且符号方向均为负；其余样本区间的显著性及方向均相同。这表明了中国能源效率绝对 β 收敛这一结论的稳健性。表 4 - 12 是能源效率条件 β 收敛的稳健性检验结果，从中可以看出，东部地区回归结果并不显著，但是方向与前文检验结果相同，其他各样本区间均与前文检验结果相同。总的来说，仍说明中国能源效率存在条件 β 收敛。

表 4 - 12　　　　　　　中国能源效率条件 β 收敛的稳健性检验

变量	全国 （1）	东部 （2）	中部 （3）	西部 （4）	南方 （5）	北方 （6）
lnee_ 1	- 0.547 *** （0.043） （0.009）	- 0.024 （0.023） （0.003）	- 0.462 *** （0.063） （0.018）	- 0.669 *** （0.076） （0.015）	- 0.158 *** （0.022） （0.006）	- 0.590 *** （0.064） （0.015）
estr	- 0.259 *** （0.099）	- 0.002 （0.054）	- 0.250 * （0.151）	- 0.413 * （0.213）	- 0.159 *** （0.049）	- 0.336 * （0.179）
epri	- 0.000 （0.001）	- 0.000 （0.000）	- 0.001 （0.001）	0.000 （0.001）	- 0.001 （0.001）	- 0.000 （0.001）
fdi	0.015 *** （0.005）	0.000 （0.002）	0.021 *** （0.008）	0.019 （0.014）	0.012 *** （0.003）	0.016 * （0.009）
egov	0.001 ** （0.000）	0.000 （0.000）	0.001 （0.001）	0.001 （0.001）	0.000 ** （0.000）	- 0.000 （0.001）
Cons	- 0.292 ** （0.134）	0.013 （0.052）	- 0.069 （0.258）	- 0.522 ** （0.254）	- 0.104 （0.096）	- 0.416 * （0.240）

变量	全国 (1)	东部 (2)	中部 (3)	西部 (4)	南方 (5)	北方 (6)
N	390	117	130	143	195	195

注：括号内是稳健标准差；***、**和*分别表示在1%、5%和10%的统计水平下显著。

此外，一般认为如果不同经济单元既满足 σ 收敛又满足绝对 β 收敛，即认为该经济单元存在俱乐部收敛。通过以上分析看出，从"东—中—西"来看，中部地区和西部地区均存在俱乐部收敛，东部地区不存在俱乐部收敛；从"南—北"来看，南方地区和北方地区均存在俱乐部收敛。

第四节 特征事实分析

本节将在前文内容的基础上，基于特征事实分析，使人力资本与能源效率之间建立直接联系，分析两个主要变量的特征事实，并分样本考察主要经济带、各省市样本中两个主要变量的特征事实，以期为后续的实证研究奠定基础。

一、样本整体特征

首先，绘制研究期内全样本的能源效率、人力资本的散点图及拟合曲线，如图4-2所示。可以看出，能源效率在0.8~1.0之间较为零散，在0.2~0.6之间呈现出明显的集聚态势，但仍可以看出人力资本和能源效率存在正相关关系。同时，图中向右上方倾斜的拟合曲线，体现了人力资本与能源效率之间表现出同方向变化的特征。由此，进一步推断人力资本可以对能源效率提升起到积极作用。

二、主要经济带特征

为考察不同经济带的人力资本与能源效率的变化趋势，本书按照前文的分组方式，将样本分为东部、中部、西部，计算其地区均值，由于人力资本水平值相较于能源效率值来说较大，为了作图明显，将所有人力资本值缩小 10 倍，结果如图 4 – 3 所示。

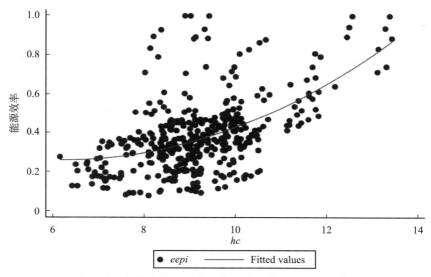

图 4 – 2　全样本能源效率、人力资本散点图及拟合曲线

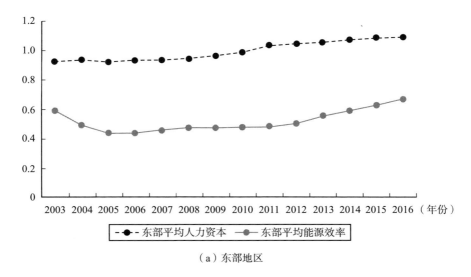

（a）东部地区

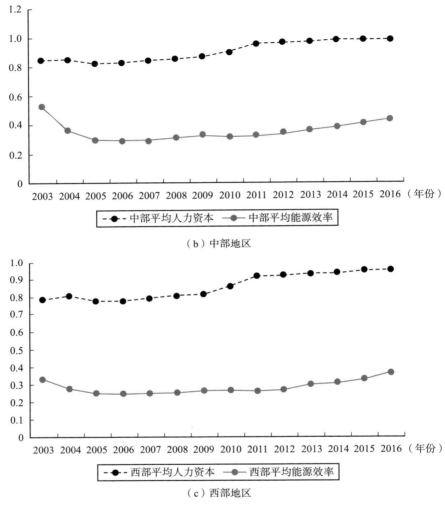

（b）中部地区

（c）西部地区

图4-3　东中西部人力资本与能源效率变化趋势

从图4-3中可以看出，东部地区平均人力资本在2005年略有下降，随后一直呈上升趋势；而能源效率先下降，2006年后略有上升，2008年开始又下降，2011年开始一直上升，呈"W"形趋势；但总的来说，东部地区人力资本呈上升趋势，年均增长率为1.28%，东部地区能源效率同样呈上升趋势，年均增长率为0.97%。这表明东部地区人力资本与能源效率共同演进趋势明显。中部地区人力资本同样在 2005 年略有下降，之后一直上升，2011 年后增速放缓，总体年均增长率为 1.16%；中部地区能源效率先下降，且下降幅度较大，2006 年开始略有反弹，2010 年略有下降，随后一直增长，呈"W"形趋势，整体来看，呈下降趋势，年均增长率为 – 1.54%。总的来说，2006 年以后，中部地区人力资本与能源效率共同演进趋势明显。对于西部地区，人力资本整体呈上升趋势，年均增长率为 1.49%；西部地区能源效率同样呈先下降后上升、再下降再上升的趋势，整体看呈上升趋势，呈"W"形趋势，年均增长率为 0.74。这表明西部地区人力资本与能源效率共同演进趋势明显。

为了考察南北地区的人力资本与能源效率的变化趋势，按照同样的方法绘制南北地区人力资本与能源效率趋势图，如图 4 – 4 所示。从南北来看，南方地区人力资本先下降后一直提升，整体看呈上升趋势，年均增长率为 1.37%；南方地区能源效率先下降后略有上升，再略有下降后一直提升，呈"W"形趋势，整体来看呈上升趋势，年均增长率为 0.48%。总的来说，南方地区两者有着共同的演进趋势。北方地区人力资本同样先下降后一直提升，整体看呈上升趋势，年均增长率为 1.31%；北方地区的能源效率同样先下降后上升，整体呈上升趋势，年均增长率为 0.31%。这表明北方地区人力资本与能源效率有共同演进趋势。

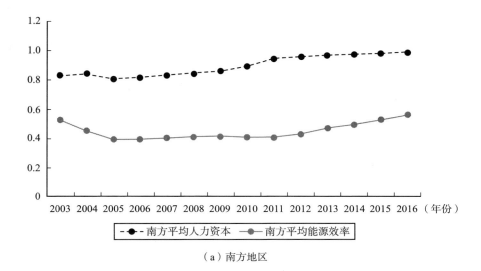

（a）南方地区

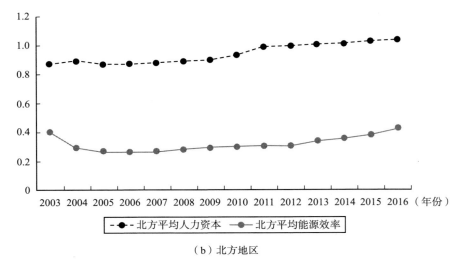

（b）北方地区

图 4 - 4　南北人力资本与能源效率变化趋势

三、中国内地 30 个省份特征

图 4 - 5 为各省份人力资本与能源效率趋势对比图。可以看出，绝大多数地区的人力资本与能源效率存在正相关关系，即人力资本水平较高的地区能源效率也高。但也有一些地区，例如山西、黑龙江、江西、山东、河南、湖北、陕西、青海、宁夏等存在人力资本与能源效率趋势相反或相关性不明显的现象。其中，山西、河南、江西、湖北均属于中部地区，过去十余年一直被定位为"三基地一枢纽"，产业结构以重工业为主，能源产业是主导产业之一；黑龙江、陕西为典型的资源型地区。所以，从内地 30 个省份的特征事实来看，人力资本和能源效率表现出一定趋同性，但也有异质性；从异质性结果的样本来看，既有资源丰裕程度的差异，又有区位差异。

综上所述，从样本整体的特征事实来看，人力资本可能会对能源效率提升起到积极作用，但从主要经济带、各省份样本对比来看，二者间关系可能会表现出一定的异质性。因此，有必要在分析人力资本与能源效率一般关系的同时进行异质性分析，以从不同视角剖析二者间的作用关系。

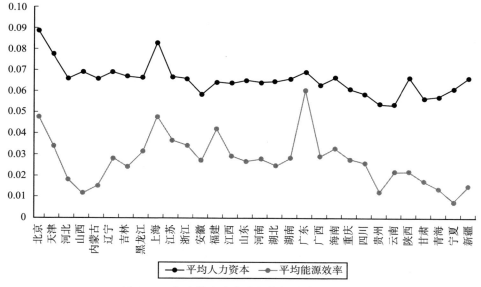

图 4-5　各省份人力资本与能源效率趋势对比

第五节　小　　结

本章首先对中国 30 个省份 2003~2019 年的人力资本水平进行了估算，并对人力资本时空格局进行了分析。静态而言，样本期内中国人力资本水平表现出较为明显的空间同位特征：高人力资本区主要集中于东部的环渤海、长三角、珠三角地区，较高人力资本区与较低人才集聚区在中部地区交错分布，低人力资本区在西部地区连片呈现，人力资本水平由东向西呈现阶梯式递减的分布情况；动态而言，人力资本由最初分布相对分散的状态逐渐演化为以环渤海、长三角和珠三角地区为中心并向中部部分省份延伸的状态，"东—中—西"人力资本水平阶梯式递减趋势加强，且人力资本的演进具有马太效应的特点。

其次，对能源效率的测度方法进行了介绍，在此基础上，测度了中国各地区 2003~2016 年的能源效率，并对能源效率的时空格局进行了分析，对分区域能源效率进行了比较。静态而言，研究年度内中国各地区能源效率表现出较为明显的空间同位特征：高能源效率区主要集中于京津、长三角、珠三角地区，中等能源效率区在中、东部地区连片分布，低能源效率区在西部地区连片呈现，能源效率由东向西呈现阶梯式递减的分布情况，从南北方向来看，各地能源效率由南向北呈递减趋势分布；动态而言，能源效率由最初分布相对分散的状态逐渐演化为东高西低、南高北低的状况。

　　最后，对中国能源效率的 σ 收敛和 β 收敛进行了分析。σ 收敛研究发现，中国能源效率存在 σ 收敛。静态来看，中国能源效率"南北"差异要小于"东西"差异；"南"或"北"的组内差异要大于"东""中""西"的组内差异。动态来看，"东—西"组间泰尔指数年均增长率为 1.82%，"南—北"组间泰尔指数年均增长率为 1.01%，表明"东—中—西"能源效率差异扩大的速度要大于"南—北"能源效率差异扩大的速度；从组内来看，"东—中—西"组内泰尔指数年均下降率为 7.62%，"南—北"组内泰尔指数年均下降率为 4.73%，表明"东—中—西"组内能源效率差异变小的速度要快于"南—北"组内能源效率差异变小的速度。β 收敛研究发现，中国能源效率存在绝对 β 收敛和条件 β 收敛。绝对 β 收敛速度最快的地区是中部地区，消除与高能源效率地区之间差距的一半所需要的年数为 1.222 年，而西部地区则需要 9.144 年；从"南—北"来看，北方地区的能源效率的绝对 β 收敛速度快于南方地区，收敛速度是南方地区的约 2.7 倍。条件 β 收敛速度从"东—中—西"来看收敛速度最快的仍然是中部地区，半生命周期为 0.972 年，西部地区半生命周期为 1.048 年，收敛速度最慢的是东部地区，半生命周期为 2.652 年；从"南—北"来看，两者收敛速度相差不大，半生命周期分别为 1.375 年、0.972 年，但北方地区的收敛速度仍然快于南方地区。从"东—中—西"来看，中部地区和西部地区均存在俱乐部收敛，东部地区不存在俱乐部收敛；从"南—北"来看，南方地区和北方地区均存在俱乐部收敛。特征事实分析初步可以说明人力资本和能源效率有共同演进趋势，但也会表现出一定的异质性。

第 五 章

人力资本对能源效率影响的实证检验

本章在第三章提出的机理分析的基础上，首先构建模型，并对可能存在的内生性问题进行分析，并为本研究寻找合适的工具变量，以中国内地 30 个省份 2003～2016 年的面板数据为样本数据，定量分析人力资本对能源效率的影响，并进行异质性分析，形成结论。在此基础上，对检验结果进行分析讨论。

第一节　研究设计

一、模型构建

首先，考虑到能源效率数据数值范围在 [0，1]，可能具有截断、受限的特点，且固定效应的 Tobit 模型不易进行条件最大似然估计，可能会出现估计固定效应估计量结果不一致的情况。所以，考虑构建随机效应的 Tobit 面板模型。

其次，如果构建普通的 Tobit 面板模型，就可能存在内生性问题。原因可能在于：一是反向因果，二是遗漏变量。第一，前文已述，人力资本可以影响能源效率，但作为投入要素，能源与人力资本存在互补性，能源效率的提升也会影响到人力资本的配置，所以，能源效率也与人力资本可能互为因果；第二，模型构建时难免有遗漏变量，如果遗漏变量与残差项相关，就会导致内生性问题，而内生性问题会导致估计有偏。

最后，为核心解释变量（人力资本）选取有效的工具变量，是减小因内生性问题而引起的估计偏误的重要途径之一。所寻找的工具变量要与内生变量（人力资本）高度相关，但是又不影响被解释变量（能源效率）。基于此，本书选取各地博物馆文物藏品数这一变量作为人力资本的工具变量，其有效性可分析如下。

首先，一方面，博物馆文物藏品数可体现该地区历史时期经济社会发展程度，与人力资本相关，其原因主要有两点：一是文物数量可体现该地区历史时期经济社会发展程度，文物数量较多的地区经济社会发展程度较高；二是当时的人才、创业者和富人向该地区集聚，待完成资本积累后，为了改变身份和保护家产（韩茂莉和胡兆量，1998）会重视其二代、三代的教育，较为发达的地区的人们基于上述原因，会在长期的历史发展中自发产生一种内在规则，即形成重视教育的"自发社会秩序"（哈耶克，1997），具有演进稳定性。所以，一般而言，古代较为富庶的地区更重视教育，而古代重视教育的地区，现阶段人民受教育水平也高。如清代延续了 206 年的科举制度产生进士人数前两名分别是江苏、浙江（李润强，2005），而截至 2019 年底，当选为中国科学院和中国工程院院士的科学家，按籍贯和出生地排名，排前两名仍然是江苏和浙江（唐家龙，2021）。另一方面，博物馆具有教育职能，而数量大、内涵丰富的馆藏文物可以针对不同年龄、不同层次、不同群体的需求，更好地履行全方位的教育功能（单霁翔，2010；焦丽丹，2018）。另外，一般来说，博物馆主要集中收藏了当地的重要珍贵文物，国有文物收藏单位虽然可以通过调拨的方式获得文物，但依照《中华人民共和国文物保护法》，只有国务院文物行政部门可以调拨全国的国有馆藏文物，省级文物行政部门可以调拨本行政区域内其主管的国有文物收藏单位馆藏文物。因此，博物馆文物藏品数与人力资本相关。

其次，工具变量的外生性要求博物馆藏品数与能源效率不相关。一个担忧在于：能源、环保主题的博物馆会普及能源有关的科学技术知识、增强居民环保意识，从而影响能源效率。为此，本书通过国家政务服务平台国家文物局窗口[①]查询与能源、环保有关的关键词，结果发现，截至 2019 年底，在全国 5132 家博物馆中仅山西有一家中国煤炭博物馆，故这一问题并不突出。所以，可以认为博物馆藏品数与能源效率不相关。综上所述，本书选取的工具变量能满足相关性和外生性要求。

所以，基于上述理由，设定 IV – Tobit 模型如下：

---

① 国家政务服务平台（www.gov.cn）。

$$hc_{it} = \beta_0 + \beta_1 \ln ww_{it} + \beta_i Contr_{it} + u_i + v_i + \varepsilon_{it}' \tag{5.1}$$

$$eepi_{it}^* = \alpha_0' + \alpha_1' hc_{it} + \alpha_i' Contr_{it} + u_i' + v_i' + \varepsilon_{it}'' \tag{5.2}$$

$$eepi_{it} = \begin{cases} eepi_{it}^*, & if,\ 0 < eepi_{it} \leqslant 1 \\ 0, & if,\ eepi_{it} > 1 \\ 0, & if,\ eepi_{it} < 0 \end{cases} \tag{5.3}$$

式（5.1）、式（5.2）、式（5.3）共同组成了 Ⅳ – Tobit 模型。其中，式（5.1）为第一阶段辅助回归模型，式（5.2）为第二阶段主回归模型；t 表示年份，i 表示各省份；能源效率为被解释变量，$eepi_{it}$ 为因变量的观察值，$eepi_{it}^*$ 为潜变量；人力资本（hc_{it}）为核心解释变量；$Contr_{it}$ 为一组控制变量，包括：能源价格（$epri_{it}$）、能源结构（$estr_{it}$）、外商直接投资（fdi_{it}）、要素错配程度（$\tau_{L_{it}}$）；$\ln ww_{it}$ 表示工具变量，为地区博物馆文物数量的对数值；ε_{it} 为随机误差；β_i、α_i' 为相应模型的估计系数。

同时，为了验证普通 Tobit 面板模型是否会存在内生性问题，本书也构建普通的 Tobit 面板模型，形式如下。

$$eepi_{it}^* = \alpha_0 + \alpha_1 hc_{it} + \alpha_i Contr_{it} + \varepsilon_{it} \tag{5.4}$$

$$eepi_{it} = \begin{cases} eepi_{it}^*, & if,\ 0 < eepi_{it} \leqslant 1 \\ 0, & if,\ eepi_{it} > 1 \\ 0, & if,\ eepi_{it} < 0 \end{cases} \tag{5.5}$$

以上模型中，α_i 为一组估计系数，其余变量内涵与 Ⅳ – Tobit 模型相同。

二、变量说明

（一）被解释变量

被解释变量是能源效率，为全要素能源效率，计算方法为第四章式（4.2）~式（4.9），指标选取与第四章第二节相同。

（二）核心解释变量

核心解释变量是人力资本，该变量为核心解释变量，测度公式为式（4.1），指标选取与第四章第一节相同。

（三）工具变量

工具变量是博物馆文物的数量，该变量为工具变量，其合理性已在第五章第一节论述，在此不再赘述。由于数据值较大，回归时取对数处理。

（四）控制变量

1. 能源价格

学者（冯烽，2013；郭正权、张兴平等，2018）研究表明，能源价格上涨会通过要素的替代效应提高能源效率。能源价格越高越能敦促企业增强节能意识，促进技术向节能、环保方向变革，有利于提高能源效率。但能源价格对能源效率的影响也会存在异质性，一方面，基于能源成本的考虑，地区会提高能源效率，但对于资源型地区，可能会因能源价格上涨而促使能源产业粗放式增长，虹吸资本等要素，对其他产业产生一定的挤出，因此能源效率会降低；另一方面，资本回报率过高会致使能源企业不追求技术创新，反而不利于能源企业能源效率提升。鉴于中国各地区能源价格数据的可获得性，本书采用原材料、燃料动力类购进价格指数作为能源效率的替代变量。

2. 能源消费结构

能源消费结构是影响能源效率的重要因素，学术界一般采用煤炭和焦炭在能源消费中占的比重来衡量能源结构，受能源转换效率限制，如果该比重较大，则能源效率较低。该指标的计算方法如下。

首先，将各种能源折算为标准煤，计算方法为式（5.6）：

$$ESC_i = E_i \times sf_i \tag{5.6}$$

其中，i 表示能源种类，ESC_i 表示某能源 i 的标准煤量，E_i 表示能源 i 的消费量，sf_i 为能源 i 的标准煤折算系数，该系数来源于中华人民共和国国家标准《国家能耗计算通则》（GB/T 2589 – 2008）。能源种类包括：天然气、焦炉煤气、其他煤气、液化石油气、炼厂干气、汽油、煤油、柴油、原油、燃料油、其他焦化产品、电力、其他石油制品、焦炭、热力、其他能源；对应的折算系数分别为：13.3、6.143、3.5701、1.7143、1.5714、1.4714、1.4714、1.4571、1.4286、1.4286、1.3、1.229、1.2、0.9714、0.0341。其中，其他能源折算系数按 0 计算。

其次，将原煤、洗精煤、其他洗煤、型煤、焦炭、焦炉煤气、其他煤气七类能源消费量所折算的标准煤消费量求和，并计算其所占所有能源消费量的比重。

将各类能源消费折算为标准煤后，求出煤炭和焦炭在能源消费中占的比重即为本书的能源消费结构指标。

3. 要素错配

要素错配会造成资源配置无效率，减小要素错配程度可提高能源效率。借鉴白俊红和刘宇英（2018）的方法，按照式（5.7）~式（5.12）对劳动力错配指数 τ_{L_i} 和资本错配指数 τ_{K_i} 分别进行测度，具体如下：

$$\gamma_{K_i} = \frac{1}{\tau_{K_i}} \tag{5.7}$$

$$\gamma_{L_i} = \frac{1}{\tau_{L_i}} \tag{5.8}$$

γ_{K_i}、γ_{L_i} 为要素价格绝对扭曲系数，实际计算中用价格相对扭曲系数代替，计算方法如下：

$$\hat{\gamma}_{K_i} = \left(\frac{K_i}{K} \right) \bigg/ \left(\frac{s_i \beta_{K_i}}{\beta_K} \right) \tag{5.9}$$

$$\hat{\gamma}_{L_i} = \left(\frac{L_i}{L} \right) \bigg/ \left(\frac{s_i \beta_{L_i}}{\beta_L} \right) \tag{5.10}$$

其中，$s_i = \frac{p_i y_i}{Y_i}$ 表示地区 i 的产出 y_i 占整个经济体产出 Y 的份额，$\beta_K = \sum_i^N s_i \beta_{K_i}$ 表示产出加权的资本贡献值，$\frac{K_i}{K}$ 表示地区 i 使用的资本占资本总量的实际比例，而 $\frac{s_i \beta_{K_i}}{\beta_K}$ 是地区 i 资本有效配置时，使用资本的理论比例。

要计算资本错配指数 τ_{K_i} 和劳动力错配指数 τ_{L_i}，必须先估计出各地区的资本和劳动的要素产出弹性 β_K 和 β_L。

假设地区生产函数为 C – D 产生函数且规模报酬不变，具体形式如下：

$$Y_{it} = AK_{it}^{\beta_{K_i}} L_{it}^{1-\beta_{L_i}} \tag{5.11}$$

两边同时取自然对数可得：

$$\ln(Y_{it}/L_{it}) = \ln A + \beta_{K_i}\ln(Y_{it}/L_{it}) + \omega_i + \lambda_i + \varepsilon_{it} \tag{5.12}$$

求解中所需的产出变量、资本投入量、劳动投入量与第四章第二节相同。考虑到劳动力和资本具有一定的替代性，本书只采用劳动力错配指数 τ_{L_i} 作为要素错配的代理变量。

4. 外商直接投资

外商直接投资（FDI）是衡量对外开放程度的重要指标。一般认为 FDI 对能源效率有促进作用，其影响路径包括技术溢出效应（张贤和周勇，2007；郑翔中和高越，2019）、规模效应以及结构效应（Hübler & Keller，2010）等。但有的学者（Shofwan & Fong，2012；Walter & Ugelow，1979）认为外商直接投资会存在"污染避难所效应"，因而 FDI 对能源效率的影响可能具有异质性。本书采用实际利用外商直接投资额与 GDP 的比率作为 FDI 变量。

三、数据来源与统计性描述

基于二氧化碳数据的可获得性，最终确定研究样本为 2003～2016 年中国内地 30 个省份（不含西藏自治区）。指标计算所用到的煤炭、焦炭使用量来源于相应年份的《中国能源统计年鉴》；全国各地区就业人员受教育程度构成来源于相应年份的《中国劳动统计年鉴》；年末就业人数、全社会固定资产投资、国内生产总值、国内生产总值指数、固定资产投资价格指数来源于相应年份的《中国统计年鉴》；非期望产出二氧化碳数据来源于 Wind 数据库，部分数据从国家统计局网站或 EPS 数据平台下载，资本投入量计算方法与第四章第二节相同。个别缺失数据做插值处理。为确保数据具有纵向可比性，在变量计算时用到的国内生产总值、资本投入量等数据均以 2000 年为基期折算成现值。表 5 - 1 是主要变量的统计性描述。

表 5 - 1 　　　　　　　　　　主要变量描述性统计

变量	观测值	均值	标准差	最小值	最大值
能源效率 eepi	420	0.3827787	0.1862627	0.081937	1
人力资本 hc	420	9.175833	1.232735	6.162	13.4405
能源价格 epri	420	103.2964	8.386978	68.3	132.9
能源结构 estr	420	0.3215553	0.1165254	0.0526914	0.7390844
要素错配程度 tl	420	0.3182343	1.399561	−0.938294	6.32162
外商直接投资 fdi	420	2.345994	1.995637	0.00401	10.5116
博物馆文物数量 lnww	420	12.86386	0.965669	10.24523	15.25058

资料来源：笔者统计。

第二节 实证结果分析及稳健性检验

一、实证结果分析

(一) IV - Tobit 模型回归结果

前文已分析，潜在的内生性问题可能会造成估计偏误，且能源效率数据可能会出现截断、受限的特点。为此，以各地博物馆文物藏品数作为工具变量在 IV - Tobit 模型中进行回归。在 Stata16 中采用 weakiv 命令对 IV - Tobit 回归进行检验，Wald 检验的 chi2(1) = 45.41、P 值为 0.0000，AR 检验的 chi2(1) = 87.23、P 值为 0.0000，拒绝了"内生变量与工具变量不相关"原假设，说明不具有弱工具变量的问题；工具变量数为 1，无须过度识别检验。表 5 - 2、表 5 - 3 分别为 IV - Tobit 模型一阶段和二阶段的回归结果。

表 5 - 2　　　　　　　　　IV - Tobit 估计的一阶段回归结果

变量	被解释变量：人力资本			
	(1)	(2)	(3)	(4)
lnww	0.553 *** (0.056)	0.467 *** (0.049)	0.389 *** (0.043)	0.388 *** (0.044)
$epri$		− 0.024 *** (0.006)	− 0.030 *** (0.005)	− 0.030 *** (0.005)
$estr$		− 4.369 *** (0.405)	− 2.886 *** (0.372)	− 2.868 *** (0.383)
tl			0.365 *** (0.031)	0.365 *** (0.031)
fdi				0.004 (0.021)

变量	被解释变量：人力资本			
	（1）	（2）	（3）	（4）
Cons	2.060 ***	7.086 ***	8.098 ***	8.110 ***
	(0.724)	(0.962)	(0.838)	(0.840)

注：括号内是稳健标准差；*** 、** 和 * 分别表示在1%、5%和10%的统计水平下显著。回归分析采用 Stata16 软件。

表 5 – 3   **IV – Tobit 估计的二阶段回归结果**

变量	被解释变量：能源效率 *EEPI*			
	（1）	（2）	（3）	（4）
hc	0.149 ***	0.158 ***	0.183 ***	0.169 ***
	(0.017)	(0.021)	(0.026)	(0.024)
epri		0.003 **	0.005 ***	0.004 **
		(0.001)	(0.002)	(0.001)
estr		− 0.135	− 0.247 **	− 0.199 *
		(0.123)	(0.113)	(0.106)
tl			− 0.054 ***	− 0.049 ***
			(0.013)	(0.012)
fdi				0.021 ***
				(0.005)
Cons	− 0.985 ***	− 1.351 ***	− 1.678 ***	− 1.506 ***
	(0.154)	(0.320)	(0.384)	(0.362)

注：括号内是稳健标准差；*** 、** 和 * 分别表示在1%、5%和10%的统计水平下显著。回归分析采用 Stata16 软件。

    表 5 – 2 列（4）的回归结果显示，lnww 的回归系数为 0.388，且在 1% 的统计水平下显著，表明博物馆文物藏品数与人力资本具有显著的正相关关系，验证了工具变量 lnww 与人力资本的相关性。

    表 5 – 3 列（1）~ 列（4）为分步加入控制变量后的回归结果，结果显示人力资本回归系数均在 1% 水平下显著为正，而且列（1）~ 列（4）回归系数

分别为 0.149、0.158、0.183、0.169，系数先微弱增加，后略有变小，变化并不显著，这就表明因变量遗漏而产生的内生性问题并不严重，但仍然存在这一问题。同样，从列（4）来看，人力资本回归系数为 0.169，且高度显著；对于控制变量，能源价格回归系数为 0.004，在 5% 的水平下显著，表明能源价格提高虽然有利于提升能源效率，但作用较弱，能源价格每提高 1 个百分点，能源效率只能提升 0.4 个百分点；能源结构回归系数为 -0.199，在 10% 的统计水平下显著，表明如果能源消费中煤炭和焦炭占比较高，就会抑制能源效率的提升；要素错配程度回归系数为 -0.049，且高度显著，表明要素错配程度会抑制能源效率的提升，本书进一步采用劳动力错配指数作为要素错配的代理变量，表明劳动力错配程度每增加 1 个百分点能源效率会损失 4.9%；而外商直接投资的回归系数为 0.021，且高度显著，表明外商直接投资对能源效率的提升有正向显著影响。

（二）Tobit 模型回归结果及与 IV - Tobit 模型回归结果的对比分析

对普通 Tobit 模型式（5.4）、式（5.5）进行回归。表 5 - 4 报告了 Tobit 模型的回归结果，由列（4）可知，核心解释变量人力资本系数为 0.031，且在 1% 的统计水平下显著。对于控制变量，能源价格的回归系数为 -0.001，在 5% 的统计水平下显著，与 IV - Tobit 模型回归结果相反；能源结构回归结果为 -0.456，且在 1% 的统计水平下显著；要素错配程度在 1% 的统计水平下显著，回归系数为 -0.068；外商直接投资的回归系数为 0.017，且高度显著。

表 5 - 4　　　　　　　　　　　　Tobit 模型回归结果

变量	被解释变量：能源效率 EEPI			
	（1）	（2）	（3）	（4）
hc	0.049 *** (0.006)	0.018 ** (0.008)	0.021 *** (0.007)	0.031 *** (0.008)
epri		-0.002 *** (0.001)	-0.001 ** (0.001)	-0.001 ** (0.001)
estr		-0.543 *** (0.087)	-0.487 *** (0.087)	-0.456 *** (0.086)

变量	被解释变量：能源效率 *EEPI*			
	（1）	（2）	（3）	（4）
tl			−0.066 *** （0.015）	−0.068 *** （0.015）
fdi				0.017 *** （0.004）
Cons	−0.065 （0.063）	0.573 *** （0.123）	0.510 *** （0.122）	0.360 *** （0.125）

注：括号内是稳健标准差；*** 、** 和 * 分别表示在1%、5% 和10% 的统计水平下显著。回归分析采用 Stata16 软件。

对比表 5 - 3 与表 5 - 4 发现，虽有一定共性，但差异仍然明显。首先，Tobit 模型和Ⅳ - Tobit 模型的回归结果均能证明人力资本能够正向显著地促进能源效率提升，但是普通 Tobit 模型回归结果显示，人力资本每提升 1 个百分点，能源效率能提升 3.1%，而Ⅳ - Tobit 模型的回归结果显示，人力资本每提高 1 个百分点，能源效率能提高 16.9%，这就表明在内生性问题的影响下，Tobit 模型严重低估了人力资本对能源效率的影响程度；其次，Ⅳ - Tobit 模型与 Tobit 模型在逐步加入控制变量过程中结果存在一定变化，但是变化并不明显，这就表明存在遗漏变量的问题，但是由变量遗漏产生的内生性问题并不严重。总之，普通 Tobit 模型在内生问题影响下存在估计偏误，Ⅳ - Tobit 模型更适合本书的研究。

二、稳健性检验

为验证人力资本对能源效率影响实证结果的可靠性与稳健性，本书采用以下方法进行稳健性检验。

（一）更换核心解释变量

为了检验由度量指标选择带来的偏误对回归结果的影响，本书首先采用更换变量法进行稳健性检验。主回归中人力资本（*hc*）采用前文第四章第一节的测量方法，除此之外，还可以采用分地区就业人员受教育程度本科以上比例作为人力资本替代变量（*hc*2），前者体现的是人力资本存量的内涵，后者可体现人力资本结构，当然，两者均可体现人力资本水平；其余变量不变，仍然采用工具变量法回归，Wald 检验的 chi2（1）=35.19、*P* 值为 0.0000，AR 检验的 chi2（1）=87.20、*P* 值为 0.0000，拒绝了"内生变量与工具变量不相关"的原假设，说明不具有弱工具变量的问题；工具变量数为 1，无须过度识别检验。

更换人力资本测度方法后回归结果见表 5－5。在逐渐加入控制变量过程中，核心解释变量系数无太大变化，列（4）结果表明，核心解释变量 *hc*2 系数为正，且在 1%的统计水平下显著；同时，控制变量中除了能源结构这一变量的回归结果不显著外，其余变量的系数方向与显著性也同表 5－4 列（4）相近，说明以 *hc*2 为人力资本替代变量仍然可以说明人力资本对能源效率的正向显著影响。比较表 5－4 和表 5－5 的结果还可以发现，表 5－4 列（4）人力资本的回归系数大于表 5－5 列（4）人力资本的回归系数。这一现象表明，目前这一阶段，人力资本的存量效应作用于能源效率的边际效果大于人力资本的结构效应作用于能源效率的边际效果。

表 5－5　　　　　　　　更换变量法稳健性检验回归结果

变量	被解释变量：能源效率 *EEPI*			
	（1）	（2）	（3）	（4）
*hc*2	0.042 *** (0.006)	0.047 *** (0.008)	0.065 *** (0.012)	0.057 *** (0.010)
epri		0.004 ** (0.002)	0.009 *** (0.002)	0.006 *** (0.002)
estr		0.138 (0.186)	－0.031 (0.169)	0.023 (0.150)
tl			－0.133 *** (0.029)	－0.113 *** (0.024)
fdi				0.035 *** (0.006)

续表

变量	被解释变量：能源效率 *EEPI*			
	（1）	（2）	（3）	（4）
Cons	0.158 ***	−0.377	−0.802 **	−0.625 **
	(0.031)	(0.252)	(0.338)	(0.284)

注：括号内是稳健标准差；***、** 和 * 分别表示在1%、5% 和 10% 的统计水平下显著。回归分析采用 Stata16 软件。

以上采用更换核心解释变量法的稳健性检验，表明由度量指标选择带来的偏误并不突出，验证了核心命题结论的稳健性，也为政策建议提供了新的启示。

（二）变换样本区间法

为了保证研究结果的可靠性，本书进一步从时间维度出发，采用变换样本区间法进行了稳健性检验，具体做法为将样本 2009 年作为时间节点并分为两段分别进行回归。为了保证结论的可比性，所有变量度量方法均无变化。

表 5 − 6 为变换样本区间法的回归结果，列（1）为 2003 ～ 2009 年段的回归结果，对应的 Wald 检验的 chi2（1）= 9.74、P 值为 0.0000，AR 检验的 chi2（1）= 19.42、P 值为 0.0000，拒绝了"内生变量与工具变量不相关"原假设，说明不具有弱工具变量的问题；工具变量数为 1，无须过度识别检验；*hc* 的回归系数为 0.236，且在 1% 的统计水平下显著，表明该时间段人力资本可显著地促进能源效率的提升。列（2）为 2010 ～ 2016 年段的回归结果，表明该时间段人力资本可以有效地促进能源效率提升；对应的 Wald 检验的 chi2（1）= 33.04、P 值为 0.0000，AR 检验的 chi2（1）= 98.22、P 值为 0.0000，拒绝了"内生变量与工具变量不相关"原假设，说明不具有弱工具变量的问题；工具变量数为 1，无须过度识别检验。对比列（1）和列（2），2003 ～ 2009 年人力资本的回归系数为 0.236，小于 2010 ～ 2016 年的回归系数 0.255，表明 2010 年后人力资本的作用更大，但是变化并不明显。

表 5 - 6   变换样本区间法稳健性检验回归结果

变量	被解释变量：能源效率 *EEPI*	
	2003 ~ 2009 年 （1）	2010 ~ 2016 年 （2）
hc	0. 236 *** （0. 076）	0. 255 *** （0. 044）
epri	− 0. 011 ** （0. 005）	0. 001 （0. 002）
estr	− 0. 310 ** （0. 157）	0. 056 （0. 186）
tl	− 0. 099 *** （0. 036）	− 0. 062 *** （0. 020）
fdi	0. 007 （0. 011）	0. 001 （0. 008）
Cons	− 0. 329 （0. 544）	− 2. 165 *** （0. 555）

注：括号内是稳健标准差；*** 、** 和 * 分别表示在 1% 、5% 和 10% 的统计水平下显著。回归分析采用 Stata16 软件。

　　之所以存在上述现象，可能是由三个原因造成。第一，由于中国人力资本步入新台阶，2010 年中国平均人力资本水平首次跨越 9，达到 9.134。第二，与政策因素有关，"十一五"期间，中国在 2009 年修订了《可再生能源法》，同年出台了《中国应对气候变化国家方案》；但同时，2008 年为了应对世界"金融危机"，我国实行了"四万亿"计划，该计划可能促使高耗能行业粗放式增长，抵消了人力资本水平提升带来的能源效率提升效果。第三，2010 年后中国的清洁能源产业飞速发展，2011 年国家上网电价政策出台，加大对光伏产业的扶持力度，进一步推动了我国光伏市场的发展。公开数据显示，2011年中国新增装机容量在全球光伏新增装机容量中排第三名，新增发电装机容量达到 220 万千瓦。在上述原因的共同作用下，2010 年后人力资本对能源效率的促进作用更加明显，但优势并不明显。上述检验一方面验证了核心命题结论的稳健性，另一方面也为政策建议提供了新的启示。

　　综合来看，采用更换变量法和变换样本区间法的检验结果均能证明人力资本对能源效率直接影响的结果具有可靠性与稳健性，进一步验证了本书核心命题的成立。

第三节　异质性分析

前文通过比较，最终采用 Ⅳ - Tobit 模型对人力资本影响能源效率的机理进行了分析，揭示了人力资本对能源效率影响的一般规律。但对于中国来说，由于区域发展不平衡，地区间无论是人力资本水平还是能源效率都会存在差异，形成的原因大相径庭。在揭示一般规律的基础上分析问题的特殊性，是因地制宜提出政策建议的重要环节，也是解决地区间能源效率不平衡问题的重要步骤。因此，本节将对人力资本影响能源效率展开异质性分析。

一、按照人力资本水平分组

在本书中，人力资本是核心解释变量，是影响能源效率的重要因素。在前文的分析中已经证明人力资本可促进能源效率的提升。那么，不同水平的人力资本对能源效率的影响程度如何？为回答此问题，本书将人力资本值小于50%分位数（9.09417）的地区划分为低人力资本组，将大于这一值的地区划分为高人力资本组，采用 Ⅳ - Tobit 模型进行异质性分析。回归结果均通过了Wald 检验和 AR 检验，工具变量数为 1，无须过度识别检验。表 5 - 7 报告了按照人力资本水平分组的回归结果。

表 5 - 7　　　　　　　　按照人力资本水平分组的回归结果

变量	被解释变量：能源效率 EEPI	
	低人力资本组 （1）	高人力资本组 （2）
hc	0. 278 *** （0. 101）	0. 326 *** （0. 067）
epri	0. 002 （0. 002）	0. 005 ** （0. 002）

变量	被解释变量：能源效率 *EEPI*	
	低人力资本组 （1）	高人力资本组 （2）
estr	0.098 （0.170）	− 0.476 *** （0.171）
tl	0.099 （0.068）	− 0.099 *** （0.025）
fdi	0.036 *** （0.008）	0.016 ** （0.007）
Cons	− 2.279 ** （1.011）	− 3.167 *** （0.882）

注：括号内是稳健标准差；*** 、** 和 * 分别表示在1%、5%和10%的统计水平下显著。回归分析采用 Stata16 软件。

可以看出，小于50%分位数的低人力资本水平组的回归系数为0.278，且在1%的统计水平下显著；而高人力资本组的回归系数为0.326，且在1%的统计水平下显著。以上数据表明，高人力资本对能源效率的促进作用更加明显。此种现象的原因在于：随着技术进步，地区资本有机构成不断提高，劳动力需求也会相应减少，但是在技术进步的背景下，人力资本作为技术的载体之一，要素投入的增加会引起高人力资本需求的更快增加。基于上述理由可知，人力资本与能源、物质资本等要素具有互补性，而高人力资本与能源的互补弹性要高于低人力资本的互补弹性。因此，低人力资本对能源效率的影响较弱，高人力资本对能源效率影响更加明显。第四章的时空格局分析以及特征事实分析，也能印证这一回归结果。

二、按照地理区位分组

中国是一个多元而广袤的国家，受生态条件、资源禀赋、产业结构、创新能力等因素的影响，地区间存在发展不平衡的问题，改革开放以后，东部地区与中西部地区差距逐渐增大。从图4－4可以看出，中国的能源效率不仅表现出东西差异，也表现出鲜明的南北差异。在以往的研究中，人们往往采用东西分组进行研究，忽略了南北分组的研究。再者，从技术角度来说，根据已有文献，"东西"分组样本数差别较大，而"南北"分组样本数相当，能避免因样本不均产生的偏误。同时，中国的煤炭资源主要赋存在北方地区，源消费地区集中在东南沿海等经济发达地区，存在大规模、长距离的北煤南运、北油南运的局面（国务院新闻办公室，2007）。因此，按照"南北"地理区位分组展开异质性研究更有现实意义。所以，本书地理区位异质性分析按照"南—北"进行分组。

仍然采用Ⅳ–Tobit 模型，具体分组方式与第四章第二节的"南北"地理区位分组方式相同（见表4–2），变量及样本年份区间保持不变。"南—北"两个样本区间的回归结果均通过了 Wald 检验和 AR 检验，表明均不存在弱工具变量问题，工具变量数为1，无须过度识别检验。回归结果见表5–8。

表5–8   按照地理区位分组的回归结果

变量	被解释变量：能源效率 EEPI	
	南方 (1)	北方 (2)
hc	0.155 *** (0.031)	0.151 *** (0.023)
epri	0.002 (0.002)	0.003 ** (0.001)
estr	− 0.077 (0.162)	− 0.337 *** (0.104)
tl	− 0.031 ** (0.014)	− 0.043 *** (0.013)
fdi	0.023 *** (0.006)	0.016 *** (0.006)
Cons	− 1.208 *** (0.459)	− 1.346 *** (0.331)

注：括号内是稳健标准差；***、** 和 * 分别表示在1%、5%和10%的统计水平下显著。回归分析采用 Stata16 软件。

可以看出，南方地区组的回归系数为 0.155，且在 1% 的统计水平下显著，北方地区组的回归系数为 0.151，同样为高度显著；表明无论是在南方地区还是北方地区，人力资本水平的提升均可显著地促进能源效率的提升，且相较于北方，人力资本在南方地区对能源效率的边际作用更大一些。可能的原因为：第一，中国的能源主要赋存在北方地区，北方地区的企业距离能源生产地较近，能源使用成本较低；而由于运输成本的存在，南方地区的能源消费价格比北方地区高，如 2022 年 1 月 14 日，秦皇岛到上海和广州的海运价格分别为 24.3 元/吨、35.0 元/吨，从陕西神木到北煤主要出海口黄骅港煤炭汽运费用为 285 元/吨，而能源价格较高的地区在成本约束下会更加注重提升能源效率；第二，与南方与北方的产业结构特点有关，南方地区的主导产业是制造业，北方地区则主要以高耗能的重工业为主。因此，人力资本在南方地区对能源效率的边际作用更大一些。

三、按照资源丰裕程度分组

考虑到近年来受国内外市场影响，能源产品价格暴涨，在此背景下，资源产业出现过度资本进入，从而对人力资本（Sun & Wang，2021）、技术进步产生了挤出效应（Sachs & Warner，1995；赵康杰和景普秋，2014），资源型地区和非资源型地区的能源效率可能会有所不同。为此，本书参考阎晓（2020）等学者对资源型地区的界定，选取新疆维吾尔自治区、宁夏回族自治区、山西省、青海省、内蒙古自治区、黑龙江省、贵州省、云南省、陕西省，共 9 省区为资源型地区，其他 21 个地区为非资源型地区，以研究人力资本对能源效率的影响在资源丰裕程度不同的地区有何差异。同样采用 IV - Tobit 模型进行检验，所有变量与前文相同，回归结果均通过了 Wald 检验和 AR 检验，不存在弱工具变量的问题，工具变量数为 1，无须过度识别检验。回归结果见表 5-9。

可以看出，无论是资源型地区还是非资源型地区，人力资本均能促进能源效率的提升。在资源型地区，人力资本每增加一个单位，能源效率会提升 8.3%，在非资源型地区，人力资本每增加一个单位，能源效率会提升 17.3%，差异显著。主要原因可能与资源型产业与非资源型产业的特点不同有关。资源型地区主要以资源型产业为主，对人力资本依赖较低。一方面，资源型产业生产活动技术门槛低，对人力资本水平要求较低（惠宁等，2013）；另一方面，资源型产业有较高的回报率，吸引较高人力资本加入后，生产的技术特征决定了产业仍会将人力资本配置在技术含量低的岗位。整体而言，资源产业并不十分依赖人力资本。在非资源型地区，特别是以制造业为主的地区，由于产业具有"干中学"特征，因此，对人力资本的依赖程度较大。根据麦可思研究院发布的研究报告[①]，2021 年我国本科毕业生流入较多的地区是泛长江三角洲区域、泛珠江三角洲等制造业较为发达的区域；而排名靠后的均是陕甘、东北等资源型地区。所以，正是由于资源型地区与非资源型地区产业特点不同，导致产业对人力资本的依赖程度不同，因此会出现人力资本在非资源型地区对能源效率的促进作用大于人力资本在资源型地区对能源效率的促进作用。

表 5 – 9   按照资源丰裕程度分组的回归结果

变量	被解释变量：能源效率 $EEPI$	
	资源型地区 （1）	非资源型地区 （2）
hc	0.083 *** （0.023）	0.173 *** （0.050）
$epri$	0.002 （0.001）	0.004 * （0.002）
$estr$	− 0.004 （0.126）	− 0.393 *** （0.151）
tl	0.011 （0.025）	− 0.067 *** （0.024）
fdi	0.045 *** （0.014）	0.007 （0.005）
$Cons$	− 0.751 ** （0.345）	− 1.474 ** （0.715）

注：括号内是稳健标准差；***、** 和 * 分别表示在 1%、5% 和 10% 的统计水平下显著。回归分析采用 Stata16 软件。

---

① 麦可思研究院，王伯庆，王梦萍. 就业蓝皮书：2022 年中国本科生就业报告 ［M］. 北京：社会科学文献出版社，2022：26 – 45.

四、异质性分析稳健性检验

为验证异质性分析结论的稳健性，本书采用更换变量法和变换样本区间法进行稳健性检验。第一，采用分地区就业人员受教育程度本科以上比例作为人力资本替代变量（$hc2$），采用更换变量法进行检验，在异质性人力资本稳健性检验时，按照 $hc2$ 的中位数 3.68091 将人力资本分为高人力资本组和低人力资本组；第二，借鉴孙传旺（2019）的方法，采用缩短样本区间法进行稳健性检验，具体做法为：采用Ⅳ－Tobit 模型，不更换变量，只对 2009～2016 年样本区间进行回归分析。

（一）更换变量法

采用更换变量法的回归结果均通过了 Wald 检验和 AR 检验，不存在弱工具变量问题，工具变量数为 1，无须过度识别检验。采用更换变量法异质性分析的稳健性检验回归结果见表 5－10。

表 5－10　　　　　　　　更换变量法异质性分析稳健性检验结果

变量	被解释变量：能源效率 *EEPI*					
	南方 （1）	北方 （2）	低人力资本 （3）	高人力资本 （4）	资源型地区 （5）	非资源型地区 （6）
$hc2$	0.050 *** (0.010)	0.050 *** (0.009)	0.952 (1.112)	0.066 *** (0.015)	0.062 *** (0.022)	0.028 *** (0.007)
$epri$	0.004 ** (0.002)	0.006 *** (0.002)	0.004 (0.010)	0.006 * (0.003)	0.008 ** (0.003)	0.002 (0.002)
$estr$	－0.169 (0.152)	0.257 (0.170)	1.094 (1.789)	0.252 (0.309)	0.228 (0.223)	－0.433 *** (0.125)
tl	－0.055 *** (0.018)	－0.124 *** (0.028)	－0.080 (0.147)	－0.111 *** (0.031)	－0.047 * (0.024)	－0.056 *** (0.018)
fdi	0.038 *** (0.007)	0.044 *** (0.007)	0.026 (0.034)	0.017 * (0.009)	0.072 *** (0.024)	0.014 *** (0.004)

变量	被解释变量：能源效率 EEPI					
	南方 （1）	北方 （2）	低人力资本 （3）	高人力资本 （4）	资源型地区 （5）	非资源型地区 （6）
Cons	-0.262 （0.291）	-0.736 *** （0.285）	-2.611 （3.782）	-0.727 （0.445）	-0.982 * （0.521）	0.193 （0.226）

注：括号内是稳健标准差； *** 、 ** 和 * 分别表示在1%、5%和10%的统计水平下显著。回归分析采用 Stata16 软件。

表 5 - 10 中，列（1）与列（2）的回归结果表明，无论是南方地区还是北方地区，人力资本均可显著地促进能源效率提升，回归系数相同、显著性相同，与前文结论基本一致；列（3）和列（4）表明，低人力资本对能源效率有正向关系，影响并不显著，P 值并不很大，而高人力资本对能源效率的作用更加明显，与前文结论基本一致；列（5）和列（6）是按资源丰裕程度分组的稳健性检验结果，回归结果表明，无论在资源型地区还是在非资源型地区，人力资本均可以显著地促进能源效率的提升，但与前文不同的是，采用 $hc2$ 作为人力资本的替代变量后，人力资本在资源型地区的促进效果比非资源型地区的促进效果更大，但是总的来说，仍然显示了结果的稳定性。

（二）变换样本区间法

变换样本区间法的稳健性检验的回归结果均通过了 Wald 检验和 AR 检验，不存在弱工具变量问题，工具变量数为1，无须过度识别检验。异质性分析的稳健性检验回归结果见表 5 - 11。

表 5 - 11　　　　　　变换样本区间法异质性分析稳健性检验结果

变量	被解释变量：能源效率 EEPI					
	南方 （1）	北方 （2）	低人力资本 （3）	高人力资本 （4）	资源型地区 （5）	非资源型地区 （6）
hc	0.209 *** （0.041）	0.204 *** （0.032）	0.443 （0.315）	0.408 *** （0.092）	0.102 *** （0.040）	0.280 *** （0.103）

续表

变量	被解释变量：能源效率 *EEPI*					
	南方 （1）	北方 （2）	低人力资本 （3）	高人力资本 （4）	资源型地区 （5）	非资源型地区 （6）
epri	－0.001 （0.001）	0.001 （0.001）	－0.001 （0.004）	0.004* （0.003）	0.001 （0.002）	0.000 （0.002）
estr	0.079 （0.218）	－0.177 （0.155）	0.640 （0.628）	－0.321 （0.198）	0.138 （0.187）	－0.032 （0.326）
tl	－0.041** （0.018）	－0.044** （0.020）	0.020 （0.097）	－0.142*** （0.043）	0.057* （0.029）	－0.096** （0.049）
fdi	－0.002 （0.010）	0.003 （0.007）	0.003 （0.037）	0.003 （0.009）	0.073*** （0.024）	－0.009 （0.007）
Cons	－1.406*** （0.514）	－1.683*** （0.397）	－3.617 （2.877）	－3.976*** （1.140）	－0.945* （0.491）	－2.235* （1.221）

注：括号内是稳健标准差；***、**和*分别表示在1%、5%和10%的统计水平下显著。回归分析采用Stata16软件。

在表5-11中，列（1）与列（2）的回归结果表明，无论是南方地区还是北方地区，人力资本均可显著地促进能源效率提升，且南方组的效果更加明显，与前文结论完全一致；列（3）和列（4）表明，低人力资本与能源效率有正向关系，但影响并不显著，*P*值仅为0.159，而高人力资本可显著地促进能源效率提升，虽然显著性略有差别，但仍然可说明结果的稳健性；列（5）和列（6）是按资源丰裕程度分组的稳健性检验结果，回归结果显示，资源型地区的回归系数为0.102，非资源型地区的回归系数为0.280，且均在1%的统计水平下显著，说明非资源型地区人力资本对能源效率的促进作用更大，与前文结论一致。

以上更换变量法和变换样本区间法的检验结果虽回归系数与显著性与前文略有差异，但符号方向一致。总的来说可以表明，异质性分析结论是稳健的。

第四节 小　结

本章在第三章机理分析的基础上，实证研究人力资本对能源效率的影响。第一，分析了可能存在的内生性问题，论证了博物馆文物数量这一变量与人力资本相关，与能源效率不相关，验证了其作为人力资本的工具变量的合理性；比较了 Ⅳ – Tobit 模型与 Tobit 模型的回归结果，对回归结果进行稳健性检验。第二，为了在揭示一般规律的基础上分析问题的特殊性，还进行了异质性分析，并对结果进行了稳健性检验。

研究发现，由变量遗漏引起的内生性问题并不突出，内生性问题主要由能源与人力资本的要素互补性引起的能源效率与人力资本互为因果造成；实证结果表明，采用普通的 Tobit 模型会严重低估回归系数，Ⅳ – Tobit 模型回归结果表明，人力资本每提高 1 个百分点，能源效率能提高 16.9%，而采用 Tobit 模型回归，这一系数仅为 3.1%。

分别按照人力资本水平分组、地理区位分组、资源的丰裕程度分组进行异质性分析，研究结果表明，低人力资本水平组的回归系数为 0.278，且在 1% 的统计水平下显著，高人力资本组的回归系数为 0.326，且在 1% 的统计水平下显著，表明了高人力资本对能源效率的促进作用更加明显；南方地区组的回归系数为 0.155，且在 1% 的统计水平下显著，北方地区组的回归系数为 0.151，同样在 1% 的统计水平下显著，表明无论是在南方地区还是在北方地区，人力资本水平的提升均可显著地促进能源效率的提升，且相较于北方，人力资本在南方地区对能源效率的边际作用更大一些；资源型地区人力资本每增加 1 个单位，能源效率会提升 8.3%，非资源型地区人力资本每增加 1 个单位，能源效率会提升 17.3%，差异显著，但均证明了人力资本对能源效率提升的重要作用。

总之，本章的研究证明了本书核心命题的成立。

第六章

人力资本对能源效率的影响机制检验

第一节　模型构建与变量说明

一、模型构建

前文理论分析指出：人力资本可以通过绿色技术进步效应、产业结构优化效应、公众绿色偏好效应对能源效率产生影响，且在"双碳"目标约束下，政府会不断提升治理水平，通过政策工具或市场因素不断调节各种效应，以期达到预期目标。为进一步检验传导机制的理论判断，本章将分别构建中介效应模型和可调节的中介效应模型对以上机制展开实证检验。

（一）中介效应模型

人力资本可通过绿色技术进步效应、产业结构优化效应、公众绿色偏好效应对能源效率产生影响，为了验证传导机制，构建中介效应模型进行检验：

$$eepi_{it} = \theta_0 + \theta_1 hc_{it} + \theta_i X_{it} + \varepsilon_{it} \tag{6.1}$$

$$M_{it} = m_0 + m_i hc_{it} + \varepsilon_{it} \tag{6.2}$$

$$eepi_{it} = w_0 + w_1 hc_{it} + w_i M_{it} + \gamma_i X_{it} + \varepsilon_{it} \tag{6.3}$$

以上式（6.1）~式（6.3）共同组成中介效应模型。其中，M_{it} 为中介效应变量，分别表示绿色技术进步效应变量、产业结构优化效应变量、公众绿色偏好效应变量，X_{it} 为控制变量，θ_0、θ_1、θ_i、m_0、m_i、w_0、w_1、γ_i 为相应变量的估计系数，其余变量或参数与前文相同，ε_{it} 为随机误差。

（二）可调节的中介效应模型

在本书第三章的人力资本对能源效率影响的传导机理分析中，一些机制的发生依赖于"双碳"目标约束下的政府治理的调节。在绿色技术进步效应机制中，人力资本可通过技术创新、技术扩散、技术吸收促进技术进步，而在"双碳"目标背景下，通过政府治理等措施，技术会发生绿色偏向，从而形成人力资本影响能源效率的绿色技术进步效应；在产业结构优化效应机制中，在"双碳"目标的导向下，在人力资本会让产业逐渐演进成为低排放、低能耗的知识密集型和资本密集型产业，使产业结构得到优化；在公众绿色偏好效应机制分析中，本书将产品分为绿色产品和非绿色产品，在"双碳"目标背景下，绿色产品和非绿色产品价格是关键因素之一，政府为了实现既定目标会引导扩大绿色产品市场。因此，在"双碳"目标背景下，机制朝着能源效率提升的方向前进还与"双碳"目标约束下的政府治理的调节作用有关。为了验证这一机制，本书构建可调节的中介效应模型并对其进行检验。

$$M_{it} = \alpha_0 + \alpha_i hc_{it} + \alpha_2 egov_{it} \times hc_{it} + \varepsilon_{it} \tag{6.4}$$

$$eepi_{it} = b_0 + b_1 hc_{it} + b_i M_{it} + b_2 egov_{it} + b_{3i} egov_{it} \times hc_{it} + \varepsilon_{it} \tag{6.5}$$

以上式（6.4）、式（6.5）共同组成可调节的中介效应模型。其中，调节变量为政府治理水平（$egov_{it}$），α_0、α_i、α_2、b_0、b_1、b_2、b_{3i}、b_i 为相应变量的估计系数，其余变量或参数与前文相同，ε_{it} 为随机误差。

二、变量说明

（一）绿色技术进步变量

对于绿色技术进步，目前没有统一的度量标准，有的学者采用绿色技术发明专利授权数（董直庆和王辉，2019）或绿色发明专利的申请量（董直庆和王辉，2021），但对于本书可能并不适用。原因在于：本书研究的能源效率是在生产环节体现的，以上两种指标虽能较好地体现绿色技术"新"的内涵，但是专利需科技成果转化才能直接应用到生产环节、促进能源效率提升；而本机制研究中，人力资本共通过三个途径促进绿色技术进步，其中两个重要途径是技术溢出和技术吸收应用，这两个途径均体现了科技成果向生产转化的内涵。因此，采用绿色专利相关指标可能只能体现绿色知识生产、绿色技术创新，无法准确地体现本机制的内涵。基于此，本书选用绿色全要素生产率来衡量绿色技术进步，具体而言，采用王兵等（2013）提出的基于两期的曼奎斯特－卢恩伯格指数（biennial malmquist-luenberger index，BMLI）来衡量。下面介绍该指标的具体算法。

假设某一行业用 N 种投入 $x = (x_1, \cdots, x_N) \in R_N^+$，生产 M 种期望产出 $b = (b_1, \cdots, b_m) \in R_J^+$。在每个时期 $t = 1, \cdots, T$，第 $k = 1, \cdots, K$ 个行业的投入、产出为 (x^{kt}, y^{kt}, b^{kt})。生产可能性集在满足闭集合有界集、期望产出和投入可自由处置、零结合假设公理和产出弱可处置性公理的假设下，采用包络分析方法可将环境技术模型化为：

$$P^t(x^t) = \left\{ (y^t, b^t): \sum_{k=1}^{K} z_k^t y_{km}^t \geq y_{km}^t, \ \forall m; \ \sum_{k=1}^{K} z_k^t b_{ki}^t = b_{ki}^t, \ \forall i; \right.$$

$$\left. \sum_{k=1}^{K} z_k^t x_{kn}^t \leq x_{kn}^t, \ \forall n; \ z_k^t \geq 0, \ \forall k \right\} \tag{6.6}$$

z_k^t 表示每一个横截面观察值的权重，$z_k^t \geq 0$ 表示规模报酬不变（CRS）。

环境管制的目标是减少污染（非期望产出），保持经济增长（期望产出）。为了将该生产过程模型化，钟等学者（Chung et al.，1997）将方向性距离函数应用到可以处理关于期望产出增加和非期望产出减少的问题中。这个函数是传统的谢泼德产出距离函数的一般化，表述如下：

$$\vec{D}_0(x^t, y^t, b^t; g) = \max\{\beta | (y^t, b^t) + \beta g \in P(x)\} \tag{6.7}$$

其中，g 表示一个方向向量，如果方向向量 $g = (y, -b)$，则表示在给定投入 x 的情况下，期望产出 y 成比例地扩大，非期望产出 b 成比例地收缩，β 就是期望产出 y 增长、非期望产出 b 减少的最大比例：

$$BML_t^{t+1} = \frac{1 + \vec{D}_0^B(x^t, y^t, b^t; y^t, -b^t)}{1 + \vec{D}_0^B(x^{t+1}, y^{t+1}, b^{t+1}; y^{t+1}, -b^{t+1})} =$$

$$\left[\frac{1 + \vec{D}_0^t(x^t, y^t, b^t; y^t, -b^t)}{1 + \vec{D}_0^{t+1}(x^{t+1}, y^{t+1}, b^{t+1}; y^{t+1}, -b^{t+1})} \right] \times$$

$$\left[\frac{1 + \vec{D}_0^B(x^t, y^t, b^t; y^t, -b^t)}{1 + \vec{D}_0^t(x^t, y^t, b^t; y^t, -b^t)} \times \right.$$

$$\left. \frac{1 + \vec{D}_0^{t+1}(x^{t+1}, \ y^{t+1}, \ b^{t+1}; \ y^{t+1}, \ -b^{t+1})}{1 + \vec{D}_0^B(x^{t+1}, \ y^{t+1}, \ b^{t+1}; \ y^{t+1}, \ -b^{t+1})} \right] \tag{6.8}$$

式（6.8）中第二部分解的第一项表示技术效率变化，第二项表示技术变化。式中的 $\vec{D}_0^t(x^t, \ y^t, \ b^t; \ y^t, \ -b^t)$ 表示在 t 期技术下，t 期评价对象的方向性距离函数。利用 EDA 来求解方向性距离函数，这需要解线性规划（6.10）：

$$\sum_{k=1}^{K} z_k^t y_{km}^t \geq (1+\beta) y_m^t, \ m = 1, \ \cdots, \ M \tag{6.9}$$

s. t.

$$\sum_{k=1}^{K} z_k^t b_{kj}^t = (1-\beta) b_j^t, \ j = 1, \ \cdots, \ J$$

$$\sum_{k=1}^{K} z_k^t x_{kn}^t \leq x_n^t, \ n = 1, \ \cdots, \ N; \ z_k^t \geq 0, \ k = 1, \ \cdots, \ K \tag{6.10}$$

同理，可求两期技术下 $t+1$ 期评价对象的方向性距离函数 $\vec{D}_0^{t+1}(x^{t+1},$ $y^{t+1}, \ b^{t+1}; \ y^{t+1}, \ -b^{t+1})$。式中的 $\vec{D}_0^B(x^t, \ y^t, \ b^t; \ y^t, \ -b^t)$ 表示 t 期和 $t+1$ 期两期观测值构造的技术下（用 B 表示），t 期评价对象的方向性距离函数。利用 EDA 来求解方向性距离函数，这需要解线性规划（6.12）：

$$\vec{D}_0^B(x^t, \ y^t, \ b^t; \ y^t, \ -b^t) = \max \beta \tag{6.11}$$

s. t.

$$\sum_{k=1}^{K} z_k^t y_{km}^t + \sum_{k=1}^{K} z_k^{t+1} y_{km}^{t+1} \geq (1+\beta) y_m^t, \ m = 1, \ \cdots, \ M$$

$$\sum_{k=1}^{K} z_k^t b_{kj}^t + \sum_{k=1}^{K} z_k^{t+1} b_{kj}^{t+1} = (1-\beta) b_j^t, \ j = 1, \ \cdots, \ J$$

$$\sum_{k=1}^{K} z_k^t x_{kn}^t + \sum_{k=1}^{K} z_k^{t+1} x_{kn}^{t+1} \leq x_n^t, \ n = 1, \ \cdots, \ N; \ z_k^t \geq 0, \ k = 1, \ \cdots, \ K$$

$$\tag{6.12}$$

同理，可求两期技术下 $t+1$ 期评价对象的方向性距离函数 $\vec{D}_0^B(x^{t+1}, \ y^{t+1},$ $b^{t+1}; \ y^{t+1}, \ -b^{t+1})$。

（二）产业结构优化变量

本书所指的产业结构优化是指在资源配置中，生产要素由低效率部门向高效率部门配置的过程，在此过程中产业结构也会发生变化。从三次产业来看，主导产业依次从第一产业向第二产业、第三产业演进；从工业内部来看，低效率行业相对萎缩，高效率行业比重增大，而基于前文分析，这些效率较高的部门同时也是低能耗的部门。基于此，本书构建产业结构优化指标，其思路如下。

第一，选定制造业为研究样本，因口径不一致且难以合并被去除的行业，最终选取了制造业中的20个行业。第二，借鉴陈诗一（2009）的方法，将这20个行业划分为低耗能部门和高耗能部门，所选行业及分组情况见表6-1。第三，计算低耗能组产值的比重，并以此作为产业结构优化的替代变量。

表 6-1   产业类型及分组情况

分组	制造业分类
低耗能组	通信设备计算机及其他电子设备制造业、农副食品加工业、通用设备制造业、食品制造业、电气机械及器材制造业、烟草制品业、饮料制造业、专用设备制造业、交通运输设备制造业、医药制造业、仪器仪表及文化办公机械制造业
高耗能组	有色金属冶炼及压延加工业、化学纤维制造业、化学原料及化学制品制造业、非金属矿物制品业、石油加工炼焦及核燃料加工业、黑色金属冶炼及压延加工业、金属制品业造纸及纸制品业、纺织业、造纸及纸制品业

资料来源：笔者自行整理。

采用该变量来衡量产业结构优化替代变量的合理性在于：首先，制造业是能源消耗最大的部门。虽然第一、二、三产业生产效率依次增加，但能耗最高的仍然是第二产业中的制造业，根据《中国能源统计年鉴2020》，2019年工业能源消费量占能源消费总量的66.16%，而制造业能源消费量占工业能源消费量的83.23%。其次，数据处理能确保历年数据具有可比性。《国民经济行业分类与代码》于2012年修改，修改后行业分类有一定的变化，本书去除样本区间内统计口径不一致且难以合并的行业，确保了历年数据具有可比性。最后，选用指标能保证变量内涵的一致性。本书在计算比重时，对2012年以前的数据采用工业总产值，对2013年及以后的数据采用工业销售产值。其可行性体现在：第一，根据《中国工业统计年鉴2012》的主要指标解释，工业总产值是指工业企业在本年内生产的以货币形式表现的工业最终产品和提供工业劳务活动的总价值量；而《中国工业统计年鉴2013》

的主要指标解释定义工业销售产值为：以货币形式表现，工业企业在报告期内销售的本企业产生的工业产品或提供工业性劳务价值的总价值量。根据两者的定义，可以将工业销售产值理解为：工业总产值减去自制半成品、制品期末与制品期初差额价值并销售出去的价值量。而根据《中国工业统计年鉴》《中国统计年鉴》，历年工业产品销售率都在96%以上，2002年以后保持在98%以上；另外，自制半成品以及制品期末与制品期初差额的绝对量很小。第二，本书所用的指标是局部样本和全样本的比值。所以，可以认为2012年以前的数据采用工业总产值，2013年及以后的数据采用工业销售产值，仍然可以认为变量内涵具有一致性。

（三）绿色生活方式变量

前文已述，人力资本可通过改变居民的生活方式进而影响能源效率，而消费方式是生活方式的主要表现。改革开放以来，随着我国居民收入不断增加，在食品、烟酒、衣着、生活用品等方面的支出增速逐渐下降，而在交通和通信、教育、文化和娱乐及医疗保健方面的消费比例却不断增加，根据《中国社会统计年鉴2020》，中国城镇居民用于食品、烟酒和衣着的现金消费支出比重由2015年的44.31%下降到2019年的41.30%。学者（方福前和俞剑，2014；依绍华，2018）研究表明，居民消费结构升级的趋势由"衣食"向"住行、康乐"升级；居民的消费观念也会由崇尚物质商品向偏好休闲、绿色、环保转变。因此，本书采用城镇居民用于非食品、烟酒和衣着的现金消费支出比重作为绿色消费方式的替代变量来衡量绿色生活方式。

（四）政府治理水平变量

现有能源、环境类文献中关于政府治理水平的测度方法大致可以分为三类。一是采用污染治理支出占GDP的比重或治理单位污染物所耗的费用，但采用该方法无法衡量监督、督查等行政手段的规制效果；二是以GDP/能源投入量或GDP/二氧化碳排放量来衡量，该项指标能体现出规制效果，具有一定的合理性，但本书研究的是能源效率，如果采用该指标可能会存在内生性问题；三是以不同角度的规制数据构建指标体系，该方法权重分配往往具有一定主观性。

以上三种方法，均有一定问题，并不适合本研究。为此，本书借鉴现有文献（陈诗一和陈登科，2018；邓慧慧和杨露鑫，2019）的方法，采用爬虫技术，从中国经济网地方政府工作报告汇编库爬取样本区间内各地与环保相关的词汇（包括：低碳、减排、能耗、绿色、二氧化碳、环保、环境保护、空气、污染、排污、生态、化学需氧量、二氧化硫、PM_{10}、$PM_{2.5}$），并统计词汇出现的次数，作为政府治理水平的替代变量。学者关于政府治理水平对能源效率的影响持有两种不同的观点，即"制约假说"和"波特假说"，持"制约假说"观点的学者认为，政府治理会抑制企业的技术进步，阻碍能源效率的提升；持"波特假说"观点的学者认为，政府治理能促进企业改进技术水平，达到"创新补偿效应"，提高能源效率。

三、数据来源与统计性描述

本章的中介变量分别有绿色技术进步（$gtfp_{it}$）、产业结构优化（LE_{it}）、绿色消费（$consp_{it}$），调节变量为政府治理水平（$egov_{it}$）。所涉及的数据主要来源于相应年份的《中国统计年鉴》《中国社会统计年鉴》《中国工业统计年鉴》；二氧化碳数据来源于 Wind 数据库，部分投入产出数据从国家统计局网站或 EPS 数据平台下载；政府治理水平数据采用爬虫技术从中国经济网（www. ce. cn）地方政府工作报告汇编库爬取，获取数据后，对个别网页的错误信息进行人工修正。

资本投入量采用永续盘存法计算存量。在变量计算时用到的国内生产总值、资本投入量等数据均以 2000 年为基期折算成现值。个别缺失数据做线性插值处理。本章主要变量的统计性描述见表 6 – 2。

表 6 – 2 主要变量描述性统计

变量	观测值	均值	标准差	最小值	最大值
绿色技术进步 gtfp	420	0. 8383179	0. 1314211	0. 554172	1. 29275
产业结构优化 LE	420	0. 4792454	0. 1611021	0. 104721	0. 811614
绿色消费 consp	420	0. 5428527	0. 0511012	0. 416215	0. 719951
政府治理水平 egov	420	31. 58571	18. 16222	2	124

资料来源：笔者统计。

第二节　检验结果分析

一、绿色技术进步效应检验结果及分析

当中介变量 M_{it} 为绿色技术进步效应变量时，采用式（6.1）~式（6.3）分别对全国样本、南方地区样本、北方地区（具体分组方法同表4-2）进行 Sobel 检验回归，回归结果见表6-3。

表6-3　　　　　　　　　绿色技术进步效应检验结果

变量	EEPI 全国（1）	gtfp 全国（2）	EEPI 全国（3）	EEPI 南方（4）	gtfp 南方（5）	EEPI 南方（6）	EEPI 北方（7）	gtfp 北方（8）	EEPI 北方（9）
gtfp			0.484 *** (0.071)			0.556 *** (0.085)			0.478 *** (0.087)
hc	0.045 *** (0.008)	−0.030 *** (0.005)	0.059 *** (0.008)	0.057 *** (0.011)	−0.026 *** (0.008)	0.071 *** (0.010)	0.072 *** (0.009)	−0.037 *** (0.007)	0.089 *** (0.009)
epri	−0.002 * (0.001)	0.001 ** (0.001)	−0.002 *** (0.001)	−0.002 (0.001)	−0.026 (0.001)	−0.002 * (0.001)	0.000 (0.001)	0.002 ** (0.001)	−0.001 (0.001)
estr	−0.530 *** (0.068)	−0.475 *** (0.045)	−0.300 *** (0.073)	−0.504 *** (0.091)	−0.470 *** (0.068)	−0.242 *** (0.092)	−0.385 *** (0.089)	−0.352 *** (0.067)	−0.216 ** (0.089)
tl	0.002 (0.006)	0.059 *** (0.004)	−0.027 *** (0.007)	0.002 (0.008)	0.058 *** (0.006)	−0.030 *** (0.009)	−0.008 (0.008)	0.076 *** (0.006)	−0.044 *** (0.010)
fdi	0.024 *** (0.004)	−0.011 *** (0.002)	0.029 *** (0.003)	0.022 *** (0.005)	−0.003 (0.004)	0.024 *** (0.005)	0.020 *** (0.005)	−0.022 *** (0.004)	0.030 *** (0.005)
Cons	0.251 * (0.137)	1.138 *** (0.090)	−0.300 ** (0.152)	0.198 (0.191)	1.153 *** (0.143)	−0.443 ** (0.200)	−0.273 * (0.158)	1.157 *** (0.119)	−0.825 *** (0.179)
N	420	420	420	210	210	210	210	210	210

续表

变量	EEPI 全国 (1)	gtfp 全国 (2)	EEPI 全国 (3)	EEPI 南方 (4)	gtfp 南方 (5)	EEPI 南方 (6)	EEPI 北方 (7)	gtfp 北方 (8)	EEPI 北方 (9)
r^2	0.445	0.515	0.502	0.560	0.510	0.637	0.512	0.566	0.575
r^2_a	0.439	0.509	0.495	0.550	0.498	0.626	0.500	0.555	0.562
F	66.57	88.01	69.477	51.99	42.52	59.30	42.77	53.22	45.76

注：括号内是稳健标准差；*** 、** 和 * 分别表示在1% 、5% 和10% 的统计水平下显著。回归分析采用 Stata16 软件。

表6-3 中，列（1）是全国样本第一阶段式（6.1）的回归结果，表明在全国范围内，人力资本可正向显著地促进能源效率提升；列（2）是全国样本式（6.2）的回归结果，表明目前在全国范围内，人力资本与绿色技术关系显著，但人力资本水平不足以促进绿色技术进步；列（3）是全国样本式（6.3）的回归结果，可以看出，人力资本和绿色技术进步均能正向显著地促进能源效率提升；根据全国样本回归结果，可以得出回归系数为负，绿色技术进步中介效应成立，中介效应占比为 - 0.3307，属于温忠麟和叶宝娟（2014）所提到的遮掩效应，表明在没有政府治理的调节下，目前的人力资本水平阻碍了绿色技术进步。列（4）~ 列（6）是南方地区样本式（6.1）~ 式（6.3）的回归结果，列（4）回归结果表明，在南方地区，人力资本可显著地促进能源效率提升；列（5）回归结果表明，在南方地区，人力资本无法显著地促进绿色技术进步；列（6）是加入中介变量后的回归结果，表明在南方地区，绿色技术进步和人力资本可显著地促进能源效率提升；根据温忠麟和叶宝娟（2014）对中介效应的判定方法，以上回归结果表明，在南方地区，绿色技术进步具有中介效应，为遮掩效应，中介效应占比为 - 25.22%。列（7）回归结果表明，在北方地区，人力资本与能源效率有正向显著关系；列（8）回归结果表明，在北方地区，人力资本不足阻碍了绿色技术进步；列（9）为加入中介变量的回归结果，可以看出，绿色技术进步和人力资本均能显著地促进能源效率提升。以上结果表明，在北方地区，绿色技术进步具有中介效应，中介效应占比为 - 24.88%，同样为遮掩效应。

通过以上分析可以得出，绿色技术进步效应成立，但目前的人力资本水平限制了绿色技术进步，这一结论也解释了目前我国能源效率提升中存在绿色技术总体水平不高的问题。

二、产业结构优化效应检验结果及分析

当中介变量 M_{it} 为产业结构优化变量时，对式（6.1）~式（6.3）进行 So-bel 检验回归，回归结果见表 6 - 4。

表 6 - 4　　　　　　　　　　产业结构优化效应检验结果

变量	EEPI 全国 （1）	le 全国 （2）	EEPI 全国 （3）	EEPI 南方 （4）	le 南方 （5）	EEPI 南方 （6）	EEPI 北方 （7）	le 北方 （8）	EEPI 北方 （9）
le			0.556 *** （0.039）			0.529 *** （0.076）			0.425 *** （0.052）
hc	0.045 *** （0.008）	0.038 *** （0.008）	0.023 *** （0.006）	0.057 *** （0.011）	0.011 （0.009）	0.051 *** （0.010）	0.072 *** （0.009）	0.093 *** （0.010）	0.032 *** （0.009）
epri	- 0.002 ** （0.001）	0.001 （0.001）	- 0.002 *** （0.001）	- 0.002 （0.001）	0.001 （0.001）	- 0.002 ** （0.001）	0.000 （0.001）	0.003 ** （0.001）	- 0.001 （0.001）
estr	- 0.530 *** （0.068）	0.051 （0.070）	- 0.558 *** （0.056）	- 0.504 *** （0.091）	- 0.072 （0.076）	- 0.466 *** （0.082）	- 0.385 *** （0.089）	0.007 （0.104）	- 0.388 *** （0.078）
tl	0.002 （0.006）	0.017 *** （0.006）	- 0.007 （0.005）	0.002 （0.008）	0.025 *** （0.007）	- 0.011 （0.008）	- 0.008 （0.008）	- 0.024 ** （0.010）	0.002 （0.007）
fdi	0.024 *** （0.004）	0.019 *** （0.004）	0.013 *** （0.003）	0.022 *** （0.005）	0.004 （0.004）	0.020 *** （0.005）	0.020 *** （0.005）	0.028 *** （0.006）	0.008 * （0.004）
Cons	0.251 * （0.137）	- 0.037 （0.141）	0.271 *** （0.112）	0.198 （0.191）	0.319 ** （0.159）	0.029 （0.173）	- 0.273 * （0.158）	- 0.790 *** （0.185）	0.063 （0.144）
N	420	420	420	210	210	210	210	210	210
r^2	0.446	0.208	0.629	0.560	0.168	0.646	0.512	0.432	0.632
r^2_a	0.439	0.199	0.623	0.550	0.148	0.635	0.500	0.418	0.622
F	66.57	21.77	116.53	51.99	8.24	61.62	42.77	31.07	58.19

注：括号内是稳健标准差；*** 、** 和 * 分别表示在 1% 、5% 和 10% 的统计水平下显著。回归分析采用 Stata16 软件。

表 6-4 中，列（1）是全国样本第一阶段的回归结果，表明在全国范围内，人力资本可正向显著地促进能源效率提升；列（2）是全国样本式（6.2）在 M_{it} 代表产业结构优化时的回归结果，表明目前在全国范围内，人力资本能正向显著地促进产业结构优化；列（3）是全国样本式（6.3）的回归结果，可以看出，产业结构优化和人力资本可正向显著地促进能源效率提升；根据全国样本回归结果可以得出，产业结构优化中介效应成立，中介效应占比为47.78%，表明在全国范围内，产业结构优化可显著地促进能源效率提升。列（4）~ 列（6）为南方地区的样本回归结果，其中，列（5）为当中介变量为产业结构优化时式（6.2）的回归结果，可以看出，在南方地区，人力资本与产业结构优化存在正向关系，但是影响并不显著，说明在南方地区，中介效应并不成立。列（7）~ 列（9）为北方地区的回归结果，从列（8）的结果可以看出，在北方地区，人力资本对产业结构优化有正向显著的促进作用，中介效应成立，中介占比为55.26%。以上分析表明，人力资本对能源效率影响的产业结构优化效应虽在不同地区具有异质性结果，但总的来说是成立的。

三、公众绿色偏好效应检验结果及分析

当中介变量 M_{it} 为绿色消费方式变量时，对式（6.1）~ 式（6.3）进行 Sobel 检验回归，回归结果见表6-5。

表 6-5　　　　　　　　　　　公众绿色偏好效应检验结果

变量	EEPI 全国 (1)	Consp 全国 (2)	EEPI 全国 (3)	EEPI 南方 (4)	Consp 南方 (5)	EEPI 南方 (6)	EEPI 北方 (7)	Consp 北方 (8)	EEPI 北方 (9)
Consp			0.351 * (0.193)			0.855 *** (0.224)			0.239 (0.255)
hc	0.045 *** (0.008)	0.023 *** (0.002)	0.037 *** (0.009)	0.057 *** (0.011)	0.020 *** (0.003)	0.040 *** (0.012)	0.072 *** (0.009)	0.020 *** (0.002)	0.067 *** (0.010)
epri	− 0.002 * (0.001)	− 0.002 *** (0.000)	− 0.001 (0.001)	− 0.002 (0.001)	− 0.002 *** (0.000)	0.000 (0.001)	0.000 (0.001)	− 0.002 *** (0.000)	0.001 (0.001)

续表

变量	EEPI	Consp	EEPI	EEPI	Consp	EEPI	EEPI	Consp	EEPI
	全国 （1）	全国 （2）	全国 （3）	南方 （4）	南方 （5）	南方 （6）	北方 （7）	北方 （8）	北方 （9）
$estr$	-0.530^{***} （0.068）	-0.019 （0.017）	-0.524^{***} （0.068）	-0.504^{***} （0.091）	-0.084^{***} （0.028）	-0.432^{***} （0.090）	-0.385^{***} （0.089）	0.058^{**} （0.024）	-0.399^{***} （0.090）
tl	0.002 （0.006）	-0.003^{*} （0.002）	0.003 （0.006）	0.002 （0.008）	-0.004 （0.003）	0.006 （0.008）	-0.008 （0.008）	0.003 （0.002）	-0.008 （0.008）
fdi	0.024^{***} （0.004）	-0.003^{***} （0.001）	0.025^{***} （0.004）	0.022^{***} （0.005）	-0.003^{**} （0.002）	0.025^{***} （0.005）	0.020^{***} （0.005）	-0.004^{***} （0.001）	0.020^{***} （0.005）
$Cons$	0.251^{*} （0.137）	0.563^{***} （0.035）	0.053 （0.174）	0.198 （0.191）	0.592^{***} （0.058）	-0.309 （0.227）	-0.273^{*} （0.158）	0.600^{***} （0.043）	-0.416^{*} （0.220）
N	420	420	420	210	210	210	210	210	210
r^2	0.446	0.524	0.450	0.560	0.537	0.590	0.512	0.537	0.514
r^2_a	0.439	0.518	0.442	0.550	0.525	0.578	0.500	0.525	0.500
F	66.57	91.21	56.34	51.99	47.27	48.65	42.77	47.24	35.76

注：括号内是稳健标准差；***、**和*分别表示在1%、5%和10%的统计水平下显著。回归分析采用Stata16软件。

在表6-5中，列（1）~列（3）是全国样本的回归结果，表明人力资本对能源效率影响的公众绿色偏好效应在全国成立，中介效应占比为17.81%。列（5）为当中介变量为绿色消费方式变量时式（6.2）的回归结果，可以看出，在南方地区，人力资本可以正向显著地促进形成绿色消费方式，结合列（4）、列（6）的结果可以得出，绿色消费方式中介效应成立，中介效应占比为30.08%，表明在南方地区，人力资本对能源效率影响的公众绿色偏好效应成立。列（7）~列（9）为北方地区的回归结果，列（8）的结果可以看出，在北方地区，人力资本对形成绿色消费方式有正向显著的促进作用，但是列（9）的结果显示，当中介变量为公众绿色偏好效应变量时，式（6.3）的回归结果中虽然 Consp 的回归系数为正，但并不显著，说明该中介效应在北方地区不成立。以上分析表明，人力资本对能源效率影响的公众绿色偏好效应在全国以及南方地区成立，在北方地区不成立。这验证了本书的机理分析，也体现了我国人力资本分布的南北差异对绿色消费方式进而能源效率影响的差异。

四、政府治理对传导路径的调节效应检验结果及分析

对式（6.4）、式（6.5）共同构成的可调节的中介效应模型进行回归分析，记政府治理与人力资本的交乘项为 *Interact*，式（6.4）的回归结果见表 6 – 6，式（6.5）的结果见表 6 – 7。表 6 – 6 列（1）~ 列（3）是绿色技术进步效应分别在全国、南方、北方的检验结果。可以看出，加入调节变量后，无论是全国样本，还是南方地区样本、北方地区样本，人力资本均可显著地促进绿色技术进步，且人力资本在南方地区的作用要大于在北方地区的作用；同时，列（1）、列（3）的交乘项回归结果正向显著，列（2）的交乘项系数为正，但是不显著，表明在全国和北方地区，政府治理强化了人力资本对绿色技术进步的正向作用，而在南方地区这一影响并不显著。列（4）~ 列（6）的结果表明，加入调节变量后，人力资本在全国、南方、北方均可正向显著地促进产业结构优化，而交乘项在三个样本区间均不显著，说明政府治理并没有强化或弱化这一作用。列（7）~ 列（9）的结果表明，人力资本在三个样本区间均可正向显著地促进形成绿色消费方式，交互项虽在全国和北方地区显著，但系数为 0，表明政府治理的调节效应并未显现。

表 6 – 6　　　　　　　　　可调节的中介效应模型第一阶段回归结果

变量	被解释变量 gtfp			被解释变量 le			被解释变量 consp		
	全国 （1）	南方 （2）	北方 （3）	全国 （4）	南方 （5）	北方 （6）	全国 （7）	南方 （8）	北方 （9）
hc	0.029 *** （0.005）	0.055 *** （0.007）	0.013 * （0.008）	0.053 *** （0.006）	0.032 *** （0.006）	0.094 *** （0.008）	0.025 *** （0.002）	0.027 *** （0.003）	0.022 *** （0.002）
egov	– 0.001 *** （0.000）	– 0.003 *** （0.000）	– 0.001 （0.001）	– 0.001 *** （0.000）	– 0.001 * （0.000）	– 0.003 *** （0.001）	0.000 *** （0.000）	0.000 *** （0.000）	0.001 *** （0.000）
Interact	0.001 ** （0.000）	0.000 （0.000）	0.001 ** （0.000）	0.000 （0.000）	0.000 （0.000）	– 0.000 （0.000）	0.000 *** （0.000）	0.000 （0.000）	0.000 *** （0.000）
Cons	0.614 *** （0.047）	0.438 *** （0.059）	0.730 *** （0.071）	0.028 （0.055）	0.265 *** （0.056）	– 0.367 *** （0.074）	0.297 *** （0.014）	0.278 *** （0.021）	0.329 *** （0.020）
N	420	210	210	420	210	210	420	210	210

注：括号内是稳健标准差；*** 、** 和 * 分别表示在 1% 、5% 和 10% 的统计水平下显著。回归分析采用 Stata16 软件。

表 6-7　　　　　　　　　　可调节的中介效应模型第二阶段回归结果

变量	被解释变量：能源效率 EEPI								
	全国(1)	南方(2)	北方(3)	全国(4)	南方(5)	北方(6)	全国(7)	南方(8)	北方(9)
gtfp	0.422*** (0.073)	0.499*** (0.087)	0.420*** (0.088)						
le				0.542*** (0.038)	0.493*** (0.073)	0.415*** (0.052)			
consp							0.250 (0.188)	0.872*** (0.211)	0.212 (0.255)
hc	0.058*** (0.007)	0.070*** (0.011)	0.092*** (0.009)	0.025*** (0.006)	0.058*** (0.010)	0.035*** (0.009)	0.042*** (0.009)	0.047*** (0.012)	0.073*** (0.010)
egov	0.000 (0.000)	0.000 (0.000)	-0.002*** (0.000)	0.000 (0.000)	-0.001 (0.000)	-0.001* (0.000)	-0.000 (0.000)	-0.001 (0.000)	-0.002*** (0.001)
Interact	0.001*** (0.000)	0.001** (0.000)	0.000 (0.000)	0.001*** (0.000)	0.001*** (0.000)	0.001*** (0.000)	0.002*** (0.000)	0.002*** (0.000)	0.001** (0.000)
控制变量	是	是	是	是	是	是	是	是	是
Cons	-0.273* (0.152)	-0.415** (0.194)	-0.687*** (0.177)	0.222** (0.109)	-0.021 (0.167)	0.081 (0.137)	0.065 (0.168)	-0.397* (0.216)	-0.316 (0.211)
N	420	210	210	420	210	210	420	210	210

注：括号内是稳健标准差；*** 、** 和 * 分别表示在 1% 、5% 和 10% 的统计水平下显著。回归分析采用 Stata16 软件。

表 6-7 为式（6.5）的回归结果。列（1）~ 列（3）为绿色技术进步效应在三个样本区间的回归结果，可以看出，在政府作用的调节下，绿色技术进步可正向显著地促进能源效率的提升，而政府治理在全国样本、南方地区可强化这一效果，在北方地区调节作用不显著。列（4）~ 列（6）表明产业结构优化正向显著地促进了能源效率的提升，且政府治理效果明显，在三个样本区间均可显著地强化产业结构优化对能源效率的正向影响作用。从列（7）~ 列（9）

的回归结果可以看出，绿色消费方式在三个样本区间与能源效率均有正向关系，但只在南方地区影响显著，从交互项来看，在三个样本区间回归系数均为正值，且均显著，表明政府治理的正向调节作用显著。概括起来，以上检验结果体现出，在政府治理调节下，人力资本对绿色技术进步、产业结构优化、绿色消费方式形成均有正向显著作用，但在不同地区会表现出异质性；在政府治理调节下，绿色技术进步可正向显著地促进能源效率的提升，产业结构优化同样可促进能源效率提升，绿色消费方式在南方地区正向作用更明显。

　　对比未加入调节变量与加入调节变量的机制检验模型，可以发现政府治理调节作用的重要性。对于绿色技术进步效应，未加入调节变量前，人力资本并不能正向地促进绿色技术进步，人力资本—绿色技术进步—能源效率传导机制虽然成立，但表现为"遮掩效应"；而在政府治理的调节下，人力资本可显著地促进绿色技术进步，且会强化绿色进步对能源效率提升的正向作用，调节效应显著，分样本来看，在南方地区显著，在北方地区不显著。之所以存在这样的结果，可能的原因是：没有政府干预的技术发展不具有绿色偏向性，政府在"绿色"发展理念的指引下，通过包括财政、税务、制定标准等治理手段对技术偏向产生影响，人力资本的布局及投资方向也会产生变化。对于人力资本水平较高、创新能力较强的企业，从事绿色技术创新活动投入成本较大，研发周期较长，而绿色技术具有公共产品的特性，在完全市场条件下，企业从事绿色技术创新活动无法得到全部收益，且在知识产权未被很好保护的情况下，绿色技术易被模仿，企业会创新动力不足；对于人力资本水平较低、创新能力不足的企业，在传统技术基础上进行绿色技术改造会增加企业成本，反而不利于绿色技术创新。因此，如果没有政府干预，技术进步必然不具有绿色偏向性，而政府通过技术改造补贴、企业所得税扣除以及其他政策支持会激发企业绿色技术创新动力，有利于能源效率提升。之所以政府治理的调节效应在南方地区显著，在北方地区不显著，可能是因为南方、北方绿色技术的特点不同，南方地区多为制造业，政府更注重"节能降耗"，绿色技术偏向于朝着"节能降耗"的方向发展，而北方地区多为重化工业，面临环境约束，政府更注重"清洁利用与减排"，绿色技术更偏向于"清洁利用与减排"。因此，政府治理的调节作用在南方更为显著。

　　对于产业结构优化效应，未加入调节变量前，该效应在全国成立，分样本来看，在北方地区成立，在南方地区不成立；而在政府治理的调节下，产业结构优化无论是全局还是分样本来看，均可对能源效率提升起到促进作用。这一结果体现了政府治理在产业结构优化中的重要作用。之所以在未加入调节变量前会出现产业结构优化路径在北方地区成立，在南方地区不成立，这可能与南方和北方的产业特点、发展动力有关。首先，从产业结构来看，新中国成立以来，由于历史原因，我国重点发展重工业，这些重工业主要成片布局在北方地区，南方沿海则以轻工业为主，随着产业发展，传统的钢铁、煤炭、水泥等劳动密集型制造业和资源型重工业逐渐弊端暴露，劳动密集型制造业和资源型重工业失去活力；而与此同时，南方大力发展服务业和新兴产业，以杭州、深圳、贵阳为代表的南方城市形成颇有亮点的发展态势。其次，从发展动力来看，党的十一届三中全会后，南方沿海一带率先发展，完成资本积累后逐步开始重视人才、科技投入，根据相应年份的《中国统计年鉴》，1987~2001年北方地区和南方地区发明专利申请受理数旗鼓相当，2002年开始南方地区优势逐渐显现，2008年以后，北方地区和南方地区差距快速扩大（如图6-1所示），这充分反映了南北之间发展动力的差别。随着产业的发展，北方地区主要依靠要素投入的重化工业逐渐进入边际报酬递减阶段，此时，增加人力资本投资、转变发展动力具有较为显著的作用，而南方地区从2002年起就更为重视科技投入，起点较高。因此，人力资本在"南北"对产业结构优化影响的

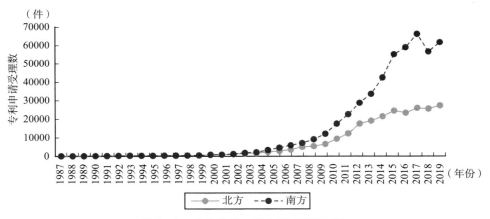

图6-1 南北发明专利申请受理数对比

注：北方：新疆、山西、甘肃、吉林、内蒙古、辽宁、河北、宁夏、黑龙江、陕西、北京、河南、天津、山东、青海；南方：江苏、云南、贵州、四川、重庆、广西、广东、湖南、湖北、福建、浙江、上海、安徽、江西、海南。

资料来源：相应年份的《中国统计年鉴》。

显著程度不同。加入政府治理的调节因素后，南方地区比较优势进一步强化，北方地区不断转变发展动力、调整产业结构，因此，产业结构优化效应均显现出来。

对于公众绿色偏好效应，未加入调节项前，检验结果为公众绿色偏好效应在全国成立，分样本来看，在南方成立，在北方地区不成立；加入调节项后公众绿色偏好效应只在南方地区成立。形成这一结果的原因可能是，整体而言，南方地区企业和居民人力资本水平较高，且产业更多的是制造业，在政府治理下，企业更注重"节能降本"，且有较高的人力资本水平，能够实现技术突破达到创新补偿，使企业更具有比较优势；同时，整体而言，南方地区居民收入较高，有能力支付价格较为昂贵的绿色产品，使绿色产品能够实现"惊险的跳跃"，最终使政府治理在南方地区遵循"波特效应"。以新能源车为例，根据汽车智库平台（Auto Thinker）的研究，2021 年中国新能源车销量排前三名的省份是广东、浙江、江苏，均为南方地区。相对而言，北方地区人力资本水平较低，且产业更多的是重化工业，在政府治理下，北方地区企业更注重"减排"，增加了企业成本；同时，相对于南方地区，北方地区居民收入水平较低，缺乏购买价格较高的绿色产品的能力，绿色产品市场热度不够。整体而言，政府治理在北方地区遵循"成本效应"。因此，加入政府治理这一调节变量后效果有所差异。

总的来说，以上的实证分析验证了机制分析的正确性，证明了核心命题的成立。

第三节　稳健性检验

本章的式（6.1）~式（6.3）刻画了未加入政府治理时人力资本对能源效率影响的一般规律，而式（6.4）、式（6.5）组成的可调节的中介效应模型体现了人力资本对能源效率影响的传导机制的全部，为验证这一机制检验结果的稳健性，本书采用更换变量法对可调节的中介效应模型的回归结果进行稳健性检验。具体为采用分地区就业人员受教育程度本科以上比例作为人力资本替代变量，采用全国样本进行回归。第一阶段和第二阶段的回归结果见表 6 - 8、表 6 - 9。

表 6 – 8 第一阶段机制检验稳健性检验结果

变量	gtfp （1）	le （2）	consp （3）
hc2	0.011 *** （0.001）	0.010 *** （0.001）	0.005 *** （0.000）
egov	− 0.001 *** （0.000）	− 0.001 ** （0.000）	0.001 *** （0.000）
Interact2	0.000 *** （0.000）	0.000 （0.000）	0.000 （0.000）
Cons	0.823 *** （0.012）	0.454 *** （0.016）	0.497 *** （0.004）

注：括号内是稳健标准差；*** 、** 和 * 分别表示在1%、5%和10%的统计水平下显著。回归分析采用Stata16软件。

表 6 – 9 第二阶段机制检验稳健性检验结果

变量	被解释变量：能源效率 EEPI		
	（1）	（2）	（3）
gtfp	0.325 *** （0.075）		
le		0.563 *** （0.037）	
consp			0.405 ** （0.186）
hc2	0.011 *** （0.002）	0.005 *** （0.002）	0.008 *** （0.002）
egov	0.000 （0.000）	0.000 （0.000）	− 0.000 （0.000）
Interact2	0.000 （0.000）	0.000 *** （0.000）	0.000 *** （0.000）

续表

变量	被解释变量：能源效率 *EEPI*		
	（1）	（2）	（3）
控制变量	是	是	是
Cons	0.329 ***	0.431 ***	0.319 *
	(0.121)	(0.085)	(0.169)

注：括号内是稳健标准差；***、** 和 * 分别表示在 1%、5% 和 10% 的统计水平下显著。回归分析采用 Stata16 软件。

表 6 - 8 列（1）的结果显示，交互项回归结果显著，*hc*2 变量回归系数显著为正，验证了人力资本能够正向显著地促进绿色技术进步；列（2）显示，交互项虽不显著，但加入交互项后 *hc*2 变量显著为正，结果与本书的核心命题一致；列（3）情况与列（2）相似，与前文回归结果基本一致。概括来说，稳健性检验结果显示，加入交互项后，人力资本能够正向显著地促进绿色技术进步，人力资本可显著地促进产业结构优化，人力资本有利于形成绿色消费方式，与前文结论一致，体现了前文第一阶段回归结论的稳健性。

从表 6 - 9 可以看出，*gtfp* 的回归系数为正，且高度显著，表明绿色技术进步可正向显著地促进能源效率的提升；*le* 的系数为 0.563，且在 1% 的统计水平下显著，表明了产业结构优化有利于能源效率的提升，且作用明显；*consp* 的回归系数为正，且在 1% 的统计水平下高度显著，同样体现了绿色消费对能源效率提升的正向显著作用。体现了本研究传导机制检验结果的稳健性和可靠性，体现了本书核心命题的成立。

第四节　小　　结

本章实证检验了第三章所剖析的影响机理。首先，构建了中介效应模型以及可调节的中介效应模型；其次，详细说明了变量选择及其算法；最后，对机理分析中的实现路径进行了实证检验。

检验结果显示，当未加入调节变量前，人力资本并不能正向地促进绿色技术进步，人力资本、绿色技术进步、能源效率之间的传导机制虽然成立，但表现为"遮掩效应"；而在政府治理的调节下，人力资本可显著地促进绿色技术进步，且会强化绿色进步对能源效率提升的正向作用，但在不同地区作用效果不同。对于产业结构优化效应，未加入调节变量前，人力资本—产业结构优化—能源效率传导机制成立，但该效应只在全国样本区间和北方样本区间显著，在政府治理的调节下，产业结构优化在全国、南方、北方均可正向显著地促进能源效率提升。对于公众绿色偏好效应，未加入调节项前，检验结果为公众绿色偏好效应在全国、南方成立；加入调节项后，公众绿色偏好效应只在南方地区成立，表明了政府治理只在南方地区遵循"波特效应"，而在全国范围遵循"成本效应"，但在三个样本区间均可强化公众绿色偏好效应。总之，通过这一章的定量分析及其稳健性检验，验证了人力资本对能源效率影响的绿色技术进步效应、产业结构优化效应、公众绿色偏好效应机理分析的正确性，证明了本书核心命题的成立。

第 七 章

人力资本对能源效率影响的案例分析

前面章节就人力资本影响能源效率的理论与机制进行了分析与实证检验。本章选取了广东省深圳市作为案例分析的对象，深圳市在中国经济发展中具有重要的地位，人力资本水平进步明显，同时也在能源效率提升方面取得了显著的成效。本章将以此为案例对人力资本影响能源效率进行案例分析，以期为我国城市的能源效率提升提供有益的启示。

第一节　深圳市人力资本提升经验做法

深圳市是我国设立的第一个经济特区，东临大亚湾和大鹏湾，西濒珠江口和伶仃洋，南部与香港隔河相望。设立特区40余年来，深圳市敢闯敢试，从一个小渔村一跃成为国际化大都市；与此同时，深圳市深入践行新发展理念，绿色发展不断推进，能源效率不断提升。其经验可归纳如下。

（一）制度设计，架构人力资本引进顶层设计

党的十八大以来，深圳市先后出台《深圳经济特区人才工作条例》《关于加强党对新时代人才工作全面领导进一步落实党管人才原则的意见》《关于实施"鹏城英才计划"的意见》《关于促进人才优先发展的若干措施》等政策文件，涵盖人才落户、海外人才引进、人才公寓、入户补贴等方面，这些政策既有制度设计和配套办法，又包括操作规程，逐步搭建起深圳市人才工作的"四梁八柱"。从政策内容来看，深圳市主要聚焦海外高层次人才（团体）、杰出人才、留学人员、高技能人才、青年人才等人才的引进，具体见表7-1。

表 7 - 1　　　　党的十八大以来深圳市出台的人力资本引进法规、政策

序号	文件	发文单位	文号	时效性
1	深圳市人才引进实施办法	深圳市人民政府办公厅	深府办函〔2013〕37 号	2016 年废止
2	市属公立医院实用型临床医学人才引进计划	深圳市人民政府办公厅	深府办函〔2014〕3 号	有效
3	深圳市人才安居办法	深圳市人民政府	2014 年 12 月 1 日深圳市人民政府令（第 273 号）发布，2020 年 3 月深圳市人民政府令（第 326 号）修改	有效
4	关于促进人才优先发展的若干措施	中共深圳市委、深圳市人民政府	深发〔2016〕9 号	有效
5	深圳市户籍迁入若干规定	深圳市人民政府	深府〔2016〕59 号	有效
6	深圳市人才引进实施办法	深圳市人力资源和社会保障局	深人社规〔2016〕22 号	有效
7	深圳市留学回国人员引进实施办法	深圳市人力资源和社会保障局	深人社规〔2017〕4 号	有效
8	深圳经济特区人才工作条例	深圳市人民代表大会常务委员会	2017 年 8 月 17 日深圳市第六届人民代表大会常务委员会第十九次会议通过，2019 年 8 月 29 日深圳市第六届人民代表大会常务委员会第三十五次会议修正	有效
9	关于实施"鹏城英才计划"的意见	中共深圳市委、深圳市人民政府	深发〔2018〕10 号	有效
10	深圳市引进高层次医学团队管理办法	深圳市卫生健康委员会、深圳市财政局	深卫健规〔2019〕7 号	有效
	深圳市杰出人才选拔培养实施办法（试行）	深圳市人民政府办公厅	深府办规〔2019〕8 号	有效
11	深圳市支持金融人才发展的实施办法	深圳市地方金融监督管理局	深府规〔2020〕3 号	有效

序号	文件	发文单位	文号	时效性
12	深圳市新引进博士人才生活补贴工作实施办法	深圳市人力资源和社会保障局、深圳市财政局	深人社规〔2022〕3 号	有效

资料来源：笔者整理。

（二）经费投入，激励人力资本绩效提升

深圳市为激励各类人才干事创业，设置了奖励补贴、双创激励、人才培养经费、技术攻关奖励等经费保障措施。除此之外，深圳市非常重视研究与实验发展活动，从资金来源来看，无论是政府还是企业，用于研究与实验发展活动的实际支出都呈不断增长的趋势。

深圳市非常重视研发投入，长期以来，深圳市 R&D 经费内部支出经费不断增加，R&D 活动人员队伍不断壮大。2020 年，深圳市 R&D 经费内部支出经费约 1510.8088 亿元，占全国的 6.19%、广东的 43.42%，仅次于北京的 2326.58 亿元和上海的 1615.69 亿元；R&D 经费内部支出经费占地区生产总值的比重为 5.46%，远高于全国、广东省平均水平，仅低于北京。R&D 经费内部支出经费中用于基础研究的经费由 2019 年的 34.4 亿元增长至 2020 年的 72.82 亿元，占 R&D 经费内部支出经费的比重由 2.59% 跃升至 4.82%。2020 年，深圳市 R&D 活动人员为 428515 人，约占全国的 5.67%、广东的 36.46%，具体见表 7-2。2020 年，深圳市聚焦基础学科领域创新人才培养，首批立项 101 个博士启动项目、40 个优青项目、20 个杰青项目，构建从博士（后）到优秀青年、杰出青年的人才成长全周期支持机制。

表 7-2　深圳市 2010~2020 年 R&D 经费内部支出与 R&D 活动人员数

年份	R&D 经费内部支出（万元）	R&D 活动人员（人）
2010	3333102	177756
2011	4161363	176107
2012	4883738	218090
2013	5846115	213641
2014	6400662	192600

年份	R&D 经费内部支出（万元）	R&D 活动人员（人）
2015	7323851	206327
2016	8429693	233927
2017	9769377	281369
2018	11635386	340899
2019	13283000	377937
2020	15108088	428515

资料来源：相应年份《深圳统计年鉴》《广东统计年鉴》。

（三）细致保障，创造拴心留才外部环境

深圳市创新人才工作政策、体制机制、方式方法，积极营造拴心留才的良好环境。最大限度解决引进人才的子女教育、医疗保健、社会保障、家属就业等难题，让他们凝心聚力、心无旁骛地干事创业。

在安居方面，深圳市构建人才住房多元化保障体系。扩大配租房源有效供给，按规定为人才配租或配售保障性住房。对租住非保障性住房的人才，按标准发放租房补贴，出台人才安家补贴政策。在生活方面，深圳市对高层次人才子女申请转（人）义务教育阶段学校就读的，按规定予以保障。为人才父母落户深圳提供便利。建立高层次人才医疗咨询服务专员制度。在业务办理方面，深圳市对符合条件的人才及时定向宣传推送政策信息，变"人找政策"为"政策找人"。"鹏城优才"线上线下一体化服务平台便捷服务各类人才。政策兑现效率高，人才办事体验好。此外。深圳还建成全国首个人才主题公园，打造人才星光柱、人才雕塑群、人才功勋墙等永久性人才激励阵地，将每年11月1日确定为"深圳人才日"。

深圳市一系列配套措施创造了拴心留才良好外部环境，全心全意支持人才干事创业。

第二节　深圳市人力资本提升成效

在一系列经验做法的推动下，深圳市吸引了大批人才在此集聚，深圳市人

力资本水平不断提升。根据第七次全国人口普查结果，深圳市常住人口中，拥有大学（指大专及以上）文化程度的人口为 5065927 人；拥有高中（含中专）文化程度的人口为 3634058 人；拥有初中文化程度的人口为 5482194 人；拥有小学文化程度的人口为 2021505 人。与 2010 年第六次全国人口普查相比，每 10 万人中拥有大学文化程度的人数由 17545 人上升为 28849 人；拥有高中文化程度的人数由 23799 人下降为 20695 人；拥有初中文化程度的人数由 44107 人下降为 31220 人；拥有小学文化程度的人数由 9036 人上升为 11512 人，15 岁及以上人口平均受教育年限为 11.86 年①。表 7 - 3 为广东省第七次人口普查每 10 万人口中拥有的各种受教育程度人数。

表 7 - 3　广东省第七次人口普查每 10 万人口中拥有的各种受教育程度人数　单位：人

市别	小学	初中	高中（含中专）	大学（大专及以上）
广州	13777	29480	22005	27277
深圳	11512	31220	20695	28849
珠海	15356	28900	21575	25752
汕头	28391	33426	17128	8255
佛山	18683	36318	20556	16143
韶关	26065	34270	15985	11613
河源	25408	39983	14711	8480
梅州	23631	40551	16295	8266
惠州	21518	40204	16220	12322
汕尾	33358	34480	10866	5199
东莞	15713	42219	22279	13241
中山	20021	38568	19601	13356
江门	22836	36553	20653	11839
阳江	28586	35223	15404	9095
湛江	25896	36890	13986	8817
茂名	27196	36209	15107	8074

① 深圳市统计局. 深圳市第七次全国人口普查公报 ［EB/OL］. 2021 - 05 - 07. http：//tjj. sz. gov. cn/zwgk/zfxxgkml/tjsj/tjgb/content/post_8772069. html.

市别	小学	初中	高中（含中专）	大学（大专及以上）
肇庆	25240	39898	14863	8786
清远	29237	36707	12182	9255
潮州	30625	35106	14680	7669
揭阳	30493	37534	13542	4418
云浮	26598	41933	12512	6871

资料来源：笔者根据第七次人口普查数据整理。

在整体人力资本水平提升的基础上，深圳着力构建面向创新高端人才的"引凤筑巢"机制，为顶尖人才干事创业搭建平台、构建生态，先后挂牌成立13 家诺贝尔奖（图灵奖）科学家实验室，引进菲尔兹奖获得者埃菲·杰曼诺夫创设深圳国际数学中心，2022 年著名年轻科学家颜宁受聘为深圳医学科学院首任院长。除了"引凤筑巢"外，"筑巢引凤"也成效显著，深圳近年来大力建设高水平高校和科研院所，搭建高端科技服务平台，构建一流创新生态系统，依托创新平台吸引和培育人才。深圳市建立诸多高水平创新平台，如大湾区综合性国家科学中心、鹏城实验室、前海深港现代服务业合作区、光明科学城、河套深港科技创新合作区、西丽湖国际科教城等，全市创新载体超 3200家，吸引和培养各类人才超过 100 万人，拥有全职"两院"院士 60 余人[①]。

第三节　深圳市能源效率提升成效及实践分析

基于数据的可获得性，本节采用单要素指标衡量深圳市的能源效率，虽然有一定不足，但仍可以在一定程度上说明在人力资本作用下能源效率的变化趋势。单要素能源效率采用产出与能源消费总量的比值来衡量，本节选用深圳市生产总值作为产出指标，基于研究需要及数据的可获得性，本节计算了 2010 ~ 2021 年深圳市能源效率及单位国内生产总值能耗，计算时深圳市国内生产总值以 2010 年为基期进行平减运算，结果见表 7 - 4。可以看出，在样本期内，

---

① 深圳市人民政府. 深圳出台《关于实施更加开放更加有效的人才政策促进人才高质量发展的意见》[EB/OL]. 2023 - 11 - 01. https://www.sz.gov.cn/cn/ydmh/zwdt/content/post_10926230.html.

深圳市以单要素指标衡量的能源效率整体呈提高态势，从 3.082 增长到 5.683，年均增长率为 5.722%；相应地，深圳市单位国内生产总值能耗由 0.324 下降为 0.176。

表 7 – 4　　　2010 ~ 2021 年深圳市能源效率及单位国内生产总值能耗

项目	2010 年	2011 年	2012 年	2013 年	2014 年	2015 年	2016 年	2017 年	2018 年	2019 年	2020 年	2021 年
能源效率	3.082	3.204	3.954	4.267	4.495	4.618	4.846	5.050	5.267	5.441	5.748	5.683
单位国内生产总值能耗	0.324	0.312	0.253	0.234	0.222	0.217	0.206	0.198	0.190	0.184	0.174	0.176

注：笔者根据相应年份《深圳统计年鉴》有关数据进行计算而得。单位国内生产总值能耗单位为万吨标准煤/万元。

通过研究发现深圳市能源效率的提升具有以下特点。

（一）绿色技术进步成效显著

前文已述，人力资本可通过知识生产和技术创新、技术扩散、技术吸收促进技术进步，同时，在"双碳"目标和新发展理念约束下，技术会朝着绿色方向演进。深圳市在人力资本的不断引领下，技术进步明显，在新发展理念和"双碳"目标的指引下，绿色技术进步也取得很大成效。2021 年，深圳市专利总授权量为 279177 件，其中，绿色专利总授权量为 15767 件，超过上海（13196 件），仅次于北京（19368 件），全国排名第二。

表 7 – 5　　　　　2010 ~ 2021 年深圳市专利、绿色专利总授权量　　　　单位：件

年份	专利总授权量	绿色专利总授权量
2010	34951	1870
2011	39363	2433
2012	48662	2722
2013	49756	3477
2014	53687	3649
2015	72120	4826

年份	专利总授权量	绿色专利总授权量
2016	75043	5657
2017	94250	7309
2018	140202	11107
2019	166609	8733
2020	222412	11732
2021	279177	15767

资料来源：专利总授权量来源于相应年份《深圳统计年鉴》，绿色专利总授权量来源于国家知识产权局。

（二）产业结构不断优化

第三章就人力资本对能源效率的影响机理进行了分析，证明了人力资本可通过促进产业结构优化进而影响能源效率，第六章也就这一机制进行了实证研究。本节按照表7－6的划分方法，根据广东省各市41个工业门类的规模以上工业总产值计算了2012～2022年广东省各地市产业结构优化程度指数，结果见附表8。

表7－6 深圳市产业类型及分组情况

分组	制造业分类
低耗能组	农副食品加工业；食品制造业；酒、饮料和精制茶制造业；烟草制品业；纺织服装、服饰业；皮革、毛皮、羽毛及其制品和制鞋业；木材加工和木、竹、藤、棕、草制品业；家具制造业；印刷和记录媒介复制业；文教、工美、体育和娱乐用品制造业；医药制造业；通用设备制造业；专用设备制造业；汽车制造业；铁路、船舶、航空航天和其他运输设备制造业；电气机械和器材制造业；计算机、通信和其他电子设备制造业；仪器仪表制造业；废弃资源综合利用业；金属制品、机械和设备修理业；其他制造业
高耗能组	煤炭开采和洗选业；石油和天然气开采业；黑色金属矿采选业；有色金属矿采选业；非金属矿采选业；开采专业及辅助性活动；其他采矿业；纺织业；造纸和纸制品业；石油、煤炭及其他燃料加工业；化学原料和化学制品制造业；化学纤维制造业；橡胶和塑料制品业；非金属矿物制品业；黑色金属冶炼和压延加工业；有色金属冶炼和压延加工业；金属制品业；电力、热力生产和供应业；燃气生产和供应业；水的生产和供应业

资料来源：笔者自行整理。

2012～2022 年深圳市产业结构优化程度指数由 0.8436 增加到 0.8656，除了 2018 年略有下降外，整体呈不断增加的态势。横向来看，样本期内深圳市产业结构优化程度指数一直排名第一。由图 7 - 1 可知，2022 年，深圳市优化程度指数达 0.8656，远超广州、佛山、东莞等主要城市。这就表明，样本期内深圳市在人力资本引领下，产业不断向着低碳、低能耗方向演进，产业结构不断优化。从产业门类来看，文教、工美、体育和娱乐用品制造业，通用设备制造业，专用设备制造业，汽车制造业，电气机械和器材制造业以及计算机、通信和其他电子设备制造业等低耗能产业成为深圳市的主导产业。

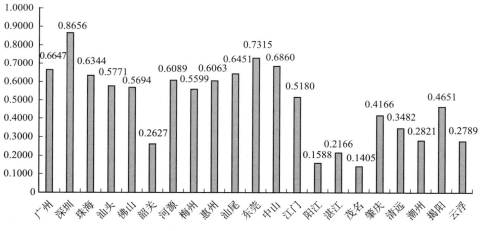

图 7 - 1　广东省各市 2022 年产业结构优化程度指数

（三）公众绿色偏好逐渐形成

2022 年，深圳市人民政府办公厅发布《关于印发深圳市促进绿色低碳产业高质量发展若干措施的通知》中强调"积极稳妥推进碳达峰碳中和，加快发展绿色低碳产业，推动形成绿色低碳的生产方式和生活方式"。深圳市十分重视对绿色生活方式的倡议和推动。2020 年，深圳市推出鼓励绿色消费的"鹏城八月欢乐游购"活动，鼓励绿色消费。

人力资本可通过改变偏好和预算约束来影响绿色消费方式，而消费方式是生活方式的主要表现。随着人力资本的不断提升，深圳市绿色消费指数整体呈现提高态势。基于样本内涵的一致性考虑，本书按照第六章第二节的计算方法测算了 2014～2021 年深圳市的绿色消费指数，具体结果见表 7-7。从表 7-7 中可以看出，2014～2021 年，深圳市绿色消费指数整体呈现上涨态势，只有 2020 年受新冠疫情影响有所下降。

表 7-7   2014～2021 年深圳市绿色消费指数

年份	绿色消费指数
2014	0.6690
2015	0.6800
2016	0.6953
2017	0.7004
2018	0.7080
2019	0.7064
2020	0.6918
2021	0.7039

资料来源：根据相应年份《深圳统计年鉴》计算。

整体来看，深圳市人力资本影响能源效率提升的路径无论是在绿色技术创新、产业结构优化还是在绿色公众偏好形成等方面均有良好表现，绿色技术进步尤为突出。

第四节 小 结

本章通过分析深圳市人力资本提升及能源效率表现现状发现，在一系列有效措施的保障下，深圳市人力资本水平不断提升。2010～2021 年，深圳市常住人口中，每 10 万人中拥有大学文化程度的人数由 17545 人上升为 28849 人；拥有高中文化程度的人数由 23799 人下降为 20695 人；拥有初中文化程度的人数由 44107 人下降为 31220 人；拥有小学文化程度的人数由 9036 人上升为 11512 人。相应年份的能源效率由 3.082 增加到 5.683，年均增长率为 5.722%。从能源效率提升路径来看，深圳市在绿色技术创新、产业结构优化、形成公众绿色偏好方面均有良好表现。

第八章

研究结论、建议与展望

本书对人力资本影响能源效率的机理和路径进行了较为系统的研究。本章首先对全书中的相关研究结论进行梳理与归纳；其次，围绕研究结论，提出相关的政策建议；最后，总结研究过程中存在的不足与缺憾，以期为未来可能的研究方向和内容提出建议。

第一节　研究结论

"双碳"目标对能源效率快速提升提出了更高的要求，研究人力资本对能源效率的影响对实现"双碳"目标具有重要意义。因此，首先，通过数理模型推导以及实现路径分析，构建了一般均衡模型，并进一步对各传导机制进行了机理分析，以中国内地30个省份为研究对象，测度了2003~2019年人力资本水平以及2003~2016年能源效率水平，在此基础上，对两者进行时空格局分析，对能源效率进行了收敛分析；其次，构建实证模型，并以2003~2016年为窗口期，对人力资本对能源效率的影响进行实证检验、异质性检验以及传导机制检验。通过分析，主要得出以下结论：

第一，人力资本对能源效率有正向显著影响。首先，通过构建数理模型证明了人力资本会对能源效率产生影响，且结合经济实际判断人力资本可促进能源效率提升；其次，对人力资本和能源效率进行测度，分析人力资本与能源效率的事实特征，发现绝大多数地区的人力资本与能源效率具有趋同性，即人力资本水平较高的地区能源效率也高，但也有一些地区存在人力资本与能源效率趋势相反或相关性不明显的现象，初步证明人力资本与能源效率的相关性；最后，构建Ⅳ－Tobit 模型进行分析，回归结果表明人力资本每提高 1 个百分点，能源效率能提高 16.9%，实证检验了本书的核心命题成立。

第二，人力资本对能源效率是通过绿色技术进步效应、产业结构优化效应、公众绿色偏好效应产生影响的，政府治理可对以上三种效应产生调节作用。首先，在分析框架中，从发展方式和生活方式两个方面分析，判断绿色技术进步、产业结构优化以及公众绿色偏好会对能源效率产生影响。其次，分析了通过逻辑推理分析和作图分析相结合的方式，证明了人力资本对能源效率的影响会存在绿色技术进步效应、产业结构优化效应、公众绿色偏好效应，且政府治理会对这三种效应起到调节作用。最后，通过第六章对传导机制的实证检验发现，当未加入政府治理这一调节变量前，对于绿色技术进步效应，人力资本—绿色技术进步—能源效率之间的传导机制虽然成立，但人力资本并不能正向地促进绿色技术进步，表现为"遮掩效应"；对于产业结构优化效应，人力资本—产业结构优化—能源效率传导机制虽然成立，但该效应只在全国样本区间和北方样本区间显著；对于公众绿色偏好效应，人力资本—公众绿色偏好—能源效率传导机制成立，且是在全国、南方地区成立。加入政府治理这一调节变量后，人力资本可显著地促进绿色技术进步，且会强化绿色进步对能源效率提升的正向作用，但在不同地区作用程度不同；对于产业结构优化效应，在政府治理的调节下，产业结构优化在全国、南方、北方地区均可正向显著地促进能源效率提升；对于公众绿色偏好效应，加入调节项后，公众绿色偏好效应只在南方地区成立，表明了政府治理只在南方地区遵循"波特效应"，而在全国范围来看遵循"成本效应"，但在三个样本区间均可强化公众绿色偏好效应。总之，本书证明了人力资本对能源效率是通过绿色技术进步效应、产业结构优化效应、公众绿色偏好效应产生影响的，政府治理可对以上三种效果产生调节作用。

第三，人力资本对能源效率的影响在不同地区会有异质性结果。在第四章的时空格局及事实特征分析中就发现，不论是人力资本还是能源效率，虽然都表现出趋同性，但在一些地区也会表现出异质性结果。第五章的异质性分析表明，低人力资本水平组的回归系数为 0.278，且高度显著，高人力资本组的回归系数为 0.326，且在 1%的水平下显著，表明了高人力资本对能源效率的促进作用更加明显；南方地区组的回归系数为 0.155，且在 1%的统计水平下显著，北方地区组的回归系数为 0.151，同样在 1%的统计水平下显著，表明无论是在南方地区还是北方地区，人力资本水平的提升均可显著地促进能源效率的提升，且相较于北方地区，人力资本在南方地区对能源效率的边际作用更大一些；资源型地区人力资本每增加 1 个单位，能源效率会提升 8.3%，非资源型地区人力资本每增加 1 个单位，能源效率会提升 17.3%，差异显著，但均表明了人力资本对能源效率提升的重要作用。以上结果说明，高人力资本比低人力资本对能源效率的促进作用更大，人力资本对能源效率的促进效果南方地区比北方地区更明显，而在非资源型地区，人力资本对能源效率的边际作用大于资源型地区人力资本对能源效率的边际作用。

第二节　政　策　建　议

根据本书的机理分析及实证结果，结合中国实际，围绕主要命题，以提高能源效率为目标，提炼相关政策建议如下。

第一，完善人力资本培养机制，提高人力资本水平。

根据第四章人力资本的测度结果，在样本期内，中国内地 30 个省份人力资本虽均为增长，年均增长率为 1.36%，但整体来看我国人力资本水平仍然较低，第六章的检验甚至发现部分地区的人力资本不足以支撑绿色技术进步。所以，首先应当提高人力资本水平。针对目前人力资本培养方面所存在的问题，提出如下建议：

一方面，要充分发挥政府主体作用，促进人力资本水平提升。人力资本对于能源效率具有深远的影响，教育和培训是人力资本的重要来源，家庭和政府是主要的人力资本投资的主体。首先，应当切实落实"双减"任务，促进教育事业健康发展，增加家庭主要劳动力的培训机会。其次，政府应当加大教育投资力度，提高教育在财政支出中的比重，同时要注意财政教育支出在地区的平衡问题以及在各级教育间的分配问题；还要重视对在职人员的继续教育与培训，充分发挥财政、金融、税务等政策工具的作用，对继续教育者和自行培训者给予必要的津贴，制定政策给予继续教育者和自行培训者必要的时间。最后，在加大教育经费投入的同时，应加强优质资源公平分配，制定政策引导优质教育资源向乡镇流动，促进教育公平。

另一方面，要健全人才激励机制，增加人力资本投资回报率。保持人力资本投资回报率是增加人力资本投资的重要动力。长期以来，我国人力资本市场存在定价机制扭曲、人力资本回报率低等问题。根据陆明涛（2017）

的研究，按照明瑟方程法计算的人力资本回报率从 1982 年的 60% 以上迅速下降到 1984 年的 34%，随后持续下降至 2015 年的 10%，并认为这一趋势将一直保持到 2030 年。这一现象将极大地影响个体对人力资本投资的积极性。为此，一是要制定高人力资本最低工资标准，对人才给予住房、租房补助和生活补贴，加大对有重大科技成果者的奖励力度；二是要制定政策允许科研人员利用假期、周末等休息时间兼职、讲学等，以增加个人收入；三是要营造尊重人才、重视人才的氛围，对表现优异的人才优先晋升职务、职称，使人才具有归属感。

第二，加大经费投入，提高人力资本绿色知识生产和绿色技术创新水平。

第三章的机理分析和第六章的实证研究表明，绿色技术进步能够显著地促进能源效率提升，而绿色技术进步的主要来源是知识生产和技术创新，人力资本与其密不可分。首先，根据绿色技术发展所处的不同阶段，并结合不同行业"双碳"目标实现的技术需求，明确科研方向，完成人才布局。对于能源效率较低的产业，应该将科研方向确定为旧设备的改良和新设备的创新，思考如何在不增加生产成本的基础上提高能源效率，减少二氧化碳和其他污染物的排出。对于能源效率较高的高端装备制造业、节能环保业等领域，应将主要精力放在前沿技术的研发、"卡脖子"技术的突破以及创新成果的转化方面。在此基础上，谋划相关领域的人力资本布局，精准识别人才、引进人才、集聚人才，为知识生产和技术创新做好人力资源准备；当然，在高人力资本引进的同时还要注意加强不同层次人力资本的培养和投资，因为前文第五章的研究表明，人力资本的存量效应作用于能源效率的边际效果大于人力资本的结构效应作用于能源效率的边际效果。其次，加大经费支持，提高人力资本绿色技术创新效率。绿色技术具有正的外部性，对于企业来说，其从事绿色技术创新产生的外部收益难以转化为企业的内部收益，如果单纯依靠企业进行绿色技术创新，企业就会缺乏绿色技术创新的动力。然而对于人力资本来说，"巧妇难为无米之炊"，所以，政府、企业以及市场要协同用力，要加大科研经费投入，既包括基础性、前瞻性技术领域，也包括实用性技术领域，使人力资本在科学理论的指导下具有实践的机会。同时，要完善经费管理流程，加大经费使用、考核力度，确保科研经费使用方便、高效、有效果，避免陷入科技创新低效率陷阱。最后，要建立人力资本创新容错机制。创新的过程从某种意义来说就是不断试错的过程。虽要强调提高创新效率，但要在前沿领域建立创新容错机制，保证人力资本创新的积极性，使其持续发力。

第三，促进人力资本科研成果在生产端转化，促进技术扩散。

人力资本对能源效率的影响最终仍然体现在生产端，科研成果转化也是人力资本自身价值的体现。我国目前的科研成果转化率仍然较低，以绿色专利为例，据研究，近十年失效和弃权比高达60%（李艳洁，2019）。第四章的机理分析提出，对于技术领导者来说，人力资本可通过知识生产和技术创新创造科研成果；对于技术追随者来说，人力资本可缩短技术领导者和技术追随者技术缺口的闭合速度，促进技术扩散。因此，对于技术领导者来说，一是要提升科研成果的质量以及科研成果与生产技术的契合度；二是要鼓励高人力资本个体以高新技术成果出资入股，适当增加人力资本个体的持股比例，积极促进科研成果转化；三是要积极发挥科技中介的作用，科技中介有利于减少信息不对称，应充分发挥其专业优势，弥补科技成果转化中面临的信息和技术等方面的不足，提高科技成果转化的质量和效率。对于技术追随者来说，要通过人才引进、人才交流等措施提升人力资本水平，以保证必要的技术吸收能力和技术应用能力。

第四，促进人力资本跨部门、跨区域流动或交流，优化人力资本分布结构。

第五章的异质性分析表明，人力资本在南方地区对能源效率的促进作用更大，就传导路径而言，如公众绿色偏好路径在南方地区作用更为明显，形成这一现象的原因虽需要具体问题具体分析，但人力资本的地区差异也是重要影响因素之一。人力资本属于要素投入成本较高的稀缺资源，更容易流向高生产率、高回报率的部门和地区。从行业来看，人力资本往往集聚于利润较高的产业；从地区来看，高人力资本区主要集中于东部的环渤海、长三角、珠三角地区，较高人力资本区与较低人才集聚区在中部地区交错分布，低人力资本区在西部地区连片呈现，人力资本水平由东向西呈现阶梯式递减的分布情况，存在分布不均衡的状况。第四章的收敛分析也证明，这一因素造成了部分地区能源效率低水平俱乐部收敛，制约了能源效率的提升。本哈比和斯皮尔格（Ben-habib & Spiegel，2002）的研究曾指出，提升人力资本是地区摆脱低水平俱乐部收敛的重要手段。为此，低生产率部门、中西部地区应当高度重视人才引进和培养工作。一是要建立人才引进奖励制度，吸引来自世界各国、全国各地的高层次人才；二是要优化营商环境、科研环境，一个人才最终能不能留得住，还要看他的职业发展，低效率行业、中西部地区要尽力而为，建立人才发展长期规划、优化人才发展环境、加大保障人才政策，为引进人才提供良好的营商环境或科研环境；三是要提升人才服务水平，为各类人才提供优质、全面、精准的服务。为其解决科研、住房、配偶就业、子女入学等系列问题，为其免除后顾之忧。通过这一系列努力，争取达到人力资本"回流"的局面。同时，中西部地区要加大人力资本自我培养力度，减轻人才难引阵痛。

第五，重视人力资本在绿色生活方式形成方面的带动作用。

第六章的实证研究表明了绿色消费方式乃至绿色生活方式对于能源效率提升的重要性。"十三五"期间，我国绿色生活方式得到逐步推广。国家层面先后印发实施了一系列实施方案，涉及家庭、学校、社区等七大主体，提出因地制宜推行生活垃圾分类，推进全链条防治塑料污染，开展节约粮食反对浪费行动，反对商品过度包装。但是粮食浪费、能源浪费、资源浪费等现象仍然存在，简约适度、绿色低碳、文明健康的生活方式尚未根本形成，还没有成为社会普遍的行动自觉。第三章也证明了人力资本对绿色生活方式的重要性。因此，一方面，国家应当继续大力推进绿色生活方式的宣传引导和教育，使其成为社会普遍的行动自觉。最关键的是，要提高居民人力资本水平，影响居民的绿色行为态度、绿色主观规范、绿色知觉行为控制从而影响个体的绿色行为意向，最终养成绿色生活方式自觉。另一方面，生产决定消费，绿色技术创新的高成本投入会使绿色产品的边际成本较高，在完全竞争市场利润最大化条件下，边际成本等于边际收益等于价格，因此，如完全依靠市场，完全由市场机制决定，则会产生绿色产品价格较高的问题。所以，政府和企业还应该充分发挥挖掘绿色产品功能作用，增加绿色产品额外效用，降低绿色产品价格，提高绿色产品性价比，使居民消费向绿色转型。

第六，政府要加大对绿色产品的补贴力度，降低绿色产品的相对价格，促进绿色技术推广。

在第三章的公众绿色偏好路径分析中，认为绿色产品与非绿色产品的相对价格会对形成偏好产生重要影响，且第六章的实证检验发现，公众绿色偏好效应在全国成立，分样本来看，在南方地区成立，在北方地区不成立；加入调节项后公众绿色偏好效应只在南方地区成立。绿色产品来源于绿色技术，绿色技术与绿色产品均具有公共物品的性质，有正的外部性。如果没有政府的补贴，企业绿色技术的边际收益只包含绿色技术的私人收益，外部收益无法被企业获得，企业持续推进绿色技术创新、生产绿色产品的动力就会不足。如果政府能够给企业的补贴相当于边际外部收益的补贴额，企业的边际外部收益就会转化为企业的边际私人收益，此时，企业的绿色技术创新的边际社会收益与边际社会成本相等，企业的绿色技术创新规模就会增加，可实现资源配置的帕累托最优。所以，政府要加大对企业绿色技术创新的补贴力度。除了补贴企业外，还应当加大对公众消费者的补贴力度，虽然说人力资本在形成绿色偏好方面可发挥带动作用，但高额的价格仍然会使绿色技术、绿色产品获得广泛认可。所以，政府要配合企业对绿色产品、绿色技术予以支持，增加绿色产品的额外效用。如对新能源汽车实行不限行规定、停车优惠，尽可能支持帮扶绿色产业发展。

第七，重视人力资本与其他能源变量的互补匹配关系。

正如前文所分析，人力资本虽是影响一个国家和地区能源效率的主要因素，但绝不是唯一因素。一个地区的能源效率水平除了人力资本外，还与技术、产业结构、能源结构、能源价格、要素错配程度、对外开放程度、政府治理等因素有关。所以，不能将人力资本看成孤立因素，忽略其他因素。因此，其一，政府除了要加强人力资本投资外，还应当加快产业结构调整步伐，推动能源清洁高效利用，增加新可再生能源的使用占比，打破能源市场分割格局，减少要素错配程度，增加对外开放程度，加强政府环境治理能力，加强基础设施建设。其二，还应当注意人力资本与技术、产业结构、政府治理、基础设施等因素的适配性问题。以技术为例，技术进步按照技术水平可分为简单模仿、模仿性创造以及自主创新，这三个阶段的形成条件以及人力资本在其中的主要作用都不相同，对人力资本的要求也会有所不同。所以，还要加强对人力资本与其他能源变量的互补匹配研究，提升人力资本与其他要素的适配性，不断提升各要素作用发挥水平，这样才能够最大限度地提升各地区的能源效率。

第八，北方地区的政府要重视在"减排"的基础上实现"节能降本"。

第六章的实证结果表明，在未加入政府治理这一调节变量前，检验结果为公众绿色偏好效应在全国成立，分样本来看，在南方地区成立，在北方地区不成立；加入调节项后公众绿色偏好效应只在南方地区成立。原因可能是南方地区企业和居民人力资本水平较高，且产业更多的是制造业，在政府治理下，企业更注重"节能降本"，且有较高的人力资本水平，能够实现技术突破达到创新补偿，在政府治理下南方地区遵循"波特效应"。相对而言，北方地区人力资本水平较低，且产业更多的是重化工业，在政府治理下，北方地区企业更注重"减排"，增加了企业成本；同时，相对于南方地区，北方地区居民收入水平较低，缺乏购买价格较高的绿色产品的能力，绿色产品市场热度不够，在政府治理下北方地区遵循"成本效应"。针对这一问题，一方面，各地要重视提升居民收入水平和人力资本水平，争取形成更为广泛的绿色偏好；另一方面，北方地区政府应当调整规制方向，要在"减排"的基础上重视"节能降本"。

第九，不断提升政府治理水平，充分发挥政府治理的调节作用，使人力资本对能源效率的影响作用朝着效率提升的方向发展。

第三章的机理分析中一些机制的发生依赖于政府治理的调节作用，第六章的机制检验也证明了这一点。因此，各地政府应充分发挥我国政治制度的优越性，不断完善能源、环境政策体系，提升治理水平。实际上，随着"十四五"规划的出台，我国对环境能源问题的重视程度上升到了前所未有的高度，但是目前相关制度仍不完善。比如，虽然我国的排污权交易以及碳交易体系建设已有所推进，但仍未在全行业实行，配额发放方式使碳价保持在较低水平，期货、期权等金融产品未推广，很难达到稀缺性、排他性、可交易性的效果。因此，在"十四五"乃至以后要因地制宜，不断进行制度创新，提升政府治理水平，促使人力资本对能源效率的影响作用朝着效率提升的方向发展。

第三节　不足与展望

本书遵循"发现问题—研究问题—解决问题"的逻辑对人力资本对能源效率的影响进行了比较细致的研究，对其机理分析和实证研究方面进行探讨，初步形成一些结论，弥补了现有研究的一些不足。但受数据获取难度以及自身知识掌握不足等因素的影响，仍然存在一些有待未来继续深入研究或完善的内容。

第一，还需要进一步探索构建人力资本对能源效率影响的数理分析模型。本书通过数理模型证明了核心命题，但模型仍然不完美，在今后的研究中可考虑把关键要素提炼后纳入生产函数、形成数理模型，同时加入"回弹效应"、制度因素等当作冲击变量，采用 CGE 模型或 DSGE 模型进行分析，并进行数值模拟和敏感性分析，以增强该理论的逻辑推演性和严谨性，这是本书还需要进行完善的内容。

第二，在度量绿色生活方式时采用绿色消费方式来衡量，采用指标为宏观数据，虽也能表明情况，但具有片面性，也缺乏精准性。较为理想的状况是，使用相应年份的微观调查数据，提取出人力资本状况、相应的消费状况等数据，对此进行分析研究。由于数据有限，本书难以进一步采用微观调查数据研究人力资本对绿色生活方式进而对能源效率的影响。将来，在条件允许的情况下，应科学设定微观数据调查方案，调研微观数据，积累数据量，精准分析人力资本对绿色生活方式的影响。

第三，随着碳排放交易的全面开展，可将碳排放交易这一重要政策纳入考察范围。2021 年 7 月 16 日，全国碳排放权交易市场正式开市。但是，目前碳交易的主体是配额分配的电力行业的企业，交易活跃度较差，碳价较低。待时机成熟后，可将该政策纳入研究框架，研究该项政策对本书的核心命题会带来怎么样的冲击。

参 考 文 献

［1］白俊红，刘怡．市场整合是否有利于区域创新的空间收敛［J］．财贸经济，2020，41（1）：96－109．

［2］白俊红，刘宇英．对外直接投资能否改善中国的资源错配［J］．中国工业经济，2018（1）：60－78．

［3］蔡昉．强化人力资本：扩大中等收入群体的源与径［J］．中国人大，2016（17）：17－18．

［4］陈菁泉，刘娜，马晓君．中国八大综合经济区能源生态效率测度及其驱动因素［J］．中国环境科学，2021，41（5）：2471－2480．

［5］陈军，成金华．内生创新、人文发展与中国的能源效率［J］．中国人口·资源与环境，2010，20（4）：57－62．

［6］陈诗一，陈登科．雾霾污染、政府治理与经济高质量发展［J］．经济研究，2018，53（2）：20－34．

［7］陈诗一．能源消耗、二氧化碳排放与中国工业的可持续发展［J］．经济研究，2009，44（4）：41－55．

［8］程源，高建．企业外部技术获取：机理与案例分析［J］．科学学与科学技术管理，2005（1）：43－47．

［9］丹尼斯·米都斯．增长的极限：罗马俱乐部关于人类困境的研究报告［M］．长春：吉林人民出版社，1997．

［10］邓慧慧，杨露鑫．雾霾治理、地方竞争与工业绿色转型［J］．中国工业经济，2019（10）：118－136．

［11］董直庆，王辉．环境规制的"本地—邻地"绿色技术进步效应［J］．中国工业经济，2019（1）：100－118．

［12］杜克锐，鄢哲明，杨志明．能源和环境绩效评价方法的最新研究进展［J］．环境经济研究，2018，3（1）：113－138．

［13］方福前，俞剑．居民消费理论的演进与经验事实［J］．经济学动态，

2014（3）：11 – 34.

[14] 冯烽. 次贷危机后中国股市的波动溢出研究——基于时变 Clayton Copula 方法 [J]. 广西财经学院学报，2013，26（3）：48 – 53.

[15] 冯子标，焦斌龙. 论人力资本营运 [J]. 管理世界，1999（5）：203 – 204.

[16] 傅家骥. 对技术经济学研究对象的看法 [J]. 工业技术经济，1992（1）：1 – 4.

[17] 高琳. 分权的生产率增长效应：人力资本的作用 [J]. 管理世界，2021，37（3）：67 – 83，6 – 8.

[18] 高鹏，岳书敬. 中国产业部门全要素隐含能源效率的测度研究 [J]. 数量经济技术经济研究，2020，37（11）：61 – 80.

[19] 古丽娜尔·玉素甫，夏子惠. 市场分割、"双碳" 目标对中国能源效率的影响——基于中介和调节效应的检验 [J]. 科技管理研究，2023，43（13）：211 – 220.

[20] 郭继强. 人力资本投资的结构分析 [J]. 经济学（季刊），2005（2）：689 – 706.

[21] 郭正权，张兴平，郑宇花. 能源价格波动对能源—环境—经济系统的影响研究 [J]. 中国管理科学，2018，26（11）：22 – 30.

[22] 哈耶克. 自由秩序原理 [M]. 邓正来，译. 北京：生活·读书·新知三联书店，1997：61 – 67.

[23] 韩茂莉，胡兆量. 中国古代状元分布的文化背景 [J]. 地理学报，1998（6）：50 – 58.

[24] 杭雷鸣，屠梅曾. 能源价格对能源强度的影响——以国内制造业为例 [J]. 数量经济技术经济研究，2006（12）：93 – 100.

[25] 何兴强，欧燕，史卫，等. FDI 技术溢出与中国吸收能力门槛研究 [J]. 世界经济，2014，37（10）：52 – 76.

[26] 何则，杨宇，宋周莺，等. 中国能源消费与经济增长的相互演进态势及驱动因素 [J]. 地理研究，2018，37（8）：1528 – 1540.

[27] 何志毅，杨少琼. 对绿色消费者生活方式特征的研究 [J]. 南开管理评论，2004（3）：4 – 10.

[28] 胡东兰，申颢，刘自敏. 中国城市能源回弹效应的时空演变与形成机制研究 [J]. 中国软科学，2019（11）：96 – 108.

[29] 惠宁, 惠炜, 白云朴. 资源型产业的特征、问题及其发展机制 [J]. 学术月刊, 2013, 45 (7): 100 - 106.

[30] 加里·贝克尔. 人力资本 [M]. 陈耿宣, 译. 北京: 机械工业出版社, 2016.

[31] 江洪, 纪成君. OFDI 逆向技术溢出能够改善中国能源效率吗 [J]. 审计与经济研究, 2020, 35 (3): 102 - 110.

[32] 姜雨, 沈志渔. 技术选择与人力资本的动态适配及其政策含义 [J]. 经济管理, 2012, 34 (7): 1 - 11.

[33] 焦斌龙, 焦志明. 中国人力资本存量估算: 1978—2007 [J]. 经济学家, 2010 (9): 27 - 33.

[34] 焦斌龙. 人力资本对居民收入差距影响的存量效应 [J]. 中国人口科学, 2011 (5): 16 - 25, 111.

[35] 焦丽丹. 博物馆贡献力研究 [J]. 中国博物馆, 2018, 135 (4): 74 - 80.

[36] 景守武, 张捷. 我国省际能源环境效率收敛性分析 [J]. 山西财经大学学报, 2018, 40 (1): 1 - 11.

[37] 蕾切尔·卡森. 寂静的春天 [M]. 上海: 上海译文出版社, 2008.

[38] 李栋华, 王霄. 中国省际经济发展的 "资源诅咒" ——基于 Malmquist 和面板数据的分析 [J]. 暨南学报 (哲学社会科学版), 2010, 32 (1): 84 - 89.

[39] 李国璋, 霍宗杰. 中国能源消费、能源消费结构与经济增长——基于 ARDL 模型的实证研究 [J]. 当代经济科学, 2010, 32 (3): 55 - 60, 125 - 126.

[40] 李海峥, 苏妍, 熊咸芳, 等. 基于工资的人力资本度量: 从微观个体到宏观总量 [J]. 计量经济学报, 2021, 1 (3): 518 - 540.

[41] 李欢欢, 顾丽梅. 垃圾分类政策试点扩散的逻辑分析——基于中国 235 个城市的实证研究 [J]. 中国行政管理, 2020 (8): 81 - 87.

[42] 李建民. 论人力资本的社会功能 [J]. 广东社会科学, 2003 (5): 18 - 26.

[43] 李建民. 人力资本与经济持续增长 [J]. 南开经济研究, 1999 (4): 2 - 7.

[44] 李江龙, 杨秀汪. 聚焦 "新常态": 中国能源需求变化的驱动因素

分解 [J]. 厦门大学学报（哲学社会科学版），2021（4）：43-56.

[45] 李廉水，周勇. 技术进步能提高能源效率吗？——基于中国工业部门的实证检验 [J]. 管理世界，2006（10）：82-89.

[46] 李平. 国际技术扩散的路径和方式 [J]. 世界经济，2006（9）：85-93.

[47] 李平. 技术扩散中的溢出效应分析 [J]. 南开学报，1999（2）：29-34.

[48] 李荣杰，李娜，张静，等. 地区能源结构低碳化差异的收敛机制及影响因素——基于加权多维向量夹角指数 [J]. 统计与信息论坛，2020，35（10）：90-99.

[49] 李润强. 清代进士的时空分布研究 [J]. 西北师大学报（社会科学版），2005（1）：62-68.

[50] 李盛楠，许敏，林周周. 研发人力资本效应下国际知识溢出对高技术产业创新绩效的影响研究 [J]. 管理学报，2021，18（9）：1354-1362.

[51] 李思慧. 产业集聚、人力资本与企业能源效率——以高新技术企业为例 [J]. 财贸经济，2011（9）：128-134.

[52] 李艳洁. 环境科技专利成果转化率仅10% [N]. 中国经营报，2019-06-17（A07）.

[53] 李玉婷，刘祥艳. 中国工业能源效率及其收敛性——SFA全要素与单要素方法的比较分析 [J]. 干旱区资源与环境，2016，30（12）：14-19.

[54] 李子豪，禄雪焕. FDI对能源效率的影响存在门槛效应吗？——基于中国35个工业行业的实证研究 [J]. 兰州财经大学学报，2015，31（6）：54-61，67.

[55] 林伯强，杜克锐. 理解中国能源强度的变化：一个综合的分解框架 [J]. 世界经济，2014，37（4）：69-87.

[56] 林伯强，杜克锐. 要素市场扭曲对能源效率的影响 [J]. 经济研究，2013，48（9）：125-136.

[57] 刘海英，刘晴晴. 中国省级绿色全要素能源效率测度及技术差距研究——基于共同前沿的非径向方向性距离函数估算 [J]. 西安交通大学学报（社会科学版），2020，40（2）：73-84.

[58] 刘建江，李渊浩. 数字经济如何赋能全要素能源效率提升？[J]. 财经理论与实践，2023，44（2）：105-113.

[59] 刘洁，郭剑鸣，刘相锋．反腐败、能源投资和能源效率 [J]．财经论丛，2022（12）：103 – 112.

[60] 刘淑茹，李明媛，宋炜．双碳约束、能源消费结构与全要素能源效率 [J]．统计与决策，2024，40（2）：83 – 88.

[61] 刘晔，曾经元，王若宇，等．科研人才集聚对中国区域创新产出的影响 [J]．经济地理，2019，39（7）：139 – 147.

[62] 刘赢时，田银华．我国产业结构调整对能源效率影响的研究——基于收敛性假说的检验 [J]．湖南社会科学，2019（4）：100 – 107.

[63] 刘争，黄浩．中国省际能源效率及其影响因素研究——基于 Shephard 能源距离函数的 SFA 模型 [J]．南京财经大学学报，2019（1）：99 – 108.

[64] 刘子兰，刘辉，袁礼．人力资本与家庭消费——基于 CFPS 数据的实证分析 [J]．山西财经大学学报，2018，40（4）：17 – 35.

[65] 陆明涛．结构变迁过程中的人力资本与高等教育投资回报 [J]．金融评论，2017，9（5）：28 – 43，124.

[66] 吕承超，索琪，杨欢．"南北"还是"东西"地区经济差距大？——中国地区经济差距及其影响因素的比较研究 [J]．数量经济技术经济研究，2021，38（9）：80 – 97.

[67] 罗明，范如国，张应青．工业能源效率的多主体行为影响机制分析——异质性主体研究视角 [J]．技术经济与管理研究，2020（8）：72 – 78.

[68] 马晓君，陈瑞敏，苏衡．中国工业行业能源消耗的驱动因素与脱钩分析 [J]．统计与信息论坛，2021，36（3）：70 – 81.

[69] 孟昌，陈玉杰．1995—2010 年间的中国区域能源效率变动研究——描述性特征与基于面板数据 DEA 方法的实证 [J]．财贸经济，2012（6）：116 – 123.

[70] 孟凡臣，刘博文．跨文化吸收能力：跨国并购背景下知识转移过程的探索 [J]．管理工程学报，2019，33（2）：50 – 60.

[71] 孟凡生，邹韵．中国生态能源效率时空格局演化及影响因素分析 [J]．运筹与管理，2019，28（7）：100 – 107.

[72] 聂普焱，黄利．环境规制对全要素能源生产率的影响是否存在产业异质性？[J]．产业经济研究，2013（4）：50 – 58.

[73] 潘雄锋，杨越，张维维．我国区域能源效率的空间溢出效应研究 [J]．管理工程学报，2014，28（4）：132 – 136，186.

［74］彭武元，姚烺亭．中国分行业终端能源消费 CO_2 排放分解研究［J］．生态经济，2021，37（8）：21－27．

［75］钱雪亚．人力资本水平统计估算［J］．统计研究，2012，29（8）：74－82．

［76］钱雪亚，王秋实，刘辉．中国人力资本水平再估算：1995—2005［J］．统计研究，2008，25（12）：3－10．

［77］卿素兰．中西部高校教师流动的现状考察与对策建议——基于中西部"一省一校"重点建设大学的分析［J］．西南大学学报（社会科学版），2021，47（6）：93－100．

［78］屈小娥．中国省际能源效率差异及其影响因素分析［J］．经济理论与经济管理，2009（2）：46－52．

［79］冉茂盛，毛战宾．人力资本对经济增长的作用机理分析［J］．重庆大学学报（社会科学版），2008（1）：56－59．

［80］任秀峰．技术赶超中的模仿陷阱与跨越问题研究［J］．科技管理研究，2016，36（3）：89－94．

［81］单霁翔．博物馆的社会责任与社会教育［J］．东南文化，2010（6）：9－16．

［82］邵帅，杨莉莉，黄涛．能源回弹效应的理论模型与中国经验［J］．经济研究，2013，48（2）：96－109．

［83］沈冰，李鑫．金融发展、产业结构高级化与能源效率提升［J］．经济问题探索，2020（12）：131－138．

［84］盛来运，方晓丹，冯怡琳，等．家庭人口结构变动对居民消费的影响研究——基于微观家庭面板数据的分析［J］．统计研究，2021，38（11）：35－46．

［85］师博，沈坤荣．市场分割下的中国全要素能源效率：基于超效率DEA方法的经验分析［J］．世界经济，2008（9）：49－59．

［86］石忆邵．中国"城市病"的测度指标体系及其实证分析［J］．经济地理，2014，34（10）：1－6．

［87］史丹，李少林．排污权交易制度与能源利用效率——对地级及以上城市的测度与实证［J］．中国工业经济，2020（9）：5－23．

［88］史丹．我国经济增长过程中能源利用效率的改进［J］．经济研究，2002（9）：49－56，94．

[89] 史丹，吴利学，傅晓霞，等．中国能源效率地区差异及其成因研究——基于随机前沿生产函数的方差分解 [J]．管理世界，2008（2）：35－43．

[90] 世界环境与发展委员会．我们共同的未来 [M]．王之佳，柯金良，译．长春：吉林人民出版社，1997．

[91] 舒尔茨．论人力资本投资 [M]．北京：北京经济学院出版社，1990：1．

[92] 苏汝劼，李玲．制造业对外直接投资的逆向技术溢出效应——基于技术差距的影响分析 [J]．宏观经济研究，2021（7）：66－78，126．

[93] 孙传旺，罗源，姚昕．交通基础设施与城市空气污染——来自中国的经验证据 [J]．经济研究，2019，54（8）：136－151．

[94] 唐家龙．中国科技精英的地域分布——基于新中国成立以来两院院士数据的分析 [J]．创新科技，2021，21（4）：67－76．

[95] 陶长琪，李翠，王夏欢．环境规制对全要素能源效率的作用效应与能源消费结构演变的适配关系研究 [J]．中国人口·资源与环境，2018，28（4）：98－108．

[96] 陶长琪，王慧芳．OFDI 逆向技术溢出对长三角地区全要素能源效率的影响 [J]．研究与发展管理，2018，30（3）：100－110．

[97] 汪东芳，曹建华．互联网发展对中国全要素能源效率的影响及网络效应研究 [J]．中国人口·资源与环境，2019，29（1）：86－95．

[98] 汪锋，吴俊．电力生产、跨省交易与能源环境效率 [J]．技术经济，2016，35（12）：90－96．

[99] 汪克亮，杨力，杨宝臣，等．能源经济效率、能源环境绩效与区域经济增长 [J]．管理科学，2013，26（3）：86－99．

[100] 王兵，张技辉，张华．环境约束下中国省际全要素能源效率实证研究 [J]．经济评论，2011（4）：31－43．

[101] 王建民，周滨．资本中的人力资本 [J]．财经问题研究，1999（3）：22－24．

[102] 王金营．人力资本在技术创新、技术扩散中的作用研究 [J]．科技管理研究，2000（1）：12－29．

[103] 王金营．中国人口回旋空间在构建新发展格局中的优势和作用 [J]．河北大学学报（哲学社会科学版），2021，46（5）：106－121．

[104] 王莉，白彦．中国工业能源效率的空间交互效应识别与分析 [J]．

西南民族大学学报（人文社会科学版），2021，42（6）：152－161.

［105］王鹏，郭淑芬. 正式环境规制、人力资本与绿色全要素生产率
［J］. 宏观经济研究，2021（5）：155－169.

［106］王鹏，刘殊奇. 市场导向机制下绿色技术创新演化博弈研究［J］.
经济问题，2022（1）：67－77.

［107］王庆一. 能源效率及其政策和技术（上）［J］. 节能与环保，2001
（6）：11－14.

［108］王文成. 创新型人才不足的应对思路［J］. 人民论坛，2019（20）：
72－73.

［109］王学军，王赛. 节能减排：优化双重结构与提高能源效率——兼
析"十四五"期间产业结构、能源消费结构与能源效率关系［J］. 价格理论与
实践，2021（2）：140－144，175.

［110］王之禹，李富强. 城市规模对创新活动的影响——基于区域知识
吸收能力视角的分析［J］. 中国软科学，2021（8）：140－151.

［111］魏楚. 城镇化会增加居民能源需求吗——基于事实与文献的述评
［J］. 经济理论与经济管理，2017（1）：95－109.

［112］魏楚，沈满洪. 结构调整能否改善能源效率：基于中国省级数据
的研究［J］. 世界经济，2008（11）：77－85.

［113］魏楚，沈满洪. 能源效率与能源生产率：基于 DEA 方法的省际数
据比较［J］. 数量经济技术经济研究，2007（9）：110－121.

［114］温忠麟，叶宝娟. 中介效应分析：方法和模型发展［J］. 心理科学
进展，2014，22（5）：731－745.

［115］吴楚豪，王恕立. 中国省级 GDP 构成与南北经济分化［J］. 经济
评论，2020（6）：44－59.

［116］吴传清，杜宇. 偏向型技术进步对长江经济带全要素能源效率影
响研究［J］. 中国软科学，2018（3）：110－119.

［117］吴文洁，王晓娟，何艳桃. 产业结构变迁对全要素能源效率的影
响研究［J］. 生态经济，2018，34（4）：119－124.

［118］习近平. 推动我国生态文明建设迈上新台阶［J］. 求是，2019
（3）：11－15.

［119］习近平. 推动形成优势互补高质量发展的区域经济布局［J］. 求
是，2019（24）：4－9.

[120] 解振华. 中国改革开放 40 年生态环境保护的历史变革——从"三废"治理走向生态文明建设 [J]. 中国环境管理, 2019, 11 (4): 5 – 16.

[121] 徐建中, 王曼曼. FDI 流入对绿色技术创新的影响及区域比较 [J]. 科技进步与对策, 2018, 35 (22): 30 – 37.

[122] 徐洁香, 王恩慧. 人力资本、产业结构与区域能源效率改进——基于空间 Durbin 模型的实证研究 [J]. 合肥工业大学学报 (社会科学版), 2019, 33 (6): 1 – 9.

[123] 徐如浓, 吴玉鸣. 中国省域能源强度的趋同性研究 [J]. 统计与决策, 2019, 35 (22): 122 – 126.

[124] 薛飞, 周民良. 用能权交易制度能否提升能源利用效率? [J]. 中国人口·资源与环境, 2022, 32 (1): 54 – 66.

[125] 亚当·斯密. 国富论 [M]. 南京: 译林出版社, 2013.

[126] 杨慧慧, 王喜刚. 环境管制是抑制能源回弹效应的有效手段吗? [J]. 管理学刊, 2021, 34 (5): 74 – 91.

[127] 杨莉莉, 邵帅. 能源回弹效应的理论演进与经验证据: 一个文献述评 [J]. 财经研究, 2015, 41 (8): 19 – 38.

[128] 杨明海, 刘凯晴, 谢送爽. 教育人力资本、健康人力资本与绿色技术创新——环境规制的调节作用 [J]. 经济与管理评论, 2021, 37 (2): 138 – 149.

[129] 姚小剑, 杨光磊, 高丛. 绿色技术进步对全要素绿色能源效率的影响研究 [J]. 科技管理研究, 2016, 36 (22): 248 – 254.

[130] 叶琴, 曾刚, 戴劭勋, 等. 不同环境规制工具对中国节能减排技术创新的影响——基于 285 个地级市面板数据 [J]. 中国人口·资源与环境, 2018, 28 (2): 115 – 122.

[131] 依绍华. 从发达国家消费发展规律看中国消费变化走势 [J]. 价格理论与实践, 2018 (10): 26 – 28.

[132] 易先忠, 张亚斌. 技术差距与人力资本约束下的技术进步模式 [J]. 管理科学学报, 2008, 11 (6): 51 – 60.

[133] 尹宗成, 丁日佳, 江激宇. FDI、人力资本、R&D 与中国能源效率 [J]. 财贸经济, 2008 (9): 95 – 98.

[134] 袁晓玲, 张宝山, 杨万平. 基于环境污染的中国全要素能源效率研究 [J]. 中国工业经济, 2009 (2): 76 – 86.

［135］曾刚．技术扩散与区域经济发展［J］．地域研究与开发，2002（3）：38－41．

［136］查冬兰，陈倩，王群伟．能源回弹效应最新研究进展：理论与方法［J］．环境经济研究，2021，6（1）：179－200．

［137］张德钢，陆远权．市场分割对能源效率的影响研究［J］．中国人口·资源与环境，2017，27（1）：65－72．

［138］张国强，温军，汤向俊．中国人力资本、人力资本结构与产业结构升级［J］．中国人口·资源与环境，2011，21（10）：138－146．

［139］张华明，王瑜鑫，张聪聪．中国省域能源强度趋同俱乐部存在性及影响因素分析［J］．长江流域资源与环境，2017，26（5）：657－666．

［140］张华，王玲，魏晓平．能源的"波特假说"效应存在吗？［J］．中国人口·资源与环境，2014，24（11）：33－41．

［141］张文彬，郝佳馨．生态足迹视角下中国能源效率的空间差异性和收敛性研究［J］．中国地质大学学报（社会科学版），2020，20（5）：76－90．

［142］张希良，黄晓丹，张达，等．碳中和目标下的能源经济转型路径与政策研究［J］．管理世界，2022，38（1）：35－66．

［143］张贤，周勇．外商直接投资对我国能源强度的空间效应分析［J］．数量经济技术经济研究，2007（1）：101－108．

［144］张学敏，何酉宁．受教育程度对居民消费影响研究［J］．教育与经济，2006（3）：1－5．

［145］张勇．人力资本贡献与中国经济增长的可持续性［J］．世界经济，2020，43（4）：75－99．

［146］张媛，许罗丹．基于SFA的微观企业能源效率及影响因素实证研究［J］．社会科学家，2018（5）：57－63．

［147］张云辉，李少芳．数字金融发展能提升能源效率吗［J］．财经论丛，2022（3）：47－55．

［148］张卓元，路遥．深化资源产品价格改革　促进经济增长方式转变［J］．人民论坛，2005（10）：29－30．

［149］赵金楼，李根，苏屹，等．我国能源效率地区差异及收敛性分析——基于随机前沿分析和面板单位根的实证研究［J］．中国管理科学，2013，21（2）：175－184．

［150］赵康杰，景普秋．资源依赖、有效需求不足与企业科技创新挤

出——基于全国省域层面的实证 [J]. 科研管理, 2014, 35 (12): 85 – 93.

[151] 赵领娣, 兰佳驹, 张磊. 人力资本与全要素能源效率 [J]. 科技管理研究, 2015, 35 (14): 198 – 205.

[152] 郑翔中, 高越. FDI 与中国能源利用效率: 政府扮演着怎样的角色? [J]. 世界经济研究, 2019 (7): 78 – 89, 135.

[153] 中国经济增长前沿课题组, 张平, 刘霞辉, 等. 突破经济增长减速的新要素供给理论、体制与政策选择 [J]. 经济研究, 2015, 50 (11): 4 – 19.

[154] 周凤起. 中国的能源消费和能源发展战略 [J]. 经济研究参考, 1997 (Z2): 28 – 31.

[155] 周弘. 家庭金融视角下人力资本与家庭消费关系的实证研究——来自 CFPS 的调查 [J]. 经济经纬, 2011 (6): 16 – 20.

[156] 周梦玲, 张宁. 中国省际能源效率的再测算——基于共同边界随机前沿法 [J]. 环境经济研究, 2017, 2 (3): 64 – 78.

[157] 周四军, 罗欣, 刘影, 等. 环境规制强度影响能源效率的门槛效应研究——基于 PSTR 模型 [J]. 经济数学, 2020, 37 (1): 9 – 19.

[158] 周喜君, 郭丕斌. 基于 DEA 窗口模型的中国碳减排技术研发效率评估 [J]. 科技管理研究, 2021, 41 (1): 187 – 193.

[159] 周勇, 林源源. 技术进步对能源消费回报效应的估算 [J]. 经济学家, 2007 (2): 45 – 52.

[160] 庄芹芹, 吴滨, 洪群联. 市场导向的绿色技术创新体系: 理论内涵、实践探索与推进策略 [J]. 经济学家, 2020 (11): 29 – 38.

[161] Acemoglu Daron, Aghion Philippe, Bursztyn Leonardo, et al. The Environment and Directed Technical Change [J]. The American Economic Review, 2012, 102 (1).

[162] Acemoglu, D, Robinson, C, Verdier T. Can't we all be more like scandinavians? Asymmetric growth and institutions in an interdependent world [J]. NBER Working Paper Series, 2012: 18441.

[163] Acemoglu, D, Robinson, J, Verdier, T. Choosing your own capitalism in a globalised world [J]. VoxEU. org, 2012.

[164] Adam B. Jaffe. Real Effects of Academic Research [J]. The American Economic Review, 1989, 79 (5).

［165］ Ajzen, I. The Theory of Planned Behaviour ［J］. Organizational Behaviour and Human Decision Processes, 1988, 50: 179 – 211.

［166］ Amin M, Aaditya M. Human Capital and the Changing Structure of the Indian Economy ［C］. Policy Research Working Paper, The World Bank Development Research Group, 2008.

［167］ Ang B W. Decomposition analysis for policy making in energy: Which is the preferred method? ［J］. Energy Policy, 2004, 32 (9): 1131 – 1139.

［168］ Anker Lund Vinding. Absorptive capacity and innovative performance: A human capital approach ［J］. Economics of Innovation and New Technology, 2006, 15 (4 – 5).

［169］ Antonio Ciccone, Elias Papaioannou. Human Capital, the Structure of Production, and Growth ［J］. The Review of Economics and Statistics 2009, 91 (1): 66 – 82.

［170］ Arik Levinson, M. Scott Taylor. Unmasking the Pollution Haven Effect ［J］. International Economic Review, 2008, 49 (1).

［171］ Barro Robert J. , Xavier Sala – I – Martin. Public Finance in Models of Economic Growth ［J］. The Review of Economic Studies, 1992, 59 (4).

［172］ Becker, Gary S. , K. M. Murphy, R. Tamura. Human Capital Fertility and Economic Growth. Journal of Political Economy, 1990, 98 (5): S12 – 37.

［173］ Benhabib Jess, Spiegel M M. The role of human capital in economic development evidence from aggregate cross-country data ［J］. Journal of Monetary Economics, 1994, 34 (2).

［174］ Benhabib J, Spiegel M M. Human capital and technology diffusion ［J］. Social Science Electronic Publishing, 2004, 1 (05): 935 – 966.

［175］ Benhabib J, Spiegel M M. Human capital and technology diffusion ［J］. Working Paper Series, 2002.

［176］ Berkhout, P. H. G. , J. C. Muskens, and J. W. Velthuijsen. Defining the Rebound Effect ［J］. Energy Policy, 2000, 28 (6): 425 – 432.

［177］ Borensztein E. , J. De Gregorio, J – W. Lee. How does foreign direct investment affect economic growth? ［J］. Journal of International Economics, 1998, 45 (1): 115 – 135.

［178］ Brookes L. G. Energy efficiency and economic fallacies: a reply ［J］.

Energy Policy, 1992, 20 (5).

［179］ Chung, Y. H. , R. Färe, S. Grosskopf. Productivity and Undesirable Outputs: A Directional Distance Function Approach ［J］. Journal of Environmental Management, 1997, 51: 229 – 240.

［180］ Debreu, G. The coefficient of resource utilization ［J］. Econometrica, 1951, 19: 273 – 292.

［181］ Edziah Bless Kofi, Sun Huaping, Anyigbah Emmanuel, et al. Human Capital and Energy Efficiency: Evidence from Developing Countries ［J］. American Journal of Industrial and Business Management, 2021, 11 (6).

［182］ Eicher T S, Garciapenalosa C. Inequality and Growth: The Dual Role of Human Capital in Development ［C］. Econometric Society. Econometric Society, 2000.

［183］ Farrell, M. J. The measurement of productive efficiency ［J］. Journal of the Royal Statistical Society, Series A, 1957, 120: 253 – 290.

［184］ Fatih Birol, Jan Horst Keppler. Prices, technology development and the rebound effect ［J］. Energy Policy, 2000, 28 (6).

［185］ Färe, R. , Grosskopf, S. , Lovell, C. A. K. Measuring the Technical Efficiency of Production ［J］. Journal of Economic Theory, 1978 (19): 150 – 162.

［186］ Färe, R. , Grosskopf, S. , Lovell, C. A. K. The Measurement of Effciency of Production ［M］. Kluwer – Nijhoff Publishing, 1985.

［187］ Färe, R. , S. Grosskopf, C. A. K. Lovell. Production Frontiers ［M］. Cambridge: Cambridge University Press, 1994.

［188］ Färe, R. , S. Grosskopf, J. C. A. Pasurka. Environmental Production Functions and Environmental Directional Distance Functions ［J］. Energy, 2007, 32: 1055 – 1066.

［189］ Griliches Zvi. Issues in Assessing the Contribution of Research and Development to Productivity Growth ［J］. The Bell Journal of Economics, 1979, 10 (1).

［190］ Hübler M, Keller A. Energy savings via FDI? Empirical evidence from developing countries ［J］. Environment and Development Economics, 2010, 15 (1): 59 – 80.

［191］ Hu, J. L. and S. C. Wang. Total-factor Energy Efficiency of Regions in

China [J]. Energy Policy, 2006, 34: 3206 – 3217.

[192] Hu Sumin, Liu Shulin, Li Die, et al. How Does Regional Innovation Capacity Affect the Green Growth Performance? Empirical Evidence from China [J]. Sustainability, 2019, 11 (18).

[193] Ingo Walter, Judith L. Ugelow. Environmental Policies in Developing Countries [J]. Ambio, 1979, 8 (2/3).

[194] J. Daniel Khazzoom. Economic Implications of Mandated Efficiency in Standards for Household Appliances [J]. The Energy Journal, 1980, 1 (4).

[195] Jin – Li Hu, Shih – Chuan Wang. Total-factor energy efficiency of regions in China [J]. Energy Policy, 2005, 34 (17).

[196] Karen Fisher – Vanden, Gary H. Jefferson, Ma Jingkui, et al. Technology development and energy productivity in China [J]. Energy Economics, 2006, 28 (5).

[197] Karen Palmer, Wallace E. Oates, Paul R. Portney. Tightening Environmental Standards: The Benefit – Cost or the No – Cost Paradigm? [J]. The Journal of Economic Perspectives, 1995, 9 (4).

[198] Koopmans Koopmans, T. C. An analysis of production as an efficient combination of activities. In Activity Analysis of Production and Allocation, ed. T. C. Koopmans [M]. New York: Wiley, 1951.

[199] Larry A. Sjaastad. The Costs and Returns of Human Migration [J]. Journal of Political Economy, 1962, 70 (5).

[200] Leon Clarke, John Weyant, Alicia Birky. On the sources of technological change: Assessing the evidence [J]. Energy Economics, 2006, 28: 579 – 595.

[201] Levinthal C. Absorptive Capacity: A New Perspective on Learning and Innovation [J]. Administrative Science Quarterly, 1990, 35 (1): 128 – 152.

[202] Lewis W. Arthur. Economic Development with Unlimited Supplies of Labour [J]. The Manchester School, 1954, 22 (2).

[203] Lichtenthaler Ulrich Lichtenthaler Eckhard. A Capability – Based Framework for Open Innovation: Complementing Absorptive Capacity [J]. Journal of Management Studies, 2009, 46 (8).

[204] Lucas, Robert E. On the Mechanics of Economic Development [J]. Journal of Monetary Economics, 1988, 22 (1): 3 – 42.

[205] Lucas, Robert E. Why Doesn't Capital Flow from Rich to Poor Countries? [J]. The American Economic Review, 1990, 80 (2).

[206] Maddison A. Growth and slowdown in advanced capitalist economics: Techniques of quantities assessment [J]. Economics Literature, 1987, 25: 649 – 698.

[207] Michael E. Porter, Claas van der Linde. Toward a New Conception of the Environment – Competitiveness Relationship [J]. The Journal of Economic Perspectives, 1995, 9 (4).

[208] Mudde R F, Simonin O. Two-and three-dimensional simulations of a bubble plume using a two-fluid model [J]. Chemical Engineering Science, 1999, 54 (21): 5061 – 5069.

[209] Nelson Richard R. , Edmund S. Phelps. Investment in Humans, Technological Diffusion, and Economic Growth [J]. The American Economic Review, 1966, 56 (1/2).

[210] OCDE. The Well-being of Nations: The Role of Human and Social Capital [M]. Éditions OCDE, OECD Publishing, 2001.

[211] Pastor Jesús T. , C. A. Knox Lovell. A global Malmquist productivity index [J]. Economics Letters, 2005, 88 (2).

[212] Patterson, M. G. What is energy efficiency? Concepts, indicators and methodological issues [J]. Fuel and Energy Abstracts, 1996, 37 (4).

[213] Paul M. Romer. Increasing Returns and Long – Run Growth [J]. Journal of Political Economy, 1986, 94 (5).

[214] Romer, Paul M. Endogenous Technological Change [J]. Journal of Political Economy, 1990, 98 (5): 71 – 102.

[215] Sachs, J. D. , Warner A. M. Natural Resource Abundance and Economic Growth [J]. NBER Working Paper, 1995: 5398.

[216] Sheoli Pargal, David Wheeler. Informal Regulation of Industrial Pollution in Developing Countries: Evidencefrom Indonesia [J]. Journal of Political Economy, 1996, 104 (6).

[217] Shephard, R. W. Cost and production functions [M]. Princeton New Jersey: Princeton University Press, 1953.

[218] Shofwan S, Fong M. Foreign Direct Investment and Pollution in Indone-

sia [J]. International Journal of Business Research, 2012, 12 (4).

[219] Simpson D, Bradford I L. Taxing variable cost: Environmental regulation as industrial policy [J]. Journal of Environmental Economics and Management, 1996, 30 (3): 282 – 300.

[220] Sun Zhiqiang, Wang Qizhen. The asymmetric effect of natural resource abundance on economic growth and environmental pollution: Evidence from resource-rich economy [J]. Resources Policy, 2021 (72).

[221] Tone, K. A. slacks-based measure of efficiency in data envelopment analysis [J]. European Journal of Operational Research, 2001, 130: 498 – 509.

[222] Tone, K. Dealing with Undesirable Outputs in DEA: A Slacks – Based Measure (SBM) Approach [C]. Tokyo: National Graduate Institute for Policy Studies, 2004.

[223] Uzawa, H. Optimal Technical Change in an Aggregative Model of Economic Growth [J]. International Economic Review, 1965, 6: 18 – 31.

[224] Venables A J. Productivity in cities: self-selection and sorting [R]. Department of Economics Discussion Paper Series, 2010.

[225] Welch F. Education in production [J]. Journal of Political Economy, 1970, 78 (1): 35 – 59.

[226] Wen Jun, Okolo Chukwuemeka Valentine, Ugwuoke Ifeanyi Celestine, et al. Research on influencing factors of renewable energy, energy efficiency, on technological innovation. Does trade, investment and human capital development matter? [J]. Energy Policy, 2022, 160.

[227] Wesley M. Cohen, Daniel A. Levinthal. Fortune Favors the Prepared Firm [J]. Management Science, 1994, 40 (2).

[228] Wesley M. Cohen, Daniel A. Levinthal. Innovation and Learning: The Two Faces of R & D [J]. The Economic Journal, 1989, 99 (397).

[229] Zhang N, Choi Y. Total-factor carbon emission performance of fossil fuel power plants in China: A metafrontier non-radial Malmquist index analysis [J]. Energy Economics, 2013 (40): 549 – 559.

[230] Zhou P., Ang B. W., Wang H. Energy and CO_2 emission performance in electricity generation: A non-radial directional distance function approach [J]. European Journal of Operational Research, 2012, 221 (3).

［231］ Zhou Qianling, Cui Xiaoyong, Ni Hongfu, et al. The impact of environmental regulation policy on firms' energy-saving behavior: A quasi-natural experiment based on China's low-carbon pilot city policy ［J］. Resources Policy, 2022 （76）.

附录　本书使用的主要数据

附表1　各省（直辖市、自治区）国内生产总值/增加值（当年价）

单位：亿元

地区	2003年	2004年	2005年	2006年	2007年	2008年	2009年	2010年	2011年	2012年	2013年	2014年	2015年	2016年
北京	5023.77	6060.28	6969.52	8117.78	9846.81	11115	12153.03	14113.58	16251.93	17879.4	19800.81	21330.83	23014.59	25669.13
天津	2578.03	3110.97	3905.64	4462.74	5252.76	6719.01	7521.85	9224.46	11307.28	12893.88	14442.01	15726.93	16538.19	17885.39
河北	6921.29	8477.63	10012.11	11467.6	13607.32	16011.97	17235.48	20394.26	24515.76	26575.01	28442.95	29421.15	29806.11	32070.45
山西	2855.23	3571.37	4230.53	4878.61	6024.45	7315.4	7358.31	9200.86	11237.55	12112.83	12665.25	12761.49	12766.49	13050.41
内蒙古	2388.38	3041.07	3905.03	4944.25	6423.18	8496.2	9740.25	11672	14359.88	15880.58	16916.5	17770.19	17831.5088	18128.1
辽宁	6002.54	6672	8047.26	9304.52	11164.3	13668.58	15212.49	18457.27	22226.7	24846.43	27213.22	28626.58	28669.016	22246.9
吉林	2662.08	3122.01	3620.27	4275.12	5284.69	6426.1	7278.75	8667.58	10568.83	11939.24	13046.4	13803.14	14063.13	14776.8
黑龙江	4057.4	4750.6	5513.7	6211.8	7104	8314.37	8587	10368.6	12582	13691.58	14454.91	15039.38	15083.67	15386.09
上海	6694.23	8072.83	9247.66	10572.24	12494.01	14069.87	15046.45	17165.98	19195.69	20181.72	21818.15	23567.7	25123.45	28178.65
江苏	12442.87	15003.6	18598.69	21742.05	26018.48	30981.98	34457.3	41425.48	49110.27	54058.22	59753.37	65088.32	70116.38	77388.28
浙江	9705.02	11648.7	13417.68	15718.47	18753.73	21462.69	22990.35	27722.31	32318.85	34665.33	37756.58	40173.03	42886.49	47251.36
安徽	3923.1	4759.32	5350.17	6112.5	7360.92	8851.66	10062.82	12359.33	15300.65	17212.05	19229.34	20848.75	22005.63	24407.62
福建	4983.67	5763.35	6554.69	7583.85	9248.53	10823.01	12236.53	14737.12	17560.18	19701.78	21868.49	24055.76	25979.82	28810.58

续表

地区	2003 年	2004 年	2005 年	2006 年	2007 年	2008 年	2009 年	2010 年	2011 年	2012 年	2013 年	2014 年	2015 年	2016 年
江西	2807.41	3456.7	4056.76	4820.53	5800.25	6971.05	7655.18	9451.26	11702.82	12948.88	14410.19	15714.63	16723.78	18499
山东	12078.15	15021.84	18366.87	21900.19	25776.91	30933.28	33896.65	39169.92	45361.85	50013.24	55230.32	59426.59	63002.3325	68024.49
河南	6867.7	8553.79	10587.42	12362.79	15012.46	18018.53	19480.46	23092.36	26931.03	29599.31	32191.3	34938.24	37002.16	40471.79
湖北	4757.45	5633.24	6590.19	7617.47	9333.4	11328.92	12961.1	15967.61	19632.26	22250.45	24791.83	27379.22	29550.1881	32665.38
湖南	4659.99	5641.94	6596.1	7688.67	9439.6	11555	13059.69	16037.96	19669.56	21154.23	24621.67	27037.32	28902.2139	31551.37
广东	15844.64	18864.62	22557.37	26587.76	31777.01	36796.71	39482.56	46013.06	53210.28	57067.92	62474.79	67809.85	72812.55	80854.91
广西	2821.11	3433.5	3984.1	4746.16	5823.41	7021	7759.16	9569.85	11720.87	13035.1	14449.9	15672.89	16803.12	18317.64
海南	693.2	798.9	897.99	1044.91	1254.17	1503.06	1654.21	2064.5	2522.66	2855.54	3177.56	3500.72	3702.76	4053.2
重庆	2272.82	2692.81	3467.72	3907.23	4676.13	5793.66	6530.01	7925.58	10011.37	11409.6	12783.26	14262.6	15717.27	17740.59
四川	5333.09	6379.63	7385.1	8690.24	10562.39	12601.23	14151.28	17185.48	21026.68	23872.8	26392.07	28536.66	30053.1	32934.54
贵州	1426.34	1677.8	2005.42	2338.98	2884.11	3561.56	3912.68	4602.16	5701.84	6852.2	8086.86	9266.39	10502.56	11776.73
云南	2556.02	3081.91	3461.73	3988.14	4772.52	5692.12	6169.75	7224.18	8893.12	10309.47	11832.31	12814.59	13619.17	14788.42
陕西	2587.72	3175.58	3933.72	4743.61	5757.29	7314.58	8169.8	10123.48	12512.3	14453.68	16205.45	17689.94	18021.8609	19399.59
甘肃	1399.83	1688.49	1933.98	2276.7	2702.4	3166.82	3387.56	4120.75	5020.37	5650.2	6330.69	6836.82	6790.3169	7200.37
青海	390.2	466.1	543.32	648.5	797.35	1018.62	1081.27	1350.43	1670.44	1893.54	2122.06	2303.32	2417.05	2572.49
宁夏	445.36	537.16	612.61	725.9	919.11	1203.92	1353.31	1689.65	2102.21	2341.29	2577.57	2752.1	2911.77	3168.59
新疆	1886.35	2209.09	2604.19	3045.26	3523.16	4183.21	4277.05	5437.47	6610.05	7505.31	8443.84	9273.46	9324.8	9649.7

资料来源：相应年份《中国统计年鉴》。

附表 2

各省（直辖市、自治区）碳排放量

单位：千吨

地区	2003年	2004年	2005年	2006年	2007年	2008年	2009年	2010年	2011年	2012年	2013年	2014年	2015年	2016年
北京	82000	88100	92100	96700	102900	99200	100400	103000	94400	97200	93400	92500	92172	89330
天津	66200	78300	89000	95500	103400	110200	122300	136600	152000	158000	157000	155400	151917	146560
上海	137000	148700	158900	165200	174800	178200	179100	187100	200200	194800	201200	187700	188560	188140
重庆	68400	68300	81600	90000	99200	126300	133100	141500	160300	164800	140300	156200	159426	153610
江苏	250800	311600	396100	440900	468700	496600	515600	580300	633300	656200	694300	704500	704107	723990
浙江	178400	218000	255800	290300	325300	330200	338500	358600	379400	377200	379000	375300	375354	372040
安徽	168000	153800	156700	175800	197700	225000	251500	261900	291300	318200	343100	350400	351327	362360
福建	82800	100200	123900	135400	161300	165700	187800	199400	236900	232200	229400	243400	230405	213400
江西	75900	89200	96400	108800	127200	130300	142200	148400	164000	164000	197400	202300	210434	213310
山东	325000	397700	556500	605500	663000	697700	717900	766600	800800	842200	761600	790400	824501	832730
河北	328600	374200	459100	486700	529000	554400	577800	647000	724600	714500	768900	751900	734129	748480
山西	251700	267900	290000	320100	344900	370900	375400	406100	438800	466000	488200	475700	440164	449490
内蒙古	149300	207300	240500	290700	340000	411400	445300	477400	598200	621600	576200	582200	584699	589760
辽宁	236700	250200	279600	317900	362200	371400	406900	446300	455100	461000	482000	484500	472111	456730
吉林	134300	112300	143400	158900	170500	179400	185700	202100	233900	229500	222300	222600	207598	201000
黑龙江	129600	140200	158100	179000	187400	197300	203200	218300	247400	269200	256800	269100	265487	269340
河南	215700	277600	336200	379000	426200	435600	450700	504700	548500	520700	483900	535400	517774	512970
湖北	165200	182200	189300	225200	249800	254000	275200	324300	373600	367600	309200	310200	308221	310750
湖南	104900	125300	178500	203200	223300	226500	239000	254900	285500	281700	271200	269900	289223	293770

续表

地区	2003 年	2004 年	2005 年	2006 年	2007 年	2008 年	2009 年	2010 年	2011 年	2012 年	2013 年	2014 年	2015 年	2016 年
广东	261700	296900	341800	376200	410100	416900	437600	471500	520600	504700	496800	503800	504828	517650
广西	66700	86600	98900	112800	128200	133000	151800	171800	192300	204900	210000	207800	198046	211180
海南	15600	17200	16500	19200	21700	24800	27000	28900	34900	37300	39500	40700	42282	39850
四川	157200	175000	170100	189800	208500	230100	263100	303800	303400	330700	343100	341300	322794	309790
贵州	110100	128600	145600	169600	172000	163400	184700	191500	211000	230100	233200	231000	233606	249020
云南	88800	58700	133100	150200	161200	163800	187200	194200	205400	211700	206200	194600	175944	180050
陕西	86300	107700	122300	128700	148100	165400	186000	218600	243800	261900	265600	277200	276867	265410
甘肃	67000	77900	84200	89400	97800	103300	100800	126500	138900	152700	159600	163500	158512	152380
宁夏	55300	65800	51700	58800	66500	75400	80000	95300	137300	135000	142900	142600	140823	136540
青海	17600	19000	19900	24400	26000	31600	33500	31800	36600	44600	47900	48500	51133	56460
新疆	77200	90200	101100	113900	125300	137200	156700	167600	203000	251500	292700	329200	344161	370380

资料来源：Wind 数据库。

附表 3 各省（直辖市、自治区）就业人员受教育程度构成

构成	地区	2003 年	2004 年	2005 年	2006 年	2007 年	2008 年	2009 年	2010 年	2011 年	2012 年	2013 年	2014 年	2015 年	2016 年
就业人员中未上过学就业人员占比（%）	北京	0.8	1	0.9807	1.4903	1.0177	0.9508	1.0902	0.476	0.3959	0.3194	0.3373	0.3	0.1965	0.2026
	天津	1.83	1.4	1.6176	1.1601	1.4914	1.2558	1.1062	0.8088	0.4934	0.6039	0.5087	0.2	0.4942	0.5255
	河北	3.49	2.9	3.5285	3.3359	3.3563	2.3827	2.5584	1.6137	0.951	1.5176	2.2179	1.3	1.2976	1.0633
	山西	1.97	1.7	2.1994	1.9258	1.8073	2.4289	2.1711	1.1671	0.5668	0.4575	0.8432	1	1.3243	1.297

续表

构成	地区	2003年	2004年	2005年	2006年	2007年	2008年	2009年	2010年	2011年	2012年	2013年	2014年	2015年	2016年
就业人员中未上过学就业人员占比（%）	内蒙古	9.9	6.6	8.1354	6.7517	6.1651	5.9014	5.4734	3.4807	1.9864	1.559	1.5292	1.6	2.352	2.1104
	辽宁	1.66	1.4	1.532	1.4053	1.5122	1.4814	1.2711	0.7134	0.6054	0.3543	0.3067	0.4	0.5273	0.5112
	吉林	1.48	1.2	2.268	2.5732	1.9284	1.7421	1.5628	0.8988	1.3932	1.232	1.2013	0.7	1.1514	0.9151
	黑龙江	2.46	1.5	2.8183	2.2413	1.7125	1.6576	1.9354	0.9147	1.3689	1.2997	1.5999	0.8	0.909	0.696
	上海	0.99	1.5	1.9741	1.4334	1.1947	1.1168	0.8772	1.0274	0.6245	0.7009	0.3895	0.2	0.7868	0.6226
	江苏	8.31	7.5	6.6804	6.4189	5.1038	4.4658	3.9026	2.3511	1.9203	1.4092	1.7871	2	2.0459	2.1458
	浙江	7.76	7	6.9874	6.2619	6.0425	5.8859	4.4189	3.5385	1.7646	2.3095	2.4448	1.9	2.6906	2.0998
	安徽	9.99	10.2	15.7711	13.6048	14.262	11.2887	10.5171	8.1568	4.7274	3.827	5.6892	4.9	7.3521	7.147
	福建	8.03	9.9	7.8258	6.652	6.7862	6.4532	4.2735	1.5596	1.7001	1.8205	1.8106	1.5	2.9706	2.7208
	江西	3.94	4.2	6.0752	5.9419	4.0263	4.0804	2.8005	2.127	1.0552	1.2352	1.2521	1.3	2.6636	2.3142
	山东	7.98	6.9	8.4361	5.9315	5.4304	5.0124	4.1949	3.5796	1.4292	2.4488	1.9966	1.9	2.7116	2.5127
	河南	5.8	4.1	6.4999	5.7198	5.6125	5.065	4.3609	3.7878	2.8456	2.7533	1.9398	1.9	2.3724	2.541
	湖北	8.56	7.5	8.3138	7.5939	6.6413	5.353	5.2049	3.8977	1.704	1.9645	1.6527	2.5	3.388	2.8554
	湖南	4.57	3.7	4.6684	4.063	3.405	3.5529	2.8354	1.7436	0.7141	0.7626	0.8208	1	2.2309	1.6198
	广东	2.72	2	2.3187	2.1685	1.3452	1.361	1.4103	0.8676	0.7411	0.9283	0.6216	0.5	0.8639	0.735
	广西	4.87	3.9	4.6747	3.4891	3.2361	3.1837	2.8848	2.0989	1.0107	1.1374	1.2144	0.9	1.7292	1.4722
	海南	5.78	3.5	6.1481	6.5092	5.7074	5.5607	4.1227	3.1671	1.8576	1.0006	0.8456	1.7	2.4956	2.1914
	重庆	5.65	8.5	8.633	7.6173	5.4487	5.436	4.7691	3.9883	2.3008	2.1065	2.5665	2.1	2.941	2.3627
	四川	8.11	8.1	13.0966	10.2133	8.1483	7.794	7.2121	5.3952	2.4767	2.2215	1.8928	2.1	4.2274	3.8641

续表

构成	地区	2003年	2004年	2005年	2006年	2007年	2008年	2009年	2010年	2011年	2012年	2013年	2014年	2015年	2016年
就业人员中未上过学就业人员占比（%）	贵州	16.32	13.7	20.0043	17.3598	14.5361	12.6364	11.165	10.9764	7.6161	5.135	3.5966	5.4	8.715	9.6977
	云南	17.31	11.6	16.792	14.2479	13.8747	10.8797	11.1447	6.9496	4.8974	4.1054	2.9266	2.9	6.1477	5.4508
	陕西	9.22	6.8	7.4105	7.4339	7.3547	6.2616	5.5893	3.3335	1.4678	1.4724	1.2961	1.4	2.6578	2.5424
	甘肃	18.83	16.2	19.3143	21.6649	19.4041	16.7916	15.7782	10.0289	4.3412	5.7462	5.9493	5.7	5.563	5.2871
	青海	21.23	19.4	23.7153	18.3616	17.4614	14.9914	13.3798	13.6552	6.9765	6.67	6.3344	5.2	7.2343	6.9452
	宁夏	15.56	13	16.7575	14.2717	12.9252	8.4561	8.9378	6.8054	5.6583	6.0556	5.7564	7.8	6.0604	6.3731
	新疆	4.92	5.4	6.0893	5.2346	3.1455	3.2419	2.4671	1.9984	0.6888	1.0332	0.9057	1	2.1641	2.0676
就业人员中小学文化程度就业人员占比（%）	北京	5.81	6.4	6.6384	6.7967	7.2175	7.0758	7.6809	4.8204	3.3857	2.8616	3.7465	3	2.9743	2.3989
	天津	15.24	12.2	15.5198	15.3719	13.0829	12.6441	11.4193	12.1519	8.6649	8.8004	7.5459	6.7	8.374	8.5184
	河北	23.44	22.8	24.6903	26.5819	25.271	24.0514	22.3293	19.499	14.6445	12.4352	16.0821	15.3	13.6447	12.9003
	山西	21.09	19.3	20.9303	19.4027	19.7685	18.661	18.548	16.1791	10.0794	10.5997	10.3767	11.1	11.5631	11.6407
	内蒙古	27.59	25.9	23.6799	27.7308	27.6289	25.8458	24.7813	22.9009	17.2283	17.3622	19.01	19.8	17.9616	15.9616
	辽宁	19.51	19.3	22.4641	22.8575	22.3525	21.4391	19.402	17.505	15.5713	15.3886	13.5265	12.5	12.7052	12.5998
	吉林	25.53	25	27.5307	27.7651	26.016	24.0533	23.4287	22.5576	17.6258	20.7359	18.536	17.7	20.9282	17.7193
	黑龙江	23.2	21.5	25.1157	27.4003	22.876	22.5279	20.6876	20.6804	21.5813	19.9799	21.4808	19.7	14.0087	15.1603
	上海	5.74	7.4	10.8462	8.0661	8.5091	8.4918	6.8516	9.0302	7.0908	6.7003	5.7969	4.2	4.9498	4.6995
	江苏	26.69	25.8	24.8563	26.9096	26.0907	24.506	24.1511	20.1524	17.4175	16.2142	15.9058	15.8	13.1498	13.0874
	浙江	29.84	25.5	33.2532	31.7144	31.7419	30.7391	29.6896	25.337	20.6198	20.3767	19.3582	20.1	16.4937	15.9725
	安徽	30	28.6	30.5678	31.0853	30.1233	30.1592	28.1115	26.6816	25.6066	23.2396	22.7848	20.7	20.6372	20.3008

续表

构成	地区	2003年	2004年	2005年	2006年	2007年	2008年	2009年	2010年	2011年	2012年	2013年	2014年	2015年	2016年
就业人员中小学文化程度就业人员占比（%）	福建	32.42	32.5	33.4437	36.7639	35.1877	34.3267	30.1397	26.9969	22.3245	19.8658	21.8469	20.1	20.3057	21.552
	江西	28.47	31.5	37.7139	38.9485	32.9868	31.7825	27.7578	26.568	19.7117	19.4502	18.5519	19.6	20.6229	20.4964
	山东	23.71	22.8	25.3672	27.0162	24.2814	23.6334	23.1402	21.1652	17.5121	18.3412	14.8484	16.7	13.9889	14.2899
	河南	23.7	21.8	22.9965	22.6351	21.3565	19.6206	19.446	19.0855	16.786	15.0671	15.6333	14.6	14.5822	15.3335
	湖北	29.93	27.4	30.4266	29.7374	28.3595	28.5568	26.0246	22.4758	18.7565	18.0665	16.3584	15.7	17.3639	17.8258
	湖南	32.15	30.1	30.5904	32.8942	29.8948	28.244	26.1283	22.7369	14.8731	15.2036	15.015	15.6	17.9415	16.871
	广东	27.01	25.1	22.2503	22.7383	20.2856	19.6669	19.5968	15.6914	14.0952	14.3782	14.0187	12.2	12.7713	11.1045
	广西	34.52	29.9	34.77	32.2422	29.6547	28.9898	28.5407	28.6193	21.3303	20.8184	18.9917	18.3	19.1937	19.7683
	海南	22.96	19.4	22.371	21.2874	21.3543	19.3015	20.9013	17.5996	13.543	13.3937	12.3064	11.5	14.1088	12.9659
	重庆	38.75	43.9	41.1261	41.8302	39.1632	37.298	38.935	34.5617	31.8328	28.1136	28.5123	29.2	24.723	27.4455
	四川	37.08	35.9	42.1302	44.1449	41.764	40.9377	39.1841	35.1694	26.6519	27.4312	26.5983	26.4	29.8063	29.3822
	贵州	37.69	38.5	41.2642	41.8856	41.9456	39.0104	40.8056	39.6423	33.2972	33.3942	31.5911	31.1	32.2222	32.5062
	云南	51.24	45.3	46.7483	45.6999	46.3715	47.4479	44.6239	46.4886	42.4417	39.3686	38.6887	41.2	34.273	34.0371
	陕西	24.69	24.4	26.7203	27.2868	25.8019	26.5579	26.0467	21.5498	12.3974	12.6656	11.1362	11.8	14.6795	13.4496
	甘肃	30.18	29.9	33.3759	33.0675	32.8049	33.6626	34.1469	33.8164	28.7221	26.9813	24.8362	25.7	27.6523	26.6988
	青海	30.16	30.9	30.5681	34.2161	35.0943	38.5147	40.0697	34.4498	26.1471	24.1326	25.2433	27.2	27.4837	25.985
	宁夏	29.35	26.9	26.1548	28.3142	27.5348	27.2261	25.4534	26.5355	21.1667	22.5817	24.9961	23.6	19.756	17.0123
	新疆	30.55	30	29.1927	30.9519	30.9927	29.7292	28.7098	26.5114	26.3538	25.9843	24.7842	23.2	16.9283	17.495

构成	地区	2003年	2004年	2005年	2006年	2007年	2008年	2009年	2010年	2011年	2012年	2013年	2014年	2015年	2016年
就业人员中初中文化程度就业人员占比（%）	北京	38.57	38.4	35.0027	31.532	33.0343	33.9837	31.9747	34.2008	22.0275	20.7695	22.6266	20.9	28.7697	29.5169
	天津	43.18	41.3	45.1167	41.5165	42.76	41.8717	42.8523	44.8504	41.5322	40.6576	39.3456	39.3	43.3846	43.5977
	河北	50.47	53.9	54.5221	55.3868	56.4545	57.4509	58.4115	58.7077	57.449	57.3704	55.5389	55.3	54.6348	55.7739
	山西	55.18	59.6	54.9688	56.4844	56.8918	57.8756	57.1626	56.6249	57.4318	54.208	53.2048	51.4	52.3529	51.652
	内蒙古	41.66	43.9	42.0039	44.1913	44.3095	47.2501	47.9291	46.6272	46.7158	45.7227	46.4686	42.9	48.6011	49.3748
	辽宁	51.89	56.7	53.2019	52.3314	53.0068	51.9522	53.9722	53.9267	57.0738	57.0891	55.9645	55.5	55.3291	55.1226
	吉林	48.12	49.5	47.3862	47.832	49.4401	49.3307	51.3137	50.3535	53.7387	51.0339	51.2286	52.7	46.8516	50.5545
	黑龙江	53.58	56.5	48.5906	48.9601	53.4046	54.3136	55.9132	53.3725	55.1437	56.3106	53.2266	54.5	53.0653	53.1517
	上海	36.86	35.3	39.7127	34.5967	35.1335	34.6418	34.1987	40.1697	36.9313	35.3543	34.2458	28.8	35.9132	35.8336
	江苏	43.71	46.8	45.7724	44.0684	47.8615	50.2289	50.191	48.7989	47.4994	46.8002	46.1073	45.2	46.2114	44.4098
	浙江	40.05	41.7	41.6272	41.0844	42.0967	42.4281	42.4203	44.699	45.9051	43.2219	41.9425	39.5	41.089	41.9651
	安徽	45.21	45.4	40.7498	44.4058	44.8673	46.6187	49.3018	48.0776	50.6457	52.482	49.9667	51.7	49.1003	49.2318
	福建	38.4	35.7	38.9881	38.7928	38.5947	39.733	39.4841	47.1446	43.0218	43.9338	41.7518	42.7	46.589	44.5038
	江西	41.36	43.7	39.9173	38.3283	40.5174	42.968	45.1082	51.351	55.6366	52.8917	50.916	51.2	48.9129	50.3767
	山东	47.44	49.9	49.3308	49.3469	53.2308	52.5196	54.4686	52.3455	46.4915	45.4025	47.544	45.2	53.9984	54.5018
	河南	54.3	55.2	54.8246	57.2097	57.807	59.0705	59.482	57.2989	56.3403	56.4427	54.5379	53.3	55.1659	53.7837
	湖北	42.57	43.8	42.3155	40.9742	43.643	44.4355	46.1065	49.3132	45.9087	47.3783	48.1258	45.2	47.6813	47.9696
	湖南	42.04	46.1	46.1801	45.8789	48.2214	48.1185	51.1021	51.316	46.8373	46.5381	45.5218	44.3	48.5614	48.3636
	广东	46.63	49.2	50.289	51.0576	52.4335	51.9428	52.0527	53.1232	49.3888	48.5894	49.3369	47.8	49.2176	49.6954

续表

构成	地区	2003年	2004年	2005年	2006年	2007年	2008年	2009年	2010年	2011年	2012年	2013年	2014年	2015年	2016年
就业人员中初中文化程度就业人员占比（%）	广西	43.64	47	45.1962	48.5262	52.9457	53.7778	54.2158	50.5592	56.5663	55.5981	57.7359	58.2	55.0469	54.9205
	海南	44.61	50.9	48.6452	52.2903	53.5429	53.9063	55.4171	54.4943	53.8488	54.169	52.8075	50.2	56.058	56.9882
	重庆	42.16	34.6	35.6067	36.7217	41.8333	43.6857	41.1652	38.7381	41.3211	42.19	40.2661	38.3	40.1105	37.5529
	四川	39.8	41.8	33.7654	34.5592	38.1496	39.6376	39.3461	42.6845	48.3317	47.4359	46.6994	45.3	42.7619	42.7873
	贵州	30.43	34.6	28.1897	32.3223	33.8329	38.0218	38.9269	35.8499	43.1401	44.9231	47.7151	45	43.2339	40.8138
	云南	24.82	31.7	26.7897	30.7248	30.3029	32.5433	34.9509	32.8597	35.4309	39.728	40.137	36.1	43.1861	44.7076
	陕西	41.04	43.2	45.1609	44.4696	45.0422	44.8821	47.6703	50.2761	50.5359	48.6554	50.2325	45.4	49.4333	48.9208
	甘肃	32.72	33.5	31.4959	32.9334	35.146	35.5227	35.8381	37.1213	41.7581	40.8673	40.6497	39.9	40.5396	41.6211
	青海	30.17	32.1	26.1714	29.3432	28.542	28.1865	28.0139	30.6019	35.704	38.5872	35.9268	37.2	37.8249	38.032
	宁夏	34.36	36.1	35.6482	37.1849	39.6178	43.8501	45.0453	41.563	43.9871	42.2736	41.513	41	42.4727	44.2556
	新疆	37.99	36.7	39.7993	41.7216	44.611	45.2232	47.0029	46.0684	42.8404	40.9367	42.7193	44.6	46.0541	46.4253
就业人员中高中文化程度就业人员占比（%）	北京	28.66	25.7	26.5107	24.4707	24.4912	25.1791	23.3523	21.5189	23.9352	22.4626	21.8835	19.9	15.4699	13.8291
	天津	26.28	27	22.91	24.6737	25.2218	27.2665	26.6678	20.6679	22.57	22.162	20.8438	19.7	13.3385	13.086
	河北	14.03	13.1	11.7457	10.3804	10.5394	11.0739	10.9997	12.5032	15.8286	16.8221	15.0846	14.8	14.6916	13.9679
	山西	14.15	12.4	13.9217	14.0927	13.6721	13.8524	14.2373	15.2198	19.0014	19.3172	20.2833	19.6	13.9611	14.1347
	内蒙古	13.65	14.9	15.9097	13.9031	14.0156	13.1855	13.6951	14.5794	17.515	18.316	15.6754	17.2	13.2662	12.474
	辽宁	16.01	13.4	12.9571	13.767	13.4115	13.4102	13.1227	14.2869	13.1942	13.9575	14.6716	14.9	11.5271	11.112
	吉林	17.21	16.4	14.6145	15.3682	15.2267	17.2328	15.0822	15.5499	14.8805	13.5015	15.1591	14	15.3272	15.0814
	黑龙江	14.51	14.7	14.9035	14.0888	14.5026	15.0282	14.339	14.7743	12.4155	13.0124	12.7397	13.4	14.0503	13.2043

179

构成	地区	2003年	2004年	2005年	2006年	2007年	2008年	2009年	2010年	2011年	2012年	2013年	2014年	2015年	2016年
就业人员中高文化程度就业人员占比（%）	上海	36.11	31.5	25.5711	27.5024	27.4778	26.548	26.7425	21.4622	23.2251	23.5651	24.5348	24	14.4731	14.2933
	江苏	15.15	14.2	14.9911	14.4486	14.2653	14.1706	14.476	16.7476	19.4798	20.1966	19.2594	18.7	15.6763	15.7319
	浙江	14.25	15.2	11.6593	12.1917	12.1001	12.039	13.0471	14.864	15.7917	16.4522	17.0583	17	14.9842	14.7981
	安徽	9.46	10	8.0244	7.2209	7.2578	7.8746	8.2154	9.5542	10.3712	10.7767	11.4169	11.1	9.6347	9.5724
	福建	14.94	14.7	12.9151	11.4276	12.1537	12.0756	14.0414	14.3289	17.2669	18.0571	17.5291	17.7	12.2819	12.4144
	江西	17	14.3	10.8404	10.418	13.5983	14.2547	16.8073	12.7852	15.5757	17.4529	18.5181	17	15.2875	14.8429
	山东	13.65	13.4	11.8223	12.4788	11.839	13.2246	12.2702	14.0533	20.6284	19.1841	19.5791	18.8	14.5552	13.5133
	河南	12.31	13.1	10.6186	10.0845	11.1103	11.7739	11.7507	13.0108	15.4381	16.7606	17.672	18.3	15.1244	15.142
	湖北	13.58	15.5	12.9775	14.1295	14.5117	14.6034	14.8645	15.1117	19.5449	18.8081	20.3777	20.7	15.199	14.9087
	湖南	15.25	13.4	13.0268	11.6523	12.8728	14.4756	14.1977	16.3106	22.82	23.2088	23.8414	23.4	16.3603	17.5481
	广东	16.16	16.4	17.5972	16.7575	17.844	18.2822	19.151	19.5859	23.252	23.943	21.8026	24	19.7497	19.894
	广西	11.34	12.6	10.2568	10.4871	9.8901	10.3284	9.9259	11.3663	13.1346	13.4925	13.7233	12.2	10.5827	10.7325
	海南	18.45	19.1	15.8439	13.9344	14.1959	15.1654	13.5187	15.7025	19.3272	18.1387	19.764	21.4	13.4064	13.3991
	重庆	9.76	8.7	9.1164	8.7612	9.4858	9.6519	9.7166	12.3339	13.1859	15.2491	16.1896	16.2	13.7622	13.209
	四川	10.36	9.9	6.7953	7.3665	7.8257	8.3211	8.7864	9.7414	13.7044	13.3188	14.1208	15.3	11.2455	10.701
	贵州	8.37	7.2	5.9959	5.0657	5.5338	5.8341	5.4064	6.4528	7.5586	8.3583	7.7578	8.3	6.3485	6.7418
	云南	4.63	6.7	5.7923	5.6913	5.9183	6.1234	6.0671	7.2128	8.4776	8.4122	8.2479	9.5	6.4863	6.4505
	陕西	17.03	15.6	13.0658	13.3193	13.6485	13.3841	12.2945	14.3552	19.562	20.1842	18.624	20.4	15.609	16.1958
	甘肃	12.51	13	10.0522	8.7494	8.5939	8.8536	9.1915	10.9139	13.6874	14.2878	14.7764	14.3	12.8224	12.2754

续表

构成	地区	2003年	2004年	2005年	2006年	2007年	2008年	2009年	2010年	2011年	2012年	2013年	2014年	2015年	2016年
就业人员中高中文化程度就业人员占比(%)	青海	11.38	11.5	9.4965	10.0989	9.7084	9.0155	8.3275	9.7859	14.4776	14.113	15.0047	13.9	9.6106	9.86
	宁夏	13.09	13.9	11.5809	11.3912	10.6576	11.1147	11.237	12.3576	14.229	14.8163	13.66	12.3	12.3248	11.1218
	新疆	12.87	14.3	12.6322	10.9054	10.6855	10.5587	10.5446	11.5581	14.1657	14.0469	13.4779	13.5	11.8995	10.9825
就业人员中大学专科文化程度就业人员占比(%)	北京	12.39	12.3	14.483	16.2953	14.85	14.448	15.1635	14.7268	17.8759	19.2713	18.2891	18.5	19.7748	19.6976
	天津	8.57	10.6	8.3474	9.6955	9.6092	9.7712	10.0919	10.2678	13.3033	13.7206	15.2338	18.3	14.7954	14.4922
	河北	6.18	5	3.7038	2.8939	2.7863	3.2328	3.4596	4.9469	6.8356	7.4522	6.8727	7.9	9.1922	9.547
	山西	5.62	4.9	5.7254	5.3416	5.2671	5.0922	5.4151	7.0494	8.4367	9.9573	9.6867	10.8	10.871	11.4429
	内蒙古	5.26	6.4	7.2755	5.4164	5.5273	5.6388	5.9844	7.8593	11.2457	11.428	10.896	11.6	10.1675	11.544
	辽宁	7.59	6.2	6.2925	6.0496	6.0444	6.9275	7.4117	7.6195	7.6909	7.6945	9.2544	9.2	9.7692	10.3724
	吉林	5.37	5.6	5.2035	4.066	4.6724	4.7219	4.9341	5.9923	6.7563	7.279	7.1515	7.6	7.6041	7.6855
	黑龙江	4.67	4.3	5.8691	4.8662	5.5362	4.5142	4.5823	6.3424	5.626	6.0415	6.5983	7	9.396	8.8384
	上海	12.41	13.8	11.3558	13.9334	14.2265	14.6727	15.3983	12.634	15.7427	15.9283	16.5333	19.6	17.1164	16.5055
	江苏	4.1	4	4.9453	5.3723	4.4104	4.3093	4.4803	7.0979	7.7197	9.1595	10.2674	11.2	11.9905	13.3052
	浙江	5.37	6.7	4.1223	4.9866	4.653	5.5923	6.2376	6.5333	9.0831	9.3909	10.9371	11.8	12.4015	12.4232
	安徽	3.8	4.1	3.3541	2.5776	2.6383	2.9156	2.6747	4.7425	5.4801	5.6585	6.0843	6.8	7.3261	7.6512
	福建	4.31	4.9	4.4022	4.3235	4.5185	4.4203	9.0034	5.6942	8.4731	9.0881	9.2344	9.9	8.7999	9.4149
	江西	7.03	4.7	4.0499	3.7362	5.9031	4.8654	5.1476	4.6787	4.862	5.9857	6.9851	6.8	7.1864	7.1351
	山东	5.14	4.9	3.3701	3.5505	3.6989	3.6233	3.7584	5.3607	8.5438	8.9606	9.3721	9.8	8.3005	8.4258

续表

构成	地区	2003年	2004年	2005年	2006年	2007年	2008年	2009年	2010年	2011年	2012年	2013年	2014年	2015年	2016年
就业人员中大学专科文化程度就业人员占比（%）	河南	3.2	4.4	3.5957	3.3966	3.2211	3.4365	3.6008	4.6542	5.5673	5.8356	6.5611	7.4	7.6068	8.1199
	湖北	4.05	4.3	3.9639	4.4319	4.3386	4.3732	5.2674	5.6318	8.4255	8.3193	8.6231	9.9	8.7244	8.9725
	湖南	4.91	5.2	3.8821	3.6009	3.948	3.9391	3.6339	5.2335	9.6393	9.0817	10.0297	10.1	8.2325	8.6134
	广东	5.56	5.4	5.0395	4.587	5.12	5.381	5.0496	6.462	7.8421	7.7656	8.5821	9.6	9.8042	10.96
	广西	3.83	4.9	3.6422	3.9915	3.1896	2.6987	2.9616	4.6792	5.2672	6.0389	5.3438	7.2	8.0614	7.7989
	海南	6	5.3	4.8179	4.0019	3.6517	4.182	4.3624	5.6562	7.0288	7.7641	9.2477	8.3	7.6559	8.0002
	重庆	2.59	3.1	3.6944	3.2237	3.0661	2.6062	3.6849	6.132	6.6988	7.1013	6.9231	8.4	10.0576	10.8679
	四川	3.31	3.2	2.8432	2.6233	2.6268	2.2686	3.4224	4.4476	5.4573	5.7604	6.424	7.1	6.9534	7.8216
	贵州	4.65	4.1	3.1818	2.4703	3.029	3.1092	2.3484	4.4627	5.0091	5.2379	5.6876	6.4	5.3222	5.2086
	云南	1.38	3.1	2.6047	2.5294	2.3897	2.0984	2.2199	3.8611	5.0691	4.7982	5.7575	5.6	4.9395	4.6849
	陕西	5.77	7	4.9932	5.0468	5.8039	5.736	5.1169	6.6452	10.0498	10.2249	11.5298	12.6	10.0413	10.5682
	甘肃	4.25	5.2	4.217	2.8022	2.8328	3.4751	3.1756	5.1514	6.9976	7.3687	8.0277	8.3	6.8289	7.3469
	青海	5.18	4.3	7.0143	5.5791	6.1063	6.1485	6.0976	6.8871	9.6609	9.7279	10.7152	9.2	9.8769	10.5412
	宁夏	5.95	7.3	6.8702	5.7611	6.4464	6.278	6.2176	7.9109	8.9207	8.8366	8.9052	8.7	10.702	10.9749
	新疆	8.73	10.1	8.7187	7.3381	7.1607	7.5795	8.114	9.1741	10.8793	12.1061	11.2637	11.7	12.3	11.7971
就业人员中大学本科文化程度就业就业人员占比（%）	北京	11.85	13.7	13.5502	15.9889	16.0686	15.263	17.3687	19.1749	25.6083	27.5211	26.0312	29.5	26.7613	27.5669
	天津	4.54	7	5.9904	7.023	7.2494	6.3994	7.3519	10.1901	12.3654	12.8864	15.3098	14.5	17.2901	17.6209
	河北	2.35	2.2	1.7389	1.3878	1.4928	1.5842	1.9454	2.5614	4.0514	4.1084	3.9472	5.3	6.0392	6.2351
	山西	1.93	1.9	2.134	2.5761	2.451	2.0097	2.3844	3.5466	4.3561	5.2387	5.4077	5.7	9.1067	9.1784

续表

构成	地区	2003年	2004年	2005年	2006年	2007年	2008年	2009年	2010年	2011年	2012年	2013年	2014年	2015年	2016年
就业人员中大学本科文化程度就业人员占比(%)	内蒙古	1.87	2.2	2.8527	1.9463	2.3157	2.1319	2.0903	4.3083	5.0314	5.277	6.0714	6.5	7.5806	8.0363
	辽宁	3.21	2.8	3.2733	3.3081	3.3683	4.5608	4.5965	5.476	5.5223	5.1754	5.9604	7	9.2904	9.5158
	吉林	2.22	2.2	2.8041	2.1965	2.5643	2.7511	3.4327	4.3123	5.1589	5.8304	6.2439	6.9	7.7587	7.5074
	黑龙江	1.5	1.3	2.5672	2.3624	1.8812	1.8964	2.428	3.6487	3.7714	3.1671	4.1239	4.4	8.0839	8.2163
	上海	7.26	9.5	9.1517	12.5364	11.8737	12.8151	13.9284	13.1275	14.5539	15.7634	16.3501	20.8	21.9895	23.3738
	江苏	1.98	1.7	2.535	2.4437	2.1111	2.1208	2.4217	4.3895	5.4042	5.7664	6.0861	6.5	9.9804	10.3176
	浙江	2.59	3.6	2.1696	3.0928	2.8357	3.1123	4.0072	4.6393	6.3808	7.6533	7.7033	9.2	11.4954	11.7613
	安徽	1.51	1.6	1.4676	1.0582	0.8325	1.0684	1.0903	2.5655	2.8683	3.6857	3.7482	4.4	5.5694	5.6204
	福建	1.78	2.1	2.2717	1.9781	2.6028	2.7752	2.937	3.9968	6.6912	6.8762	7.3869	7.6	8.4524	8.7465
	江西	2.15	1.4	1.3656	1.8404	2.6294	1.947	2.2485	2.3153	2.9842	2.8324	3.457	3.9	4.9557	4.5148
	山东	2	2.1	1.5911	1.6304	1.4463	1.8556	2.0253	3.2347	5.0183	5.2468	6.1791	7	5.9003	6.1675
	河南	0.7	1.4	1.391	0.9126	0.8468	0.9871	1.293	1.9979	2.8597	2.9205	3.3968	4.3	4.7847	4.7167
	湖北	1.26	1.5	1.828	2.5366	2.2868	2.4603	2.3727	3.2074	5.1959	5.0493	4.4356	5.5	6.848	6.4659
	湖南	1.04	1.4	1.5627	1.7408	1.5114	1.5109	1.8214	2.4599	4.8383	4.7317	4.5041	5.1	6.2273	6.4198
	广东	1.78	1.8	2.2672	2.3796	2.648	3.0579	2.4053	3.8619	4.4051	4.142	5.2258	5.4	6.9466	7.0797
	广西	1.73	1.6	1.3519	1.2206	1.0413	0.9588	1.4251	2.4946	2.5017	2.6324	2.761	3	4.9751	4.852
	海南	2.09	1.8	2.0664	1.8804	1.4752	1.6544	1.558	3.1535	4.259	5.2259	4.8387	6.7	5.9484	6.2286
	重庆	1.06	1.2	1.7072	1.7938	0.9837	1.2839	1.6743	3.9048	4.2562	4.8202	5.0129	5.2	7.5436	7.7873
	四川	1.32	1	1.2736	1.0701	1.4089	0.9465	1.8892	2.3495	3.1792	3.5473	3.9151	3.7	4.6192	5.0826

续表

构成	地区	2003年	2004年	2005年	2006年	2007年	2008年	2009年	2010年	2011年	2012年	2013年	2014年	2015年	2016年
就业人员中大专科学术本科文化程度就业人员占比(%)	贵州	2.44	1.8	1.3311	0.8912	1.1068	1.342	1.3273	2.4935	3.1775	2.7823	3.5957	3.7	4.0047	4.8347
	云南	0.58	1.4	1.1957	1.0394	1.1109	0.8913	0.9648	2.4729	3.5257	3.3388	3.9411	4.4	4.6086	4.2856
	陕西	2.15	2.9	2.4231	2.2585	2.2125	2.7279	3.0661	3.4597	5.3558	6.0696	6.4048	7.3	6.8084	7.5855
	甘肃	1.45	2.1	1.4649	0.7378	1.1375	1.579	1.7412	2.765	4.1667	4.4386	5.3921	5.8	6.1582	6.3812
	青海	1.78	1.7	2.8885	2.2952	2.916	2.9706	4.0418	4.3998	6.7225	6.5764	6.528	6.8	7.7989	8.4227
	宁夏	1.66	2.9	2.9114	3.0115	2.7859	2.9468	3.044	4.5975	5.6183	5.2744	5.0614	6.5	8.2974	9.7068
	新疆	4.71	3.3	3.4125	3.48	3.201	3.5588	3.061	4.4333	4.7408	5.4876	6.4348	5.6	9.8947	10.3619
就业人员中研究生文化程度就业人员占比(%)	北京	1.92	2.57	2.8353	3.4123	3.3074	3.0872	3.3821	5.0822	6.7714	6.7945	7.0858	7.87	6.0535	6.7879
	天津	0.37	0.57	0.498	0.5386	0.5664	0.7741	0.4935	1.063	1.0707	1.1691	1.2124	1.35	2.3231	2.1594
	河北	—	0.06	0.0707	0.036	0.0997	0.2241	0.2987	0.1682	0.24	0.294	0.2565	0.23	0.4999	0.5125
	山西	0.05	0.18	0.1202	0.1705	0.1424	0.074	0.0753	0.213	0.1278	0.2216	0.1975	0.29	0.8209	0.6542
	内蒙古	0.06	0.09	0.1423	0.0604	0.0532	0.0464	0.0464	0.2442	0.2773	0.3351	0.3493	0.42	0.3183	0.4989
	辽宁	0.14	0.14	0.2791	0.2811	0.3042	0.2289	0.2283	0.4724	0.3421	0.3405	0.3159	0.5	0.8516	0.7662
	吉林	0.06	0.12	0.1925	0.199	0.159	0.1614	0.2457	0.3356	0.4466	0.3871	0.4796	0.35	0.3789	0.537
	黑龙江	0.09	0.09	0.1351	0.0858	0.0869	0.0621	0.1144	0.267	0.0931	0.1887	0.2307	0.23	0.4869	0.7331
	上海	0.63	1.06	1.3875	1.9193	1.5848	1.7138	2.0152	2.5491	1.8316	1.9877	2.1494	2.45	4.7713	4.6718
	江苏	0.07	0.11	0.2194	0.3361	0.1573	0.1985	0.3749	0.4627	0.559	0.4538	0.5869	0.59	0.9456	1.0022
	浙江	0.15	0.15	0.1811	0.6644	0.53	0.1995	0.183	0.389	0.4551	0.5954	0.5558	0.52	0.8457	0.9802
	安徽	—	0.08	0.0656	0.0505	0.0188	0.0748	0.0893	0.2216	0.3007	0.3305	0.3098	0.4	0.3802	0.4763

续表

构成	地区	2003年	2004年	2005年	2006年	2007年	2008年	2009年	2010年	2011年	2012年	2013年	2014年	2015年	2016年
就业人员中研究生文化程度就业人员占比（%）	福建	0.11	0.15	0.1535	0.0565	0.1564	0.216	0.1265	0.2789	0.5223	0.3585	0.4402	0.51	0.6004	0.6475
	江西	0.06	0.05	0.0374	0.2867	0.3434	0.0976	0.1346	0.1747	0.1744	0.152	0.3197	0.24	0.3712	0.32
	山东	0.07	0.08	0.0824	0.0455	0.0731	0.1292	0.1443	0.2609	0.3767	0.416	0.4807	0.49	0.5452	0.589
	河南	—	0.05	0.0734	0.0417	0.0459	0.0464	0.0646	0.165	0.1629	0.2201	0.2591	0.27	0.3635	0.3631
	湖北	0.05	0.08	0.1747	0.5965	0.216	0.2208	0.1657	0.3625	0.4644	0.4141	0.4266	0.57	0.7953	1.002
	湖南	—	0.05	0.0896	0.1729	0.1465	0.159	0.2811	0.1995	0.2779	0.4734	0.2672	0.43	0.446	0.5643
	广东	0.13	0.15	0.2383	0.3136	0.3237	0.3082	0.3202	0.4081	0.2758	0.2534	0.4124	0.38	0.6468	0.5315
	广西	0.07	0.03	0.1082	0.0393	0.0426	0.0629	0.0461	0.1824	0.1892	0.2821	0.2301	0.26	0.411	0.4556
	海南	0.11	0.03	0.1075	0.0964	0.0726	0.2298	0.1438	0.2268	0.1356	0.3079	0.1901	0.24	0.3269	0.2266
	重庆	—	0.07	0.1163	0.065	0.0192	0.0447	0.0618	0.3412	0.4045	0.4192	0.5296	0.57	0.8621	0.7747
	四川	—	0.05	0.0959	0.0226	0.0746	0.0944	0.1574	0.2124	0.1988	0.2849	0.3496	0.18	0.3862	0.3613
	贵州	0.1	0.05	0.033	0.0052	0.0212	0.0512	0.0204	0.1224	0.2013	0.169	0.0561	0.09	0.1535	0.1971
	云南	—	0.14	0.0774	0.0672	0.032	0.016	0.0368	0.1553	0.1577	0.2488	0.3012	0.22	0.3589	0.3835
	陕西	0.1	0.14	0.2261	0.1852	0.1313	0.4505	0.2161	0.3805	0.6312	0.728	0.7765	1.11	0.7706	0.7377
	甘肃	0.06	0.08	0.0799	0.0447	0.0734	0.1154	0.1356	0.2031	0.327	0.3102	0.3686	0.26	0.4357	0.3894
	青海	0.1	0.11	0.1459	0.1059	0.1715	0.1382	0.1045	0.2203	0.3113	0.1928	0.2475	0.4	0.1709	0.2138
	宁夏	—	0.07	0.0793	0.0655	0.0648	0.0961	0.0972	0.2302	0.4196	0.1617	0.1079	0.17	0.3866	0.5554
	新疆	0.24	0.15	0.1554	0.3587	0.2035	0.1177	0.0914	0.2561	0.3311	0.4053	0.4143	0.37	0.7594	0.8707

资料来源：根据相应年份《中国劳动统计年鉴》整理。

附表 4　各省（直辖市、自治区）燃料、动力类工业生产者购进价格指数

地区	2003年	2004年	2005年	2006年	2007年	2008年	2009年	2010年	2011年	2012年	2013年	2014年	2015年	2016年
北京	104.7	114.2	111.4	105.5	105	115.8	88.6	110.5	117.8	99	96.4	99.4	85.6	98
天津	108.7	115.4	104.9	104.7	105.7	112.9	90.2	110	113.3	101.3	95.9	97	81.7	93.2
河北	109.4	118.4	107	105	107.8	115.9	93.5	110.9	113	98.4	94.8	94.2	87.3	99.5
山西	107.8	114.5	108.2	102.6	105.3	118.3	96.6	109	106.2	98.2	94.7	94.3	93.2	100.5
内蒙古	102.9	109.2	109.9	105.9	104.8	111.7	99.1	105	103.5	103.4	97.5	97.4	95.8	99.6
辽宁	105.1	112.1	108.1	104.2	104.8	111.5	93.3	108.6	109.6	101.1	97	98.1	86.8	94.2
吉林	104.8	110.5	107	103.8	105.2	111.3	95.3	108.6	111.4	98.5	98.3	98.5	86.8	95.7
黑龙江	107.6	115.2	111.8	105.6	105	114.1	93.4	114.5	113.8	99.5	98	95.6	80.4	93
上海	106.4	116.4	106.8	104.8	104.1	110.3	89.8	111.2	117.9	98.9	90.4	93.9	68.3	91.3
江苏	106.5	116.3	107.6	106.4	105	115	91.9	112.8	110.7	99.1	95.8	96	85.1	96.7
浙江	105.8	113.4	105.4	105.6	105.3	110.6	92.6	112	107.6	99.5	97.4	98.4	91.6	96.4
安徽	106.7	115	107.1	103.9	105.1	112.4	95.3	111.8	112.9	100.1	91.6	93.3	89.4	95.7
福建	106.3	113.3	108.1	103.9	104.3	110.2	93.2	107.7	107.4	103.4	98.9	97.8	93.6	93
江西	106.5	114.5	110	108.6	107.9	114.2	90.7	111.8	108.5	102.8	97.6	97.8	89.6	97.3
山东	105.7	113.4	105.9	105.1	104.8	113.1	95.5	109.3	110.7	100.5	96.8	96.3	88.1	93.3
河南	107.8	115.7	108.3	105.3	106.4	111.9	97.1	110.2	106.6	101.6	96.7	96.8	91	98.1
湖北	108.2	113.1	107	104.9	104.5	110.9	93.4	110.4	115	101.9	97.5	96.8	88.1	95
湖南	106.7	114.4	109.4	106.5	106.1	112	92.6	110	111.6	106.8	97.9	97.4	87.9	94.3
广东	104.1	110.7	105	103.6	103.3	107.9	93.8	107.3	108.8	102.4	95.7	98.4	91.6	94.8

续表

地区	2003年	2004年	2005年	2006年	2007年	2008年	2009年	2010年	2011年	2012年	2013年	2014年	2015年	2016年
广西	101.2	116.3	108.2	111.4	106.1	110.6	95.1	111.2	105.5	104	97.8	98.4	95.1	94.8
海南	102.2	105.9	104.2	101.5	105	111.6	85.3	110.3	122.9	99.9	100.1	97.8	72.5	90.8
重庆	104.9	110.3	108.2	104.8	106.2	112.2	95	106.9	107.2	102.2	98	98.2	96.8	97.6
四川	101.7	112	109.3	104.3	105.7	112.4	95.3	106.1	109	102.7	100.5	100.2	97.1	99.1
贵州	106	109.6	107.4	107.3	107.5	112.5	93.5	109.8	121.6	107.2	96.3	100.3	98	98
云南	102.7	113	106.5	107.6	108.2	111.6	95	109	108.3	102.2	99	99.4	99.2	96.7
陕西	104.8	110.4	107.5	106.7	106.3	111.2	98.4	109.7	114.2	101.1	98.4	97.1	91.3	90.8
甘肃	105.6	112.5	109.9	108.8	104.3	110.2	90.5	114.4	110	98.2	98.4	98.5	81.5	92.3
青海	101.8	108.5	105.3	102.8	104.4	110.4	99.8	108.6	103.3	102.3	100.3	100	97.8	95
宁夏	106.8	117.3	109.7	108.5	107.1	121.8	94.7	114.1	112.2	101.3	96.1	96.4	89	95
新疆	114.8	118.2	110.7	111.1	103.8	117.8	90.6	123.9	132.9	98.6	96.6	97	69.9	92.5

注：燃料、动力类工业生产者购进价格指数2010年及以前为原材料、燃料、动力购进价格指数，资料来源于相应年份《中国统计年鉴》《中国价格统计年鉴》。

附表5　各省（直辖市、自治区）博物馆藏品数

单位：件/套

地区	2003年	2004年	2005年	2006年	2007年	2008年	2009年	2010年	2011年	2012年	2013年	2014年	2015年	2016年
北京	1105798	1109651	1131773	1133142	1135372	1137760	1136606	1138476	1140379	1140193	1142291	1251584	1229829	1235102
天津	549281	567615	570999	175193	574806	575418	577297	579740	685386	688715	688456	669665	673291	635938
河北	216322	215079	217289	213185	214254	220248	225007	232455	239347	252073	271992	375522	406132	427332

续表

地区	2003 年	2004 年	2005 年	2006 年	2007 年	2008 年	2009 年	2010 年	2011 年	2012 年	2013 年	2014 年	2015 年	2016 年
山西	412919	418003	590606	639539	541098	540297	483091	453355	462269	584868	598381	803379	808896	984459
内蒙古	217795	335672	338527	342818	347694	351539	373044	408471	433491	482011	498069	493522	505570	645516
辽宁	214811	268278	301817	310210	315156	335472	376280	351402	382402	395910	444906	467050	453489	534003
吉林	112325	165904	175393	175971	174938	181200	300992	237522	231744	288405	361260	374808	416815	437300
黑龙江	134014	141390	142593	150422	160880	164566	183443	192158	279922	337400	487097	694942	750650	991479
上海	281079	290593	300604	306406	312384	317873	322335	327455	374685	2158074	2282961	2359064	2152643	2253481
江苏	841927	862364	916002	931920	947707	1390254	1315607	1527507	1544978	1590310	1662661	1721406	1754310	1767257
浙江	466060	511604	516562	530652	564876	632483	653597	676477	698096	967070	1002041	1061045	1186230	1315047
安徽	381091	383108	370915	384578	373804	410879	425117	503247	527660	607637	670420	715617	733703	743837
福建	308023	319839	337925	345863	351435	376026	383706	382327	431297	455526	482562	483880	514057	496026
江西	178051	338703	333484	293380	292876	298623	356678	425788	439484	459875	448996	476469	415473	402972
山东	457428	545474	562992	563735	571720	633506	686500	692829	776363	1245492	1352501	1502130	1619903	3301398
河南	548130	588891	651537	647674	643562	660554	680274	725093	822274	888128	964804	917092	928893	935827
湖北	918977	973545	669560	729512	751615	836949	863489	1211525	1186921	1581612	1668740	1894926	1602377	1570685
湖南	195725	320423	364900	384207	391820	442489	460165	443174	490009	499069	510258	554636	531079	576151
广东	483251	592570	662177	712703	703627	710814	833670	844627	838181	982169	996706	1080018	958465	953330
广西	168817	235614	239327	236567	243613	253332	273509	279452	301583	362854	397058	411224	422677	265803
海南	46575	28148	28870	35340	28997	30287	46625	57299	65242	68586	39895	43715	43375	73945
重庆	183078	282688	201804	241016	356470	430477	488687	488955	519143	566967	679375	646125	607418	508431

续表

地区	2003 年	2004 年	2005 年	2006 年	2007 年	2008 年	2009 年	2010 年	2011 年	2012 年	2013 年	2014 年	2015 年	2016 年
四川	321268	314667	369434	379383	385019	585680	563405	885543	1121019	1062979	3141223	3283205	3414417	4199935
贵州	58669	37186	37752	38930	40991	44965	69096	74826	82807	76024	94124	115588	95327	105956
云南	180322	201117	223391	227461	272682	272142	341692	358457	380151	557284	1191016	1245402	1206919	1227996
陕西	583287	581897	584989	586660	735147	751226	761453	767086	797613	1023699	1174563	1436898	2675637	2409927
甘肃	300861	336936	358056	373329	384586	420399	437509	439654	192348	497085	506315	543923	558789	522853
青海	67153	76698	79241	73026	71673	89371	118862	118984	150557	177252	183255	181009	154674	163393
宁夏	52179	58828	58864	59725	63279	63156	64798	66209	66299	72204	74808	80080	77592	47855
新疆	64889	79912	86158	96049	101189	106706	113758	119370	121588	123061	154764	188833	204454	192562

资料来源：相应年份《中国文化文物统计年鉴》。

附表 6　各省（直辖市、自治区）煤炭、焦炭消费量

单位：万吨

构成	地区	2003 年	2004 年	2005 年	2006 年	2007 年	2008 年	2009 年	2010 年	2011 年	2012 年	2013 年	2014 年	2015 年	2016 年
煤炭消费量	北京	2674	2939.41	3068.97	3055.67	2984.6664	2747.7295	2664.6988	2634.6175	2365.5311	2270	2019.23	1736.54	1165.18	847.62
	天津	3205	3508.57	3801.45	3809.31	3926.7	3972.77	4119.65	4806.7932	5262	5298	5278.67	5027.28	4538.83	4230.16
	河北	14851	17073.96	20542.394	21359.82	24681.0019	24418.625	26515.805	27464.7187	30791.7544	31359	31663.27	29635.54	31700.5	30863.5
	山西	20502	22432.67	25872.4	28605.22	29645.28	28372.71	27761.93	29865.1	33478.65	34551	36636.51	37587.43	43880.62	43566.14
	内蒙古	9025	11391.44	13953.78	22241.84	18607.0043	22241.84	24047.3	27004.0373	34683.5136	36620	34915.72	36465.97	36283.33	36460.55
	辽宁	10454	11944.98	12709.66	13836.525	14712.4	15346.66	16032.52	16908.43	18053.6	18219	18132.77	18002.27	17028.08	16943.7
	吉林	5202	5715.02	6446.6728	6937.214	7311.88	8367.4173	8588.91	9582.66	11035	11083	10413.74	10379.34	8632.01	8349.29

构成	地区	2003年	2004年	2005年	2006年	2007年	2008年	2009年	2010年	2011年	2012年	2013年	2014年	2015年	2016年
煤炭消费量	黑龙江	6490	7347.39	8523.62	9029.89	9857.02	11203.87	11050.13	12219.133	13200.03	13965	13266.81	13595.53	12465.43	12741.39
	上海	5018	5144.32	5305.7468	5141.5447	5223.15	5463.9109	5305.1731	5875.5184	6142	5703	5681.19	4895.78	4728.13	4625.62
	江苏	10849	13272.08	17159.373	18691.8	20236.543	20736.71	21003.019	23100.483	27363.83	27762	27946.07	26912.61	27209.12	28048.13
	浙江	7267	8361.83	9680.798	11334.43	13024.1216	13040.9388	13276.1583	13949.8593	14776	14374	14161.26	13824.37	13826.07	13948.49
	安徽	7489	7823.06	8322.8	8792.71	9765.9393	11377.0992	12666.4008	13375.7027	14123.3903	14704	15665.08	15786.98	15673.49	15706.17
	福建	3272	3806.12	4717.13	5342.15	6117.15	6595.88	7109.25	7026.24	8713.75	8485	8078.64	8198.3	7659.95	6826.5
	江西	3089	3943.91	4242.9	4592.26	5170.78	5267.45	5356.11	6246.24	6988.41	6802	7254.69	7477.31	7658.74	7533.19
	山东	15166	18270.08	26056.2468	29838.47	32718.671	34389.6136	34795.1728	37327.8891	38920.5343	40233	37683.44	39561.73	43515.9	42160.4
	河南	11420	14937.64	18467.89	20998.77	23179.83	23867.52	24445.421	26050.0019	28373.8438	25240	25058.14	24249.88	24253.68	23662.33
	湖北	7238	8053.71	8872.64	9909.84	10791.62	10196.08	11099.7538	13470.0646	15805.32	15799	12166.72	11887.83	11035.08	10739.77
	湖南	4984	6039.79	8739.29	9400.51	10277.39	10169.01	10751.41	11323.326	13005.7527	12084	11223.84	10899.51	10228.9	10768.56
	广东	7910	8790.24	9852.65	10947.99	12430.0468	13298.16	13647.26	15983.62	18439.37	17634	17106.78	17013.71	16587.32	16135.29
	广西	2621	3366.71	3618.87	3979.84	4671.04	4676.3282	5199.11	6206.82	7032.89	7264	7344.11	6796.51	6094.82	6403.86
	海南	607	477.3402	326.01	332.2299	426.4097	471.9497	536.8899	647.1999	815.47	931	1008.78	1018.3	1071.92	1015.31
	重庆	2646	2904.38	4196.44	4690.31	5109.87	5272.7317	5781.7219	6396.9028	7189.2463	6750	5794.47	6095.78	5047.19	4854.37
	四川	7254	8188.68	8512.91	9159.89	10190.7	10727.41	12147.35	11520.4	11454.34	11872	11678.55	11045.39	8824.34	8467.99
	贵州	6794	7993.74	7920.6744	8994.5664	9572.63	9732.18	10912.47	10908.0964	12084.973	13328	13650.74	13117.6	12956.77	13678.92
	云南	4614	5688.54	6681.53	7481.9969	7620.4527	7915.685	8885.6124	9349.3955	9663.9538	9850	9783.09	8674.67	7756.37	7481.48
	陕西	3961	4958.0558	6049.117	7597.6	8082.01	8941.31	9496.5	11638.5304	13318	15774	17247.95	18375.34	18373.61	19392.24

续表

构成	地区	2003年	2004年	2005年	2006年	2007年	2008年	2009年	2010年	2011年	2012年	2013年	2014年	2015年	2016年
煤炭消费量	甘肃	3219	3479.32	3750.67	3959.09	4468.92	4682.87	4478.5	5389.569	6303.32	6558	6541.07	6715.87	6585.06	6348.4
	青海	675	680.05	949.1779	1082.2738	1290.5	1316.4514	1309.5423	1270.6803	1508.2179	1859	2073.15	1816.51	1508.12	1962.4
	宁夏	2965	2761.19	3276.66	3519.41	4088.78	4286.97	4780.8623	5764.9207	7946.962	8055	8533.51	8857	8928.41	8680.01
	新疆	3184	3631.79	3854.19	4436.21	4943.69	5708.56	7417.71	8106.35	9745.08	12028	14205.5	16088.03	18119.78	19245.92
	北京	438.25	455.73	397.4	348.62	358.19	232.87	211.9734	220.4457	33.2812	32.2657	0.79	0.64	0.44	0.21
	天津	143.15	328.04	329.75	541.1	667.75	719.23	868.65	663.91	709.4788	882.72	955.48	954.39	904.69	887.29
	河北	2591.01	3243.46	4583.15	5460.55	5127.329	6007.6885	6208.8324	7319.0044	8399.8818	8402.281	8339.85	8127.2	7905.6	8294.9
	山西	3085.29	2724.31	2139.9	2432.14	2556.37	2358.76	2438.39	2589.22	2558.55	2938.55	2145.59	2177.69	2083.43	1898.1
	内蒙古	477.34	577.98	814.03	1380.64	1213.1154	1380.64	1554.12	1416.8681	1559.2118	1411.8632	1800.65	1493.66	1532.74	1635.4
	辽宁	1131.02	821.02	1706.9	1959.93	2298.83	2440.82	2795.19	3162.88	3386.36	3442.08	3201.31	3296.94	3187.56	2993.06
	吉林	231.15	249.99	306.92	369.92	407.635	541.82	593.1	640.61	757.71	670.1	719.77	664.72	532.82	477.62
	黑龙江	105.99	97.34	101.16	210.7	226.92	227.3	321.9	271.33	272.75	331.09	337.65	194.07	185.68	184.19
焦炭消费量	上海	627.81	590.65	630.51	655.4584	729.701	714.4448	677.68	717.0825	714.15	673.17	640.3	654.84	630.75	596.95
	江苏	448.06	801.07	1593.12	1944.49	2018.89	1888.95	2221.2	2663.47	3151.47	3170.1	3190.61	3408.6	3588.61	3840.21
	浙江	126.93	149.21	163.59	317.76	326.4043	485.9767	504.51	443.09	469.9954	451.4223	446.18	465.07	427.59	329.47
	安徽	599.66	544.29	538.39	652.22	809.7047	851.217	856.2798	910.1717	948.1166	996.44	1049.41	1064.73	1164.77	1164.64
	福建	132.33	205.91	280.93	299.59	356.02	368.04	653.08	684.54	728.65	650	655.38	674.69	625.6	608.65
	江西	297.68	379.57	452.86	527.26	597.65	581.4	710.41	772.61	872.32	878.66	854.93	871.13	891.7	839.82
	山东	660.08	1235.5	1992.5721	2413.63	2593.437	2611.898	2922.5714	3067.5815	3314.7672	3506.0504	3680.29	3761.51	3813.46	3718.36

续表

构成	地区	2003年	2004年	2005年	2006年	2007年	2008年	2009年	2010年	2011年	2012年	2013年	2014年	2015年	2016年
焦炭消费量	河南	520.66	818.01	994.37	1192.23	1437.05	1488.98	1441.739	1743.44	2052.6334	2221.93	1817.47	2700.94	1414.15	1341.97
	湖北	552.49	560.36	685.47	752.13	820	952.27	910.7553	1120.83	1172.72	1113.8479	1114.39	1124.4	1030.01	1095.31
	湖南	395.83	553.37	356.58	423.12	915.89	998.9	1011.92	1089.19	851.65	1072.13	1075.82	1040.29	1145.05	960.5
	广东	227.99	278.03	300.16	410.78	460.9679	449.6	466.43	485.97	552.13	545.5	585.02	558.05	543.02	782.54
	广西	194.2	344.16	433.04	451.26	520.42	580.026	627.88	682.07	740.25	805.1	974.5	1018.65	1000.12	1020.96
	海南	5.92	3.51	19.106	18.65	22.99	14.88	17.76	0.05	0.02	0.05	0.04	0.04	—	—
	重庆	187.73	191.42	388	329.15	323.38	342.4372	334.1	299.4677	377.7894	503.77	208.82	320.43	169.91	384.31
	四川	625.58	813.32	894.54	1003.67	1144.05	1119.1	1121.9854	1353.64	1438.85	1562.85	1760.13	1863.88	1152.08	1129.38
	贵州	239.99	269.06	254.26	338.14	445.97	450.97	367.79	380.44	402.88	382.26	423.46	375.31	310.42	253.42
	云南	759.23	1046.32	1223.36	1252.0053	1377.3886	1331.4291	1276.3331	1231.21	1218.4427	1338.869	1347.57	1133.78	874.33	907.09
	陕西	188.88	249.65	251.1	288.23	407	387.95	655	731.25	793.6778	895.445	935.22	975.07	960.47	830.38
	甘肃	181.78	346.73	424.41	469.36	561.56	544.17	540.33	541.6	601.28	654.07	666.72	692.97	590	503.86
	青海	30.27	41.23	47.0236	93.2307	116.2361	150.1608	185.5628	160.1263	156.0279	196.3254	230.22	253.22	249.21	228.44
	宁夏	52	114.83	69.72	126.16	65.08	237.98	250.9972	228.8988	357.441	377.5533	417.96	386.87	488.53	450.61
	新疆	86.61	126.88	179.18	230.6	284.75	456.12	528.24	648.21	880.23	1011.07	1110.05	1073.73	748.59	801.03

注：研究时将煤炭、焦炭消费量（万吨）乘以能源标准煤折算系数转换成万吨标准煤。煤炭、焦炭消费量来源于《中国能源统计年鉴》，能源标准煤折算系数来源于中华人民共和国国家标准《国家能耗计算通则》（GB/T 2589－2008）。

附表 7　各省（直辖市、自治区）政治治理水平变量数据

地区	2003年	2004年	2005年	2006年	2007年	2008年	2009年	2010年	2011年	2012年	2013年	2014年	2015年	2016年
北京	5	4	11	20	21	35	8	32	40	28	43	35	46	60
天津	14	11	12	27	32	42	7	29	29	21	34	34	17	40
河北	14	10	18	18	18	49	33	21	30	41	35	53	60	83
山西	25	5	30	18	29	45	38	36	44	33	46	45	52	63
内蒙古	5	12	12	24	18	49	36	31	19	45	63	55	43	42
辽宁	9	10	11	12	24	31	18	14	10	17	31	35	27	13
吉林	32	20	5	9	12	16	13	14	15	26	22	23	19	27
黑龙江	17	10	6	15	35	54	53	44	38	26	31	15	11	26
上海	17	16	17	18	29	29	27	28	40	25	29	32	30	32
江苏	10	8	14	20	19	51	39	38	46	27	51	45	43	62
浙江	12	20	23	77	42	41	30	30	59	48	35	42	35	56
安徽	11	9	17	20	18	49	19	30	47	9	39	35	25	49
福建	14	11	16	17	21	50	38	42	43	38	33	37	17	64
江西	5	9	4	5	31	43	39	71	64	63	71	13	54	63
山东	13	11	21	29	36	26	30	32	48	42	37	29	36	26
河南	5	10	14	15	23	40	28	27	39	24	29	37	40	34
湖北	8	4	6	18	29	44	33	54	55	59	37	59	48	64
湖南	2	12	11	21	23	38	31	33	43	49	66	33	43	48
广东	19	23	41	28	36	46	37	41	71	48	50	68	87	78

续表

地区	2003年	2004年	2005年	2006年	2007年	2008年	2009年	2010年	2011年	2012年	2013年	2014年	2015年	2016年
广西	7	11	5	22	20	39	24	33	54	49	54	39	71	54
海南	44	14	7	28	15	63	19	37	30	24	34	36	59	79
重庆	19	33	23	20	26	19	19	33	43	25	55	44	100	86
四川	13	7	15	21	27	27	19	39	47	34	26	40	52	44
贵州	13	7	14	44	24	41	35	31	30	20	51	49	58	72
云南	13	8	9	21	7	46	21	35	37	30	43	20	40	74
陕西	22	18	20	37	33	45	34	26	27	20	35	23	25	38
甘肃	16	6	10	20	21	49	27	22	27	31	44	38	47	60
青海	4	11	13	36	21	61	41	80	48	36	19	80	72	124
宁夏	14	9	12	9	30	33	24	30	52	30	32	43	24	44
新疆	18	9	15	13	14	19	11	20	27	35	47	37	45	44

资料来源：采用爬虫技术从中国经济网地方政府工作报告工作报告汇编库爬取样本区间内各地政府工作报告中与绿色治理相关的词汇（包括：低碳、减排、能耗、二氧化碳、绿色、二氧化硫、环保、环境保护、空气、污染、排污、生态、化学需氧量、PM10、PM2.5），统计词汇出现的次数并人工修正。网址：http：//m.ce.cn/bwzg/202402/06/t20240206_38895504.shtml。

附表 8 广东省各地市产业结构优化水平数据

年份	广东省	广州	深圳	珠海	汕头	佛山	韶关	河源	梅州	惠州	汕尾	东莞	中山	江门	阳江	湛江	茂名	肇庆	清远	潮州	揭阳	云浮
2012	0.6325	0.6209	0.8436	0.6762	0.5687	0.7688	0.2925	0.5293	0.4971	0.6018	0.5327	0.7300	0.6695	0.4882	0.3687	0.4371	0.1750	0.3583	0.4278	0.3029	0.5043	0.2672
2013	0.6329	0.6267	0.8444	0.6957	0.5830	0.5572	0.2957	0.5447	0.5197	0.6416	0.5727	0.7489	0.6846	0.4760	0.3359	0.4653	0.2101	0.3607	0.3802	0.3074	0.5027	0.2617

续表

年份	广东省	广州	深圳	珠海	汕头	佛山	韶关	河源	梅州	惠州	汕尾	东莞	中山	江门	阳江	湛江	茂名	肇庆	清远	潮州	揭阳	云浮
2014	0.6386	0.6325	0.8487	0.7038	0.5847	0.5725	0.2961	0.5578	0.5329	0.6612	0.6436	0.7523	0.7073	0.4507	0.3066	0.4994	0.2270	0.3732	0.3864	0.3144	0.5245	0.2900
2015	0.6518	0.6471	0.8603	0.7197	0.5838	0.5779	0.3099	0.5958	0.5500	0.6968	0.6260	0.7614	0.7143	0.4676	0.3039	0.5390	0.2915	0.3940	0.4059	0.3194	0.5367	0.2882
2016	0.6611	0.6611	0.8670	0.7106	0.5997	0.5889	0.3064	0.5922	0.5910	0.6981	0.6512	0.7766	0.7122	0.4831	0.3055	0.5115	0.3116	0.4085	0.3933	0.3165	0.5395	0.2905
2017	0.6743	0.6758	0.8692	0.6680	0.6239	0.5679	0.2682	0.7015	0.6041	0.7036	0.6545	0.7747	0.6969	0.5425	0.2513	0.4351	0.3156	0.3937	0.3674	0.2803	0.5607	0.3031
2018	0.6879	0.7168	0.8543	0.6592	0.5126	0.5616	0.3850	0.6867	0.6624	0.7791	0.5972	0.7273	0.6309	0.5840	0.5581	0.4875	0.7015	0.4399	0.4082	0.3625	0.4458	0.3968
2019	0.6716	0.6699	0.8710	0.6313	0.6208	0.5696	0.2592	0.6565	0.5164	0.6181	0.6346	0.7686	0.6831	0.5346	0.1655	0.3429	0.1696	0.3598	0.3375	0.2337	0.5542	0.3421
2020	0.6776	0.6746	0.8825	0.6462	0.5963	0.5795	0.2620	0.6354	0.5164	0.6437	0.5835	0.7613	0.6861	0.5326	0.1841	0.2998	0.1488	0.3592	0.3538	0.2775	0.5102	0.3577
2021	0.6549	0.6649	0.8679	0.6230	0.5952	0.5677	0.2645	0.6088	0.5360	0.6257	0.5946	0.7334	0.6794	0.5110	0.2061	0.2415	0.1399	0.3751	0.3332	0.2490	0.4978	0.2951
2022	0.6556	0.6647	0.8656	0.6344	0.5771	0.5694	0.2627	0.6089	0.5599	0.6063	0.6451	0.7315	0.6860	0.5180	0.1588	0.2166	0.1405	0.4166	0.3482	0.2821	0.4651	0.2789

资料来源：根据相应年份《广东统计年鉴》数据测算。

后　　记

行文至此，我的心中可谓"欣慰之余心犹存，不舍之情难自禁"。在这段漫长的写作历程中，我风檐刻烛、挑灯夜读，亦兢兢业业、宵衣旰食，回首这段漫长的写作历程，每一个夜晚的挑灯夜战，每一次思路的梳理与重构，都仿佛昨日之事。

我对人力资本影响能源效率这一话题的兴趣源于2018年底的一次学术讨论。当时，太原市刚刚公布《太原市生活垃圾分类管理条例》，我们在充分讨论后得到一个基本的判断：该条例在受教育程度较高的人员居住区（如高校家属小区）比其他区域实施效果会更好。在后续的学习和研究过程中，基于这个判断和观察，我隐约感觉到环境和能源问题与人力资本不无关系。多年来，我围绕这一话题不断理文献、找数据、建模型、剖机理、做实证，先后深入研究了环境规制、人力资本与绿色全要素生产率之间的关系，以及市场化机制下绿色技术创新的机制等话题，发现了环境政策的实施效果具有人力资本门槛效应等规律。虽然环境经济与能源经济的主要研究焦点有所不同，但环境与能源关系密切，能源效率提升是实现环境保护的重要途径之一。因此，我总觉得人力资本与能源效率之间蕴藏着未知的奥秘，等待着我们去探索、去发现，这也是本书的缘起。本书在写作过程中得到了老师、家人、领导、同学的教诲和帮助，是在大家的支持下才得以完成的。

在此，首先要感谢我的导师焦斌龙教授。2018年，老师以博大的胸襟将才庸学浅的我收至门下，根据我的知识特点为我量身定制培养方案，为我设定了读不少于200本专著的目标。博士在读期间，焦老师对我耳提面命，在百忙之中仍抽出时间与我见面讨论。老师的敦促使我徜徉在名著的海洋里，从亚当·斯密到马克思，从凯恩斯到萨缪尔森，从马歇尔到弗里德曼，从凡勃伦到威廉姆森，我如同站在巨人的肩膀上俯瞰世界，感受经济规律的波澜壮阔；如同穿越历史的长河，目睹经济社会的沧桑巨变；如同聆听智者的教诲，洞察经济发展的奥秘与智慧。遗憾的是，当时的我基础薄弱，不仅无法做到深入浅出、融会贯通，而且还往往望文生义。但这一切仿佛埋下一颗种子，在老师的不断浇灌中生根发芽。在本书写作过程中，老师与我共同分析，对我悉心指导、严格要求，并尽可能为我创造条件，天生愚钝的我都能感受到老师的一片苦心。如果说今日我能在学术之门内略窥一斑，这离不开焦老师付出的心血。除此之外，焦老师平易近人，不仅教我为学之道，更是教我处世之理。这一切都会成为我这一生中最为难忘的记忆，也是我人生路上最为幸福的给养。

同时，我要感谢郭淑芬教授。博士在读期间，在焦老师的安排下，我参加了郭老师团队每周三晚上的学术讨论会，也使我有幸结识了郭老师及其团队的师生。多年来，郭老师不仅对我的学术研究进行悉心指导，更是对我多番鼓励。记得第一次在博学楼见到郭老师的场景，老师除了对我考上博士表示祝贺外，还向我介绍了学术讨论会的模式与要求，我在钦佩之余更多的是对自己将要汇报的担忧。读原著的尴尬尚可通过焦老师的讲解和阅读书评克服，而汇报前的忐忑往往使我夜不能寐。不能忘记第一次汇报，我分享的是《经济研究》中的两篇论文，磕磕绊绊差点没讲下来，而郭老师对我给予鼓励和安慰。在后续的讨论学习中，在我发言较少的时候，郭老师还对我多次提问，博士论文写作过程中与我多次讨论，为我逐字逐句修改。这些细节后来被我多次回忆，尴尬自己当初的学术不精之余更多的是温暖与感激。

感谢我的父母。我的父母均是"60后"，贫穷与苦难也许是他们童年最深刻的记忆，他们深知知识的重要性，从我出生便为我提供了良好的教育环境和资源。我小时候体弱多病，父母为我呕心沥血，带我四处奔波、寻医问诊；上小学以后，我生性顽劣、不服管教，缺乏认真学习的态度，但不论何时，在我遇到困难时，他们都会为我排忧解难，在我身处低谷时，对我鼓励支持，把我一次次从学习的低谷中拉起，使我不断改变学习态度。正是他们的期望和信任，激发了我追求学术成就的热情和动力。

感谢我的妻子。她不仅是我生活中的伴侣，更是我学术研究中的坚强后盾。曾几何时，她也品学兼优，能够出色完成学业与科研，眼中闪烁着梦想与期待；如今，那曾经的少女，已经成为我们家庭的坚强后盾，用她的爱和智慧，为我们带来了无尽的温暖和力量。感谢妻子对我无微不至的关怀和支持。这几年里，无论我面临多大的压力和困难，她总能给予我最温暖的鼓励和支持。她的理解和包容，让我能够全身心地投入研究中，不受外界干扰。她深知我对学术的热爱和追求，始终支持我的决定和选择。在我忙于研究和写作时，她不仅承担了家务和照顾孩子的责任，还给予我充分的时间和空间，让我能够专注于学术研究。她的存在让我的学术之路充满动力和温暖。在我疲惫或失落时，家庭的温暖和妻子的关爱总是能够让我重新振作起来，继续前行。同时，感谢我的岳父岳母，正是他们多年来一直帮助照看孩子才使我能够静心研究，这些年里他们也付出了很多。

感谢其他亲朋，在此不一一列举，感谢他们一直以来的默默支持。

我也要感谢在本书完成过程中对我进行指导和帮助的每一位老师，他们是中央财经大学的杨运杰教授、山东大学的魏建教授、深圳大学的钟若愚教授，以及山西财经大学的张富春老师、刘维奇老师、李玲娥老师、王森老师、张明老师、王建功老师、闫永琴老师、朱丽萍老师、闫绪娴老师、樊贵莲老师、卢美丽老师、张曦老师、郭惠英老师、卫丁老师、张二芳老师等，感谢他们对我的指导和帮助。

我在研期间，得到了我的领导、同学和朋友王渊、武宪国、李越、裴耀琳、梁煊、郭金花、温璐迪、张文礼、任学娜、王磊磊、严君、王丽媛、曾燕妮、任彬、郝凯、樊雅娟、薛志杰、上官宏、上官泽明、王建军、赵卫军、邢晓倩、荣龙飞、邢晓强、朱晓伟、潘旭、郝锦玲、任玉红、李志君、逯培锋、朱瑾琛、汪洋、薛夏飞、卫蔚等的帮助、支持与鼓励，在此一并表示感谢。

最后，感谢2024年度山西省人力资源高质量发展重大专项研究课题（"双碳"目标背景下人力资本对能源效率的影响机制研究SXRLZY2024092）对本书的支持与指导。

王　鹏

2024 年 3 月